Yousheng Yuyan
Kuawenhua Chuanbo Moshi
yu Lujing

有声语言
跨文化传播模式与路径

王亚囡 / 著

中国传媒大学 出版社
·北京·

图书在版编目（CIP）数据

有声语言跨文化传播模式与路径／王亚囡著. -- 北京：中国传媒大学出版社，2024.3
ISBN 978-7-5657-3629-2

Ⅰ.①有⋯　Ⅱ.①王⋯　Ⅲ.①文化传播—研究—中国　Ⅳ.①G12

中国国家版本馆 CIP 数据核字（2024）第 053121 号

有声语言跨文化传播模式与路径
YOUSHENG YUYAN KUAWENHUA CHUANBO MOSHI YU LUJING

著　　者	王亚囡
策划编辑	李水仙
责任编辑	李水仙　蒋　倩　姜颖昳
特约编辑	李明远
封面设计	拓美设计
责任印制	李志鹏
出版发行	中国传媒大學出版社
社　　址	北京市朝阳区定福庄东街 1 号　　**邮　编** 100024
电　　话	86-10-65450528　65450532　　**传　真** 65779405
网　　址	http://cucp.cuc.edu.cn
经　　销	全国新华书店
印　　刷	唐山玺诚印务有限公司
开　　本	710mm×1000mm　1/16
印　　张	16.5
字　　数	262 千字
版　　次	2024 年 3 月第 1 版
印　　次	2024 年 3 月第 1 次印刷
书　　号	ISBN 978-7-5657-3629-2/G・3629　　**定　价** 86.00 元

本社法律顾问：北京嘉润律师事务所　郭建平

目录 CONTENTS

第一章　跨文化传播视域下的有声语言传播 …………………… 1
第一节　有声语言跨文化传播研究的意义 ／3
第二节　有声语言跨文化传播的理论依据 ／6
第三节　有声语言跨文化传播研究概念界定 ／15
第四节　有声语言跨文化传播研究逻辑 ／18

第二章　理论要点·模式框架·路径体系 ……………………… 23
第一节　有声语言跨文化传播的关键要点 ／24
第二节　有声语言跨文化传播的时代特点 ／30
第三节　有声语言跨文化传播的模式框架与路径构成 ／36

第三章　有声语言跨文化传播互联模式及其实现路径 ………… 45
第一节　互联模式显示语言传播各要素之间的联结关系 ／45
第二节　有声语言跨文化传播互联模式的实现路径 ／58
第三节　互联模式的构建难点与突破思路 ／69

第四章　有声语言跨文化传播互动模式及其实现路径 ………… 88
第一节　互动模式反映语言传播各要素之间的作用方式 ／89
第二节　有声语言跨文化传播互动模式的实现路径 ／93
第三节　互动模式的构建难点与突破思路 ／114

第五章 有声语言跨文化传播互融模式及其实现路径 …………… 122
第一节 互融模式以语言传播各要素深层影响为传播目标 / 122
第二节 有声语言跨文化传播互融模式的实现路径 / 126
第三节 互融模式的构建难点与突破思路 / 144

第六章 有声语言跨文化传播互生模式及其实现路径 …………… 148
第一节 互生模式旨在推进媒体发展及文化交流进程 / 148
第二节 有声语言跨文化传播互生模式的实现路径 / 153
第三节 互生模式的构建难点与突破思路 / 182

第七章 有声语言跨文化传播的启示与展望 ……………………… 187

参考文献 …………………………………………………………………… 194

附录1 中央广播电视总台驻联合国记者站杨春采访实录(节选) …… 201

附录2 美国纽约州立大学石溪分校采访实录(节选) …… 205

附录3 美国中文电视采访实录(节选) …… 208

附录4 美国中文电视《纽约会客室》主持人谭琳采访实录(节选) …… 215

附录5 《欧洲时报》采访实录(节选) …… 223

附录6 马来西亚NTV7新闻主播采访实录(节选) …… 228

| 附录 7 | 马来西亚数码媒体商业咨询顾问陈贞团采访实录（节选） | *232* |

| 附录 8 | 马来西亚《星洲日报》采访实录（节选） | *236* |

| 附录 9 | 泰国中央中文电视台采访实录（节选） | *239* |

| 附录 10 | 中央广播电视总台中文国际频道主持人王世林采访实录（节选） | *246* |

| 附录 11 | 中央广播电视总台中文国际频道主持人王洲采访实录（节选） | *251* |

第一章　跨文化传播视域下的有声语言传播

在跨文化传播视域下,有声语言传播在广播电视及互联网媒介中有了更为突出的地位。播音主持是广播、电视、网络等媒介传播过程中关键的一环,是广播电视事业的重要组成部分。对播音主持的研究是播音主持自身矛盾运动的必然结果。①

经过近 80 年的发展,播音主持在国内已经形成了较为完整的研究体系。但随着全球化的深入和传播媒介的变化,特别是在加强中国国际传播能力建设的时代背景下,播音主持活动在原来广播电视语言跨境传播的基础上,有了传统媒体和融媒体、大众传播和人际传播、真实空间和模拟空间、线上传播和线下活动、"走出去"和"引进来"等不同传播语境。在全球化背景下,现代媒介技术的发展使跨文化交流活动变得更加容易,中外媒体的合作交流越发频繁,国内媒体与海外华语媒体的相互交流也更加便捷,中外文化交流活动得到越来越多海外受众的参与,这也为播音主持带来了跨文化传播的新语境,从而也成就了跨文化传播视域下有声语言传播新格局。

传播受众和传播环境影响了传播模式和传播路径。从有声语言跨文化传播的受众看,由于历史和文化的原因,海外华侨华人对中国文化保持着一定的认同感,其固有的中华文化传统与居住国主导文化之间的

---

① 姚喜双.播音主持概论[M].北京:高等教育出版社,2012:1-2.

冲突、碰撞、交流和融合,呈现出跨文化传播的特性。有研究者在归纳中国跨文化学科的研究议题时已将"海外华文媒体与跨文化传播"作为新闻学与跨文化传播的分支来研究。① 因此,除了跨文化研究中传统意义上的国外受众之外,海外华侨华人也成为有声语言跨文化传播的重要对象,这也达到了加强中国国际传播能力建设"分众化表达"的要求。从传播环境看,全球化促进了跨文化传播,媒介技术的发展使播音主持面临着多样化的传播语境,无论是媒体的播音主持传播行为,还是海外的有声语言传播活动,都为有声语言跨文化传播模式与路径研究提供了多样化的研究对象。

在有声语言跨文化传播模式与路径研究中,传者、媒体和传播活动都是研究对象。传者既包括国内向外播出节目中的播音员主持人,也包括海外华语媒体中的播音员主持人;媒体既有央视中文国际频道、地方国际频道等国内向外传输的媒体平台,还包括海外华语媒体,尤其是以视频化为主要特征的海外华语新媒体;传播活动既涉及播音员主持人在广播电视和融媒体中典型的播音主持活动,也涉及播音主持从业人员借助其专业身份在社会领域中产生广泛影响力的活动。

因此,对有声语言跨文化传播的研究,既不是单纯地研究华语媒体、华语播音,也不是平面化地罗列海外与播音主持相关的实践活动,而是从传播全球化和媒体融合的语境出发,深刻考察播音主持活动及其活动行为人(播音员主持人)具有的媒介内的核心影响力和媒介外的衍生影响力,这将有助于推进中国故事和中国声音的全球化表达、区域化表达、分众化表达,进一步增强国际传播的亲和力和实效性。

本书试图从跨文化传播的角度,通过对多种类型播音主持传播活动的分析,梳理并探索不同模式下有声语言跨文化传播的有效路径,构建有声语言跨文化传播互联、互动、互融、互生的"四互"模式,挖掘并发挥播音员主持人在媒介内外的影响力,以期在全球化进程中,从播音主持的角度助力世界华语传播,为加强中国国际传播能力建设作出贡献。

---

① 刘阳.中国跨文化传播研究述评[J].当代传播,2010(1):39.

第一节　有声语言跨文化传播研究的意义

播音主持是播音员主持人通过广播电视等传播媒介所进行的传播信息的创造性活动。在跨文化的语境下,播音主持传播活动往往通过华语媒体来实现,包括本土的(对外)华语广播电视、海外的华语广播电视。在大众传播时代,单向传播的权威由传统媒体通过一对多的传播模式构建,播音员主持人在传统传播格局中具有重要作用。

但随着新媒体的出现,传统媒体构建的单向传播正在演变成双向传播甚至多向传播,播音主持的作用亦在悄然发生着变化。新媒体的传播模式由"垂直型单向"转向"复合型双向"乃至"多向",由大众化线性语境转向分众化碎片语境,交互性的传播模式让播音主持有了更加多维立体的语境。跨文化语境和多维立体语境的叠加,让播音主持活动的传播路径变得丰富而又充满挑战。对跨文化传播多维语境下的播音主持传播路径进行梳理,有助于增强我们对网络时代有声语言跨文化传播的认识,进而完善跨文化语境下播音主持传播方式。

在上述基础上,继续拓展播音主持的外延,把播音主持传播活动看作一种有声的文化传播活动,把播音主持与跨文化传播活动结合起来,将融媒体中泛大众传播活动和当下媒介传播的线上播音主持加线下大型活动主持纳入研究范围,从有影响力的全球华语比赛、外交晚会等语言传播活动中寻求有声语言跨文化传播的路径。这种拓展,深化了播音主持传播活动的文化传播内涵,也探寻了提升国际传播能力的新路径。

当然,就路径和模式研究而言,路径的分析是客观的,是沿着一定的流程、方式对一系列活动进行梳理;模式的凝练,是从众多的路径中对传播过程中的主要组成部分以及这些部分间的相互关系进行抽象概括。作为跨文化传播的研究范畴,构建跨文化语境中播音主持传播活动可资借鉴的传播模式,是本书的创新点和研究重点。

中华文明是在中国大地上产生的文明,也是同其他文明不断交流互鉴而形成的文明,中外文明交流互鉴中有冲突、矛盾、疑惑、拒绝,但更多是学习、消化、融合、创新。① 学习、消化、融合、创新的过程,也是有声语言跨文化传播互联、互动、互融、互生的过程。由于语言与文化认同及国家认同之间具有象征性联系,语言所承载的文化在跨文化语境中得到更大范围的传播,也构成了互联、互动、互融、互生的"四互"模式和以语言传播促进文化传播的传播目标。

互联模式开启有声语言跨文化传播一切可以联结的机会和平台,媒介渠道使国内外传播媒介互联,网络互联打破了地理空间形成的隔阂,广播电视节目在海内外媒体的共同播出则让国内外媒体互联,传者与受者对语言的依赖性让播音员主持人与海内外观众互联,媒介、节目和传受主体使所有有声语言跨文化传播活动,跨越时空、国界和文化差异的互联成为现实可能,体现了播音主持发展的当代机遇。

互动模式构建了有声语言跨文化传播中文化圈层之间、媒介圈层之间、业务圈层之间,甚至是世界范围内华人圈层之间的互动。互动关系的构建,让与有声语言跨文化传播活动相关的传者和受众的关系更深,文化交流的范围更广,地域空间、网络空间中媒体间专业互动关系更明显。

互融模式在音声化的语言创作艺术活动中,实现基础层面的媒介要素融合、业务层面的语言传播要素融合、深度层面的社会文化心理融合,使海外受众从专业的有声语言传播活动中,感受中华文化、人文精神,从而实现文化互育和审美互融,进而通过语言了解中华文化,实现播音主持传播活动

---

① 习近平主席2014年3月27日在联合国教科文组织总部的演讲中提到:中华文明是在中国大地上产生的文明,也是同其他文明不断交流互鉴而形成的文明。公元前100多年,中国就开始开辟通往西域的丝绸之路。汉代张骞于公元前138年和公元前119年两次出使西域,向西域传播了中华文化,也引进了葡萄、苜蓿、石榴、胡麻、芝麻等西域文化成果。西汉时期,中国的船队就到达了印度和斯里兰卡,用中国的丝绸换取了琉璃、珍珠等物品。中国唐代是中国历史上对外交流的活跃期。据史料记载,唐代中国通使交好的国家达70多个,那时候的首都长安里来自各国的使臣、商人、留学生云集。这个大交流促进了中华文化远播世界,也促进了各国文化和物产传入中国。15世纪初,中国明代著名航海家郑和七次远洋航海,到了东南亚很多国家,一直抵达非洲东海岸的肯尼亚,留下了中国同沿途各国人民友好交往的佳话。明末清初,中国人积极学习现代科技知识,欧洲的天文学、医学、数学、几何学、地理学知识纷纷传入中国,开阔了中国人的知识视野。之后,中外文明交流互鉴更是频繁展开,这其中有冲突、矛盾、疑惑、拒绝,但更多是学习、消化、融合、创新。

助力文化传播的最终目的。

互生模式,在媒介融合发展中体现了播音主持专业发展的未来愿景;构建了播音主持活动在变化发展的媒体技术、节目样态、多元受众中,更好地满足受众需求、促进文化交流互鉴的模式;是实现播音主持活动与媒体共生、语言与文化共生的方式。

有声语言跨文化传播的"四互"模式既是稳定模式,可资复制;也是动态系统,前后有序。"互联、互动、互融、互生"的序列本身就是传播模式的概括,同时也是相对稳定明晰的路径,具体的案例则充分印证了模式与路径。

跨文化传播的研究视角是将播音主持从播报方式、语音发声、语言表达等业务层面的研究视角,转向更加宏观、更具时代特色的研究视野。模式与路径研究,不仅是以"沟通交流、互学互鉴"的心态从一般意义上去了解海外华语媒体及海外华语传播活动,还是在系统梳理有声语言跨文化传播路径的基础上,按照传播学研究的理论范式,提出跨文化传播的模式,进而突出了播音主持活动在跨文化传播语境下对文化的承载作用,拓宽了播音主持专业的研究视野,完善了世界华语传媒的研究体系,将播音主持艺术微观研究和宏观研究相结合,丰富了播音主持专业研究的学术维度。

随着互联网的发展、新技术的应用,传统媒体时代的世界传播格局正在逐渐重塑。"一带一路"倡议得到越来越多国家的支持和参与,中国也在日益走近世界舞台的中央,中国方案、中国智慧、中国道路在世界范围内传递的过程中,文明交流互鉴如何在跨文化中发挥应有的作用,也引发人们的思考。因为播音主持是语言传播的艺术,语言又是文化的载体,所以对播音主持的研究,与文化研究、文化心理研究密切相关。广播电视语言的跨境接触使跨文化接触成为可能,在此过程中,语言、文化、民族文化心理相互交织,彼此影响,形成了跨文化传播研究的新景观。从跨越国界的媒体传播角度看,有声语言跨文化传播模式与路径研究拓展了国际传播的研究范围。本书从播音主持有声语言传播特点出发,尽可能多地在海外传统媒体、互联网等新兴媒体、线上线下活动中,深耕播音主持及有声语言传播活动跨文化的实现路径,实际上是对中华优秀文化对外传播路径的探寻。在系统梳理有声语言跨文化传播的路径后,提出有声语言跨文化传播的模式,从宏观上讲仍然是对加强国际传播能力、提升国际话语权的理论思考,"以播音主持传播活动促进文化传播"的研究思路,拓展了提升国际传播能力的研究范围。

以往对世界华语传播的研究,集中在对海外华文华语媒体的研究上,或国别研究或内容研究,或文化研究,也有学者关注到跨文化背景下的新媒体,但从播音主持的视角去研究跨文化传播活动的模式与路径相对较少。作为海外华语媒体,无论以什么样的立场、观点存在于媒介环境之中,对中华文化的认同是其不变的共同特征,华语传播是其不变的语言基础。基于此,本研究结合时代发展,在华语媒体研究的基础上将研究视角进一步拓展到海外华语媒体或海外播音主持语言传播活动,意在通过播音主持活动对文化的传承作用,增进海外华侨华人对中华文化的理解,特别是加强侨二代、侨三代对中华文化的认知,增强民族认同感。这种以文化传播为载体的传播研究,充实了世界华语传播的研究体系,将研究视角从传播媒介转向文化内涵,是世界华语传播新的研究思路。这既是播音主持对在传媒环境交替变迁中如何更好发挥作用的尝试,也是在跨文化语境下对世界华语传播的创新性研究。

第二节　有声语言跨文化传播的理论依据

一、播音主持艺术学

播音是广播电视传播过程中的关键一环,是广播电视事业的一个重要组成部分。从广义上讲,播音是指电台、电视台等传播媒介所进行的一切有声语言和副语言传播综合信息的活动(它包括各种声音、音响、音乐、语言、文字、图像等的传播)。① 主持是指在广播、电视等传媒中,主持人和播音员

---

① 张颂.中国播音学[M].北京:北京广播学院出版社,2003:2.

以个体出现,代表媒体,用有声语言和副语言对节目传播进程的驾驭活动。①

本书中的播音主持,遵循广义播音的概念,在跨文化研究的背景下对播音主持进行新的定义,主要指以播音主持为代表的有声语言传播者,通过传播媒介在跨文化语境下进行的有声语言传播综合信息的行为。既包括传统大众媒介(广播电视)中播音员主持人的传播信息创造活动,也包括新兴媒体、线上线下活动中播音员主持人的有声语言传播活动,还包括利用播音主持专业优势开展的一些教育、诵读等文化传播活动。这个定义从本质上讲,并未超越播音主持的基本概念,是为适应传媒技术的发展和对外传播的需要,对播音主持定义进行的丰富和完善。

综合考量形式和内容两种传播因素,有声语言跨文化传播主要研究以汉语普通话为语言传播形式、以中华文化为传播内容的传播活动。在全球化的浪潮中,随着传媒技术的拓展与应用,对有声语言跨文化传播的模式与路径进行研究,首先离不开播音主持艺术理论的指导。

作为开放性的学科体系,播音主持艺术理论日益关注到传播媒介技术进步与变革对播音主持活动带来的影响,其研究外延不断拓展。在媒介方面,重点是对互联网、新媒体、融媒体中播音主持活动的研究;在地域空间方面,将世界华语播音纳入研究范围。从语言的认识价值、应用价值、保有价值、哲学价值、艺术价值、美学价值出发关注语言传播的国际竞争,对世界华语播音的"融通范式"作出阐释,强调华语播音的地域性、跨国性、传统性、现代性、权威性、前瞻性等特质,把握华语播音与普通话播音的共通点,做到有感而发,服务受众;字正腔圆,控纵自如;语势灵动,语气贴切;语义完整,语流畅达;读而不板,说而不演;诵而不浮,讲而不懈;刚而不僵,柔而不媚。②

在学科特点上,播音主持艺术理论体现出独立性和边缘性,既是以播音创作为研究对象,研究播音创作发生发展规律的独立学科,同时又涉及新闻学、广播电视学、语言学、心理学、社会学等学科。播音创作作为其研究对象,是一个动态系统、开放系统、弹性系统、全息系统。作为动态系统,其中

---

① 姚喜双.播音主持概论[M].北京:高等教育出版社,2012:1-2.
② 李晓华,胡正荣,冉丽.聚集世界华语播音[M].北京:北京广播学院出版社,2004:8.

研究的人和物，都要放到播音创作的活动中来。作为开放系统，囊括了所有与播音创作相关的活动，既包含了播音创作内部人与人、人与物、物与物之间的关系及相互作用研究，又包含了播音创作系统与外部系统之间的联系，以及外部系统的变化发展对播音创作系统的影响等。作为弹性系统，其研究的对象可大可小，可微观可宏观，可近期可远期，可共时可历时，只要与播音创作相关的活动都可以成为其研究对象。作为全息系统，既包括对创作活动自身的研究，又包括创作前的准备工作和创作后物化的创作成果。

  这四大系统的定义，为研究有声语言跨文化传播的模式与路径提供了理论遵循。对有声语言跨文化传播的研究，首先，符合动态系统的研究，其对象既包括对国内向外传播节目中的播音主持研究，又包括对海外华语媒体的播音主持研究；既有国内从事播音主持的播音员主持人，又有海外华语媒体的播音员主持人；既有国内向海外播出的节目，又有海外华语媒体不同风格的节目。其次，符合开放系统的研究，有声语言跨文化传播的路径，既有传统媒体、新媒体，又有与媒体相关的线上线下活动，还包括与播音主持创作相关的比赛、晚会、诵读等活动，体现了播音主持创作内部研究、外部研究的开放性。再次，符合弹性系统的研究，跨文化的研究本身就体现了研究的弹性，在跨文化语境下研究播音主持的不同实现路径，既涉及同一个时期不同国别播音主持的风格比较，又涉及不同空间同一语言传播活动的研究，其研究成果更是体现了播音主持创作活动的弹性。最后，符合全息系统的研究，不仅是对播音主持创作本身的研究，还包括与播音主持相关的一系列语言传播活动的研究。

  从播音主持系统定义的角度看，对有声语言跨文化传播模式与路径的研究，符合播音主持艺术学的研究范畴，播音主持也应该成为有声语言跨文化传播的重要研究对象。

二、跨文化传播理论

  跨文化传播作为人类传播活动的重要组成部分，是人与人、族群与族群、国家与国家之间必不可少的活动，它维系了社会结构和社会系统的动态平衡,把不同地域、族群、国家的人群"联结"在一起,推动了人类文化的发展和变迁。①

根据国际传播学会对跨文化传播学的解释,跨文化传播学是一门致力于研究不同文化之间传播的理论与实践的学科,关注不同文化、国家和族群之间传播系统的差异比较,以及传播与国家发展的关系。学术界对跨文化传播的定义大致分为三类:第一,来自不同背景的人与人之间的交往与互动行为;第二,信息的编码、解码由来自不同语境的个体在群体中进行的传播;第三,由于参与传播的双方的符号系统存在差异,传播因此成为一种符号的交换过程。在传播类型上大致分为四类:第一,跨种族传播,即传播者与受众分属不同种族的传播;第二,跨族群传播;第三,跨群体传播;第四,国际传播,即信息发出者主要是国家、政府组织、非政府组织,以及以营利为主要目的的跨国传媒等。在传播活动的时间划分上,大致有口语时代、文字时代、印刷时代、电子时代与数字时代。特别是随着以电报、电话、广播和电视为主要媒介的电子传播的广泛应用,信息的远距离传输使人类跨文化传播的质量和效率都获得了大幅提升,跨文化传播也从电子时代迅速过渡到全新的"数字时代"。②

具体到播音主持与跨文化传播交叉的研究成果方面,最早的专著为北京广播学院(现中国传媒大学)2004 年"世界华语播音学术研讨会"的论文集,后集册编写为《聚焦世界华语播音》一书。书中收录了张颂、鲁景超、曾志华、陈京生、赵玉明、翁佳、柴璠、李洪岩等人的文章,对世界华语的融通范式、华语广播电视有声语言传播受众心理、海外华语播音的风格定位、华语播音在民族文化传承中的作为、语言跨文化中心的现代性重建、华语播音与中国文化传统等问题进行了论述,并对新加坡、日本、英国、德国和中国香港、中国台湾等地的华语播音进行了概述。

在跨文化传播理论中,研究者概括了原理模型并将其作为跨文化传播研究的理论范式。中国跨文化传播研究者关世杰在跨文化传播研究中,将

---

① 孙英春.跨文化传播学[M].北京:北京大学出版社,2015:13.
② 孙英春.跨文化传播学[M].北京:北京大学出版社,2015:16-18.

美国政治学家拉斯韦尔(Harold D. Lasswell)的"5W"拓展为"7W"模式,为有声语言跨文化传播的模式与路径研究提供了依据。

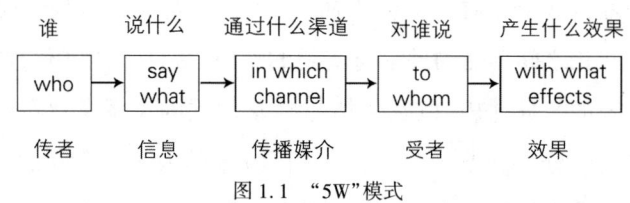

图1.1 "5W"模式

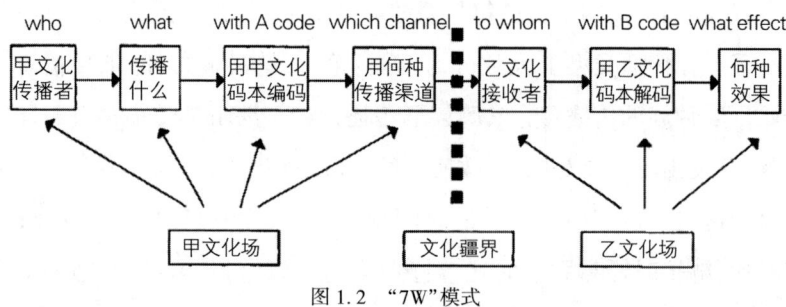

图1.2 "7W"模式

从"5W"模式到"7W"模式的变化可以看出,跨文化传播通常发生在两个不同文化背景的主体之间,文化的差异性决定了传者和受者之间的交流没有"5W"模式传播过程中那样顺利,双方交流存在文化疆界,跨文化交流就是突破文化疆界的过程。跨文化传播通常有三条路径可以实现。

第一条路径是以受者为主导。跨文化交流中的受者对传者的文化有本能的排斥和防范心理。在以受者为主导的传播过程中,传者要尊重受者的文化习惯,寻求受者对其他文化了解和接受的关注点,从具有感官系统浅表层次的文化吸引力入手,使受者在潜移默化中接受传者的文化。

第二条路径是以传者为主导。在跨文化交流中,受者对传者的文化不是本能的排斥,并且受者知道其文化特征与传者之间有差距,也有积极了解传者方的意愿。这种情况往往体现在传者的文化对受者有强大的吸引力,在跨文化交流中受者对传者的文化欣然接受。

第三条路径是借助传者和受者之间文化的互通性。传者和受者之间的文化在价值观念、审美心理、文化情趣等核心层面具有相近性或互通性,只是在浅表层文化中体现出不同的生活方式、行为举止。这种跨文化交流最容易突破文化疆界。

这三条路径,在研究有声语言跨文化传播的模式与路径中均会涉及。

在以受者为主导方面,将研究重点放在中外双方共同开展文化交流活动中的播音主持上,比如中外建交的庆祝晚会中"双语"环境下的播音主持活动、以诵读展演为代表的有声语言传播活动等。

在以传者为主导方面,将研究重点放在对中国文化感兴趣的接受群体上,研究播音主持活动在教育、文化等方面发挥的作用。

更多关于模式与路径的研究,将集中在传者和受者双方文化互通的背景下,对传统媒体、新媒体中的播音主持活动等进行研究,并提出促进跨文化传播的路径。

三、跨文化语言传播理论

"语言是人们交际的主要方式。说话者用语言向他人表达自己的思想、感情、目的和欲念。语言将交际双方置于一个动态的、反射的过程。我们通过人们说什么、怎么说来了解他们,通过他人对我们话语的反应来了解自己,通过这一交际中一对一答来了解我们与他人的关系。"[1]邦维兰(Bon Villain)的这段话清晰地表明了语言是人们用来相互交流的主要方式。同样,托马斯提出"语言是我们唯一的、独有的特征,它将我们与其他生物区分开来,鸟有鸟巢,蜂有蜂巢,人类则有语言,这是全人类特有的生物活动。我们都在不可避免地、不知不觉地使用语言。没有语言,我们不能成其为人。离开语言,我们的思想就会死亡,就像离开蜂巢的蜜蜂一样"[2]的论述,也使我们深刻认识到语言是我们与外部世界联系的主要纽带,是我们与生活在同一世界的其他动物区分开来的重要标志。

---

[1] 萨默瓦,波特,麦克丹尼尔.跨文化传播:第6版[M].闵惠泉,贺文发,徐培喜,等译.北京:中国人民大学出版社,2013:155.
[2] 萨默瓦,波特,麦克丹尼尔.跨文化传播:第6版[M].闵惠泉,贺文发,徐培喜,等译.北京:中国人民大学出版社,2013:155.

语言是人类推动社会运行的基本工具,语言具有文化、团体和社会功能。从文化角度讲,语言是文化传承的主要工具;从团体角度讲,语言将个人与同一身份的群体联系在一起并扩大了社会群体;从社会角度讲,语言对人类交际的谈话、表达感情、思考、控制现实、保存历史、社会教化、表达身份等方方面面都起着非常重要的作用。从跨文化传播的角度讲,语言传播是跨文化传播的重要载体,是跨文化交际的桥梁和纽带,是跨文化交际必不可少的工具和载体。

同时,语言还是文化的重要组成部分,没有语言就没有人类文明,学习语言的过程本身就是对这一语言所承载的文化的一种探索。在人类社会发展的过程中,如果不通过语言传播,那么不同民族、国家、地区之间的跨文化交际,就不可能形成思想和智慧的接触和碰撞。"努力减少语言在国际交往中的成本,为语言的最终统一创造条件。"①在跨文化语言传播中,传播主体来自不同国家、民族和地区,彼此间在政治、文化、经济、生活以及思维方式、生活习惯、价值观念、审美心理等方面存在着差异,要实现传播效果,就要遵循尊重原则、精准原则、准备原则。

尊重原则,就是要尊重传播主体双方的风俗习惯、思想观念、审美价值、文化传统等,对应到前面所述的跨越文化疆界,尊重原则在受者为主导的文化场中显得格外重要,需要在尊重对方语言习惯、思维方式的基础上获得语言接受者的好感;精准原则,就是要充分注重传播主体之间的差异,重视语言表达的准确性、精确性,避免出现跨文化传播的负面传播效果;准备原则,要求语言传播者在进行语言传播前,做好充足准备,在面对不同的传播语境时,能够实现传播效果的最大化,避免认知差异、情感态度等因素带来的沟通障碍。

跨文化语言传播理论,对研究有声语言跨文化传播模式与路径提供了语言传播的理论支持。从本质上讲,有声语言跨文化传播是跨文化传播的一种形式,表现在跨文化的人际沟通、群体交流、组织传播、公共传播等多个方面,加之逐渐丰富的传播媒介、传播语境的变化,播音员主持人在跨文化

---

① 周福芹.论语言的跨文化传播[J].东北师大学报(哲学社会版),2003(2):99-105.

传播中须更多地关注受众在政治、经济、文化以及思维方式、风俗习惯、审美心理等方面的差异,从尊重原则、精准原则和准备原则出发,实现语言传播效果最大化,将语言所承载的中华文化以更标准、更规范的语言形式向世界传播。

四、媒介融合理论

"媒介融合"(Media Convergence)这一学术概念自1983年由美国马萨诸塞州理工大学的伊契尔·索勒·普尔在其《自由的科技》一书中提出以来,电视、报刊等传统媒介呈现出多功能一体化的融合发展趋势。互联网、数字化等新技术手段,将网络社会诸多节点连接成一张完整的信息网络,报刊、广播电视、网络等不同形态的媒体正在积极探索着彼此间融合发展的创新之路。霍华德·莱茵戈德提出,技术融合的可能性使虚拟的、社会的和自然的世界中各种碰撞、融合和调整所产生的社会层面影响发生了转变,融合过程就意味着新旧媒体会以比之前预计的复杂得多的方式互动融合。媒介融合促进了人与媒介之间的互动和共享,强化了专业和业余媒介生产者之间的互动。①

从现有的研究成果看,广义上的媒介融合指一切与之相关的要素的结合;狭义上的媒介融合指不同形态的媒体融为一体,从而产生全新的媒体。本节研究涉及的媒体融合,采用狭义的概念,主要指在互联网、数字化媒体所构建的传播媒介中融合发展的广播电视、网络、新媒体等不同形态媒体的融合。

在对有声语言跨文化传播模式与路径研究中,引入媒介融合的理论,有两个方面的考虑:一是媒介融合带来了跨文化传播的新方式。传统媒体与新媒体之间并不完全对立,作为跨文化传播的路径研究,有必要关注到新的媒介变化对有声语言跨文化传播带来的影响。二是媒介融合提供了新的研究思路。在跨文化传播的边界由民族、国家过渡到网络社会的时候,播音主

---

① 肖珺.新媒体跨文化传播的中国实践研究[M].北京:中国社会科学出版社,2018:11.

持是否可以借助媒介融合实现从现实到网络更大范围的传播,通过对相关路径的梳理将有助于发挥播音主持活动助力文化传播的作用。

五、社会心理学理论

社会心理学是有关人类社会行为研究的一门现代社会科学,其研究力求对人的形形色色的社会行为或文化行为的发生、发展、变化的过程及其规律做出解释。社会行为是社会心理学的研究范畴,对于现实社会的人来讲,人是社会的主体,在特定的社会生活条件下,具有独特的文化和完整的人格结构。人及其全部社会行为从根本上受到整个社会生活或以生产关系为主导的整个社会关系的制约;同时,结成各种群体从事实际活动的人,又形成了与其他群体有别的生存方式,包括社会价值体系、信仰体系、风俗习惯、行为模式以及各种物质表现形式,因此人的社会行为同时也是一种文化行为。①

社会心理学关注群体,并试图通过群体内部的互动来解释人类社会行为是社会心理学的基本特点,主要反映在符号互动理论、社会交换理论、社会角色理论以及对照群体理论。社会心理学理论强调,群体和社会形成是以人与人之间的互动为前提的,每一个人和与其属同一文化背景的其他人对社会现实的本质有着共同的基本认识,并且正是这些自然的共同认识维持着人们日常的社会互动。②

基于文化人类学取向的社会心理学,说明"文化"是生活于具体文化环境中的民族具有不同于其他民族的社会行为,其关注不同文化之间的比较研究和同一文化的不同亚文化群体间的比较研究。不同文化之间的比较往往集中在民族的价值观上,一个民族的价值观是该民族文化或基本生存方式的核心,价值观往往突出地表现为不同文化的差异;而一个民族在特定历史条件下形成的各种心理和行为特征的总和,则形成了一个民族的民族性

---

① 周晓虹.现代社会心理学[M].上海:上海人民出版社,1997:1-13.
② 周晓虹.现代社会心理学[M].上海:上海人民出版社,1997:305-313.

格。民族的性格特征成了区分不同民族的标准。同时,社会心理学重视社会文化变迁对主体的人格和社会行为的影响,其共时态边际人或者"边缘人"的提出,为分析跨文化中海外华侨华人的社会心理提供了参考。①

有声语言跨文化传播模式的构建,离不开社会心理学的理论指导。播音主持作为跨文化的交际现象,其传播行为是播音员主持人或者播音主持活动传播者这个群体的社会行为,无论是符号互动理论,还是社会互换理论,都为跨文化语境下的播音主持群体之间、所依赖的传播媒介之间的互动提供了理论支持。而价值观则带来了跨文化语境下不同民族、不同传播媒体之间的差异,这种差异在播音主持跨文化传播中体现为一种文明冲突或者文化融合,这为播音主持的互融模式提供了理论支撑,互融模式下的传播路径必然也体现为价值观的一致性。"边缘人"理论则带来了有声语言跨文化传播的重要对象海外华侨华人的社会心理变化,这种心理变化有助于播音主持在跨文化语境下更好地服务于海外华侨华人,也奠定了互生模式的理论基础。

第三节 有声语言跨文化传播研究概念界定

播音主持如何进行跨文化传播？这是有声语言跨文化传播模式与路径研究得以开展的前提。在回答这个问题之前,有必要对"播音主持"和"跨文化传播"两个概念进行界定。

一、播音主持

学术界对播音主持的定义比较明确。从广义上讲,"播音,是指电台、电视台等电子传媒所进行的一切有声语言和副语言传播信息的活动,包括

---

① 周晓虹.现代社会心理学[M].上海:上海人民出版社,1997:475-526.

各种声音、音响、音乐、语言、文字、图像等所进行的传播信息的活动。"①从狭义上讲,"播音是指播音员运用有声语言和副语言,通过广播、电视、网络等传媒进行的传播活动。主持是指在广播、电视等传媒中,主持人和播音员以个体出现,代表媒体,用有声语言和副语言对节目传播进程的驾驭活动。"②但随着传媒技术的发展,新的传播形式也给播音主持带来了新的传播语境。

从播音主持的属性讲,播音主持具有创造性和多质性,其创造活动反映出其属性:播音主持是一项特殊的言语活动,具有言语传播的性质;播音主持是一项新闻实践活动,具有新闻性;播音主持是一项艺术创作活动,具有某种艺术属性;播音主持活动离不开技术手段,具有某些技术属性。③

因此,本书研究的"播音主持",充分考虑了播音主持活动的多质性,进而将研究对象确定为三个方面。

第一,从言语传播的性质出发,以播音员主持人为研究对象,研究跨文化语境下播音员主持人如何在有声语言创作活动中达到传播效果。

第二,从技术属性出发,以播音员主持人实现传播目标的广播电视、新媒体等传播媒介为研究对象,研究播音员主持人如何在传播媒介的变化中更好地发挥跨文化交流的作用。

第三,从艺术属性和新闻属性出发,以播音主持从业人员借助其专业身份开展的跨文化传播活动为研究对象,研究其如何通过有声语言传播活动在社会领域产生广泛的影响力,最大限度地发挥播音主持专业的引领作用。

二、跨文化传播

跨文化传播是人与人、族群与族群、国家与国家之间必不可少的活动。根据孙英春对跨文化传播的定义:跨文化传播既指代来自不同文化背景的社会成员之间的交往与信息传播活动,也涉及各种文化要素在全球社会中

---

① 张颂.中国播音学[M].北京:北京广播学院出版社,2003:2.
② 姚喜双.播音主持概论[M].北京:高等教育出版社,2012:1.
③ 姚喜双.播音主持概论[M].北京:高等教育出版社,2012:11.

迁移、扩散、变动的过程,及其对不同群体、文化、国家乃至人类共同体产生的影响。在跨文化传播中,分别有跨种族传播、跨族群传播、跨群体传播和国际传播等几种类型,但这几种类型并不是单一存在的,不免有交叉重叠之处。[①] 从跨文化传播与语言传播的关系看,两者的联系十分密切:首先,语言传播是跨文化交际的重要载体;其次,语言是文化的重要组成部分,没有语言就没有人类的文明,学习语言的过程本身就是对这一门语言所承载的文化的一种探索;最后,语言传播的效果需要依靠跨文化交际达成。由于跨文化传播语境十分广泛,所以它的表现形态极为复杂,有可能表现为一种人际传播,也有可能表现为组织传播,或者表现为大众传播。[②] 跨文化传播与语言传播之间表现出的复杂形态,也使作为语言艺术的播音主持活动在跨文化传播中有了多样化的传播路径。

鉴于此,本节对跨文化传播的研究,主要包括国际传播和跨群体传播两个方面。

在国际传播中,有声语言跨文化传播表现为播音员主持人通过国际广播电视频道,向国外观众传递信息的过程。以中央广播电视总台中文国际频道为例,自1992年10月1日,中央电视台第一个国际卫星电视频道正式创办并对外开播以来,海外观众可以直接通过卫星收看收听节目,播音员主持人通过电视媒介向世界传递中国消息、传播中华文化。随着媒介融合等数字技术的发展,中央电视台网络传播中心在前期单纯地将电视节目"平移"到网站的基础上,与央视国际网络有限公司不断深化台网合作互动,于2009年12月28日正式开播。在电子媒介传播技术的支持下,播音主持以网络视听的形式对国际国内的重大政治、社会、经济、文化、体育等活动和事件,向全球100多个国家和地区的互联网用户进行快速传播。在大众媒体与新媒体构建的跨文化传播语境中,播音员主持人作为典型的语言传播活动的代表,在广播电视语言的跨境接触中促进跨文化交流。

在跨群体传播中,有声语言跨文化传播表现为播音主持从业人员借助

---

① 孙英春.跨文化传播学[M].北京:北京大学出版社,2015:15.
② 周芸,崔梅.语言传播概论[M].北京:北京大学出版社,2015:187-194.

其专业身份在海外华侨华人中开展有声语言传播活动。孙英春在《跨文化传播学》中提出"在单一文化内部,与主导文化并存的还有各种群体文化或亚文化,这些文化往往表现出与主导文化有所区别的观念、生活方式和传播特征,彼此之间的差异也较为显著。在这个意义上,不同群体之间的交往也可算作是一种跨文化传播"①。因此,在研究有声语言跨文化传播中,海外华侨华人成为重要研究对象。海外华侨华人既与中华民族一脉相承,保持着血缘亲情;又与当地社会相融,为所在国的经济社会发展和社会进步做着贡献。② 随着移民人数的不断增加,海外华侨华人成为世界上最具影响力的海外族群之一,他们虽然与中华文化同根同源,但是又不可避免地受到所在国主流文化的影响,在世界观、思维方式、价值标准、行为规范等方面表现出与所在国主流文化不一致的地方,与所在国主流文化相比较,往往处于边缘地位。海外老一代华侨华人往往对中华民族传统文化和语言有着深深的依恋,而随着华裔群体的迭代更新,越来越多的新生代华裔在对中华文化的认同上较之于父辈更容易受到成长国教育文化的影响,同时由于缺乏故土情怀,很多青年华裔对中华文化尤其是对当代中国社会发展理念、价值观念等均有着不同的认识与理解。③ 无论是老一代华侨华人对汉语的依恋,还是新生代华裔群体对中华文化有意无意的传承,都形成了有声语言跨文化传播的新语境。

第四节　有声语言跨文化传播研究逻辑

一、研究起点

在传播国际化、语言全球化的过程中,以有声语言传播为代表的播音主

---

① 孙英春.跨文化传播学[M].北京:北京大学出版社,2015:15.
② 程曼丽.海外华文传媒研究[M].北京:新华出版社,2001:1.
③ 刘琛,王丹丹,宋泽宁.海外华人华侨对中华文化的传承与传播[M].北京:北京大学出版社,2018:59.

持活动在跨文化语境中有了更加多元的传播路径,本书将尽可能多地探寻多语境下的传播路径,包括传统媒体、新媒体中播音员主持人典型的播音主持活动,播音主持从业人员借助其专业身份在社会领域产生影响力的有声语言传播活动等,在播音主持艺术理论和跨文化传播理论构建的框架内,分析有声语言在跨文化传播语境下对中华文化的传承作用。

对有声语言跨文化传播路径的研究,首要的是从国内向国外传播的电视节目和海外华语电视节目入手分析传播路径。从现有研究结果看,央视中文国际频道自1991年筹备开播至今,经历了筹备时期、开播初期、国际频道时期,现已成为以海外华侨华人和港、澳、台同胞为主要服务对象的专业频道,是有声语言跨文化传播的重要路径之一,其传播模式相对固定。而海外华语电视节目自20世纪七八十年代开办以来,在经历了"内容运营商""节目生产商"的发展阶段后,逐渐成为当地传媒体系的组成部分,在一些推行多元文化政策的国家,成为当地华裔传播本民族文化的重要媒介,在其发展过程中,也形成了较为固定的传播模式。因此,对传统媒体中有声语言跨文化传播的路径研究,主要从央视中文国际频道和美国中文电视、泰国中央中文电视台等媒体的播出节目和主持人出发,分析其不同的播音主持风格,从而提出符合时代发展方向的传播方式,这部分研究可以视同为巩固现有的传播路径,研究的重点是提升播音主持的传播效果。

随着媒介的演变,互联网、融媒体的发展促进了传播的国际化,在多维语境中,播音员主持人不仅在广播电视中发挥作用,新媒体的发展也给有声语言跨文化传播带来了机遇。一些海外华文媒体不断推进媒体融合发展,拓展新兴传播渠道,努力提高媒介传播深度,初步形成了以网站、移动App、社交媒体账号为主体的新媒体传播矩阵,影响力不断增强,也为播音主持活动提供了更广阔的跨文化传播路径。通过对路径的梳理,探寻播音主持如何适应媒介发展变化,在海外华文新媒体中发挥有声语言对文化的传承促进作用,成为本节研究的另外一个着力点。

在本节的研究过程中,还关注到播音主持从业人员借助其身份开展的有声语言传播活动,这拓展了播音主持的外延。经过梳理,播音员主持人在中外建交晚会等具有代表性的国际交流文艺晚会、"汉语桥"中文演讲比赛等影响力较大的全球华语比赛中发挥的作用,也促进了有声语言跨文化传播。把这些路径纳入研究范围当中来,以期在一些跨文化传播平台中,拓展文化传播交流的新机制。

本节还从跨文化传播的双向流动性入手,从"引进来"的角度研究"迪士尼冰上巡演"等走进中国的国际大型文艺演出、利用播音主持专业优势提升国外汉语学习者诵读能力、海外普通话培训测试中心等与播音主持专业相关的跨文化传播活动,并从中梳理传播路径,以期在更大范围内扩大播音主持跨文化活动中的影响力。

通过对这些路径的梳理,我们发现:在推进"一带一路"倡议、构建人类命运共同体、加强中国国际传播能力建设的当代社会发展背景下,有声语言跨文化传播面临着最好的时代。在全球化与媒介发展变化的共同作用下,不断拓宽有声语言跨文化传播的渠道和路径,不仅使有声语言跨文化传播成为可能,而且具备可行的发展环境与技术条件。

二、目标落点

从跨文化传播的角度看,一个文化群体向其他文化群体进行跨文化传播,目的就是使知道、使了解、使理解、使认可(事实上是部分认可或不认可)、使接受(事实上是部分接受或者拒绝)、使实行(事实上是部分实行或拒绝实行)。[①] 人们对事物现象和本质的了解都是一个循序渐进的过程,对跨文化传播而言,作为两个不同文化群体之间的文化交流和互动,也需要一系列的过程,从知道,到了解,到认可或不认可,再到接受或部分接受或拒绝,最后到行为方式的效仿或拒绝。

跨文化交流是从"使知道"到"使实行"的动态过程,为研究有声语言跨文化传播提供了方法论的指导。本书在对有声语言跨文化传播的路径进行梳理后,以有声语言跨文化传播活动为核心,沿着知道、了解、理解、认可、接受、实行的思路,构建有声语言跨文化传播互联、互动、互融、互生的"四互"

---

① 龙小农,贾乐蓉.国际传播与国家发展[M].北京:中国传媒大学出版社,2015:70.

模式,体现跨文化语境下播音主持交流的相互联系、相互作用、相互融合、相互共生的关系。从交流程度看,"四互"模式也呈现出交流逐渐深入的过程,互联模式是静态的,互动模式是动态往复的,互融模式是更深层次的融合、认同,互生模式是从现在向未来的创新发展。这也是在加强中国国际传播能力建设背景下,播音主持在助力国际传播能力中,实现播音主持业务圈层从接触、到认知、到美誉、到效仿的一个过程,而伴随着播音主持跨文化交流活动的开展,播音主持也助力了中华优秀语言文化在海外的传播。

"四互"模式形成了有声语言跨文化传播的系统模式,体现了播音主持专业发展的当代机遇、当代呈现、当代主题和未来愿景,为有声语言跨文化传播提供了理论研究和实践探索的方向。

三、创新点

在以往的研究中,播音主持是一个专业性很强的研究领域,但本书将播音主持理解为一种有声的文化传播活动,把播音主持活动与跨文化传播结合起来,对跨文化传播中播音主持活动在中华文化传播中发挥作用的路径进行研究,寻求播音主持在加强中国国际传播能力建设中发挥的作用,体现了研究理念的创新。

融媒体的出现使一些社群化的传播带有大众传播的特性,本书在对大众媒介(广播电视)、互联网等新兴媒介进行跨文化传播路径研究的基础上,将融媒体中泛大众传播活动纳入研究范围。同时,对当下媒介传播的线上播音主持加线下大型活动进行研究,在有影响力的全球华语比赛、具有代表性的国际交流文艺晚会等有声语言传播活动中,寻求有声语言跨文化传播的路径,对研究内容来说是一种创新。

本书突出了全媒体和多维语境这两个视角,在对有声语言跨文化传播模式与路径进行研究时,涉及传统媒体和融媒体、大众传播和人际传播、真实空间和模拟空间、线上传播和线下活动、"走出去"和"引进来"等多个方面,对这些路径进行系统的梳理,从而探索和凝练多维语境下有声语言跨文化传播模式,是研究角度的创新。而从客观存在的有声语言跨文化传播的路径入手,对一系列播音主持可以发挥作用的有声语言传播活动进行梳理,发现其中的逻辑关系,构建有声语言跨文化传播互联、互动、互融、互生的"四互"模式,是本书的研究重点。

第二章　理论要点·模式框架·路径体系

作为人类传播活动的重要组成部分,跨文化传播维系了社会结构和社会系统的动态平衡,把不同区域、族群、国家的人群"联结"在一起,推动了人类文化的发展和变迁。没有跨越文化的传播活动,就没有人类的进化和文明。①"当今世界,没有任何国家、群体和文化可以与世隔绝或自生自灭。新技术和信息系统、世界人口的变化、经济迅速走向全球化,让跨文化交往更加明确与广泛。"②播音主持是指作为播音员和主持人运用有声语言和副语言,通过广播、电视等传播媒介进行信息传播的一种创造性活动。伴随着语言传播的全球化进程和电子媒介等技术的发展,播音员主持人已经成为跨文化交流的使者。

随着全球化的深入推进,以播音主持活动为代表的"中国声音"有了更大的传播半径,全球化趋势成为有声语言跨文化传播的客观环境。与此同时,曾经被贫困和落后掩盖的文化自信,在中华民族伟大复兴的历史进程中被重新燃起,博大精深、辉煌灿烂的中华优秀传统文化,在振奋民族精神、凝聚民族力量、促进世界文明繁荣中发挥着越来越重要的作用,播音主持从业人员也在文化自信的引领下,以音声化的方式来传承文化。全球化趋势和文化自信的互相作用,让播音主持活动处于最好的文化传播时代,也有了跨

---

① 孙英春.跨文化传播学[M].北京:北京大学出版社,2015:13.
② 萨默瓦,波特,麦克丹尼尔.跨文化传播:第6版[M].闵惠泉,贺文发,徐培喜,等译.北京:中国人民大学出版社,2013:3.

文化传播的底气。在中国日益走近世界舞台中央、中华文化走向世界的过程中,播音员主持人也在逐步成为跨文化传播的有生力量。

第一节 有声语言跨文化传播的关键要点

随着传媒技术的发展,大众传播媒介日益成为国际交流的重要手段。[①]播音主持作为广播电视等大众传播媒介中的重要环节和播出前沿,也随着传播媒介技术的发展拥有了全球化的传播语境。对于播音主持活动而言,在全球化传播格局中,发挥语言对文化的承载作用,不断提升中华文化的影响力,促进不同文化的交流、文明的互鉴、思想的共享,是值得研究的现实问题。

一、全球化语境中有声语言跨文化传播的作用

在中华文化海外传播中,播音主持活动作为一项特殊的语言传播活动,首先,应该肩负起提升中国语言文化影响力的责任,在语言的跨文化接触中加速推进汉语普通话走向世界,并顺应全球"汉语热"的形势,使国外汉语学习者从"会说汉语"向"说好普通话"转变。其次,作为新闻实践活动,应该助力提升国际传播能力,不仅使世界听到中国的声音,还要让中国声音承载的中华文化、讲述的中国故事、阐释的中国价值、表达的中国观点等,通过传统大众媒体、新媒体等多种传播渠道,逐渐形成影响力。最后,作为有声语言艺术创作活动,应该坚持吐字发音的规范性原则,围绕讲好中国故事,以朗读诵读等多样化的艺术表现形式传播经典中国声音,以声音为纽带助力海外华侨华人对中华文化的认同,凝聚民族精神。

从跨文化传播的实践看,播音主持活动随着媒介传播技术的发展在海外文化传播中的影响力逐步扩大。海外华语媒体受中国向海外播出节目的

---

① 关世杰.跨文化交流学:提高涉外交流能力的学问[M].北京:北京大学出版社,1995:50.

影响,语音面貌发生了很大的改变,用普通话报道新闻的海外华语媒体越来越多。笔者对美国中文电视、马来西亚首要媒体集团、马来西亚《中国报》新媒体、《星洲日报》新媒体等的采访中发现,用标准普通话进行新闻播音正在成为几家华语媒体的共识。与此同时,国内媒体在海外播出节目的多样化,使海外观众通过播音主持风格、语言传播样态感受到了中国文化观念的发展变化,并通过传播的信息知晓了中国经济、政治、社会、生态发展等方面取得的成就。海外华语媒体自身新媒体平台的建设、双语传播的探索,也逐渐成为中国加强国际化传播、有效触达海外受众、树立良好国际形象的重要战略资源,其中的播音主持艺术创作活动,也在凝聚海外中华民族的共同情感中发挥着越来越重要的作用。

跨国文化交流多种多样的传播形式,也使播音主持从业人员在文艺演出、视听产品中拥有了更多跨文化传播的路径。"双语"晚会、全球"欢乐春节"系列活动、"汉语桥"语言文化品牌活动等,都为播音主持在海外中华文化传播中发挥作用提供了平台,也使播音主持拥有了助力中华文化传播的可能。

二、有声语言跨文化传播主体

有声语言跨文化传播的客观便利条件是全球化背景下传播技术的发展和进步,主观动因是民族意识中拥有文化自信,表现形式则由单一的广播电视等传播媒介中的播音主持活动,拓展为播音主持从业人员借助其专业身份在社会领域中发挥影响力的社会活动。在这个过程中,播音员主持人的专业身份在跨文化语境中发挥着重要作用。

(一)播音员主持人是跨文化语境下国家通用语言的传播者

在跨文化语境下,随着中国广播电视国际传播能力的提升,播音员主持人作为广播电视节目的重要环节之一,在国际传播中发挥的作用越来越大。国际传播品牌节目的主持人,不仅通过节目向海外观众展示了中国悠久的历史文化、现代化的发展成就,还将国家通用语言文字传播到海外,为普通话在世界范围内传播贡献了力量。

（二）播音员主持人是跨文化语境下新闻传播的重要力量

播音主持是一项新闻实践活动,新闻传播的效果好与坏主要取决于新闻内容是否满足一定环境中受众的需要。在国际化传播中,新闻节目中的播音员主持人化身为国家声音的代表,不仅传递了新闻消息,还传播了中国对国际事件的态度,特别是在对重大新闻、独家消息、突发消息等方面的报道中,提升了中国媒体在国际传播中的话语力量。随着国内媒体与海外华语媒体业务协作机制的不断完善,海外华语媒体可第一时间传播国家级广播电视主流媒体的态度、观点和声音,播音员主持人在跨文化传播中逐渐成为新闻传播的重要力量。

三、有声语言跨文化传播各构成要素解读

1948年,美国学者拉斯韦尔明确提出了解释传播过程的第一个模式以及传播中的五个基本构成要素,我国传播学界常表述为:谁(who)、说了什么(what)、通过什么渠道(which channel)、对谁(to whom)、产生什么样的效果(what effect)。[①] 因为每一个要素都有英文字母"W",故而又称为"5W"模式。这个简单而清晰的模式,奠定了传播学中的五大基本内容,即控制分析、内容分析、媒介分析、受众分析和效果分析。这个模式从传播开始到传播结束,构造了传播过程中各系统之间的次序及每个系统之间的关系。对有声语言跨文化传播而言,借助"5W"模式所构建的传播基本要素,有助于我们清晰地看到传播过程中各要素之间的关系。

（一）有声语言跨文化传播的传者分析

对有声语言跨文化传播而言,传者是播音员和主持人。根据《中国播音学》对播音的定义:播音员和主持人是运用有声语言和副语言,通过广播、电

---

① 关世杰.中华文化国际影响力调查研究[M].北京:北京大学出版社,2016:82.

视等传播媒介进行传播信息创造性活动的人。在跨文化传播的语境中,传者应该包括中国向海外传播节目中的播音员主持人和海外华语广播电视节目中的播音员主持人。随着全球化语境下以有声语言传播活动为载体的跨文化交流活动的日益增多,播音主持专业人员借助其专业身份在社会领域中开展的有声语言传播活动,也使拥有播音主持专业素养的有声语言传播者,成为有声语言跨文化传播的重要研究对象。

(二)有声语言跨文化传播的内容分析

有声语言跨文化传播的内容分析,包括两个方面:一是体现中国民族特色、民族符号、民族元素的文本分析,即"说了什么";二是对语言特色、表达方式及使用规范的分析,即"怎么说"。和其他传播模式的内容相比,"怎么说"也是有声语言跨文化传播的研究重点。

李宇在《中国电视国际化与对外传播》中提到,2009年初他对印度尼西亚美都电视台华语新闻制片人程涵进行访谈时,程涵表示"就中文难易程度而言,央视中文国际频道的新闻节目对于中国国内受众来说不存在问题,但对印尼华人来说,其中的词汇还是比较难的,语速也偏快"[①]。这说明,在国际化传播中,有必要考虑海外受众对语言的接受程度。从这个意义上理解,"怎么说"的问题是有声语言跨文化传播中面临的普遍问题,包括在表达方式上如何用对方听得懂、听得明白的方式来讲述;在语言词汇的使用上如何才能更符合对方的使用习惯;在融媒体语境中如何有侧重点地突出传播内容等。

(三)有声语言跨文化传播的路径分析

对有声语言跨文化传播的路径分析,从本质上说属于渠道分析、媒介分析的范围,也是本书研究的重点内容。

从传播学的视角看,有声语言跨文化传播的渠道可以分为大众传播和非大众传播。大众传播包括广播电视、互联网等新媒体以及跨文化交流的

---

① 李宇.中国电视国际化与对外传播[M].北京:中国传媒大学出版社,2010:97.

晚会、影音等文化产品;非大众传播包括汉语文化推广、普通话培训与测试、诵读能力培养提升等语言传播活动。

从语言环境看,有声语言跨文化传播又可以分为汉语环境和非汉语环境。汉语环境包括国内媒体和海外华语媒体中的播音主持活动、海外华人庆典中的播音主持活动、海外开展的"汉语桥"中文演讲比赛等;非汉语环境则更多地体现在"双语"晚会、多语种文化交流活动之中。

在有声语言跨文化传播的渠道方面,国内研究者一直以来都比较关注"走出去"的路径,但随着中国综合国力的增强和文化消费能力的提升,大型国际文艺演出集团也逐年扩大在中国的演出市场份额,"引进来"跨文化交流活动为播音主持从业人员提供了传播语言、传播文化的新机遇,也是有声语言跨文化传播的重要路径。

本书中对有声语言跨文化传播路径分析都有比较明确的指向,是对已经发生过的有声语言跨文化传播现象的总结,其中或多或少涉及语言传播的概念,这也为进一步扩大有声语言跨文化传播提供了路径思考和机遇。

(四)有声语言跨文化传播的受众分析

对于大众传播媒体而言,来自不同文化背景的受众对于电视节目的内容有不同的理解方式和接受程度,因此存在文化差异的问题。同时,受众对于电视节目的表达也有不同的解读方式[①],使节目中的播音员主持人拥有了跨文化传播的语境。因此,在跨文化语境下播音主持活动的传播受众,主要有两类。

一是海外华侨华人。海外华侨华人是海外华语媒体及线下语言传播活动的主要受众群体。

二是跨文化语言接触中的外国人。随着中国综合国力的增强,在重大国际事件中,中国的态度、意见也越来越得到国际社会的关注和重视。越来越多的外国人开始喜欢中国文化,来中国留学、旅游、文化交流的外国人逐年增加,这也使有声语言跨文化传播的国外受众群体不断扩大。与此同时,

---

① 李宇.中国电视国际化与对外传播[M].北京:中国传媒大学出版社,2010:145.

一些华裔后代受所在国主流文化的影响,慢慢地放弃了汉语,将所在国语言当作第一语言,但他们了解中国文化的需求比一般外国人要强,他们虽然不会讲汉语,却能听懂汉语,由于对语言文化的需求,这一部分讲着外语的华裔后代成为有声语言跨文化传播的重要受众。

(五)有声语言跨文化传播的效果分析

受不同国家文化传统、思维习惯的影响,跨文化传播会产生不同的效果,即便是同一种传播路径,也会因文化差异而在不同国家与地区产生不同影响,这样的例子在跨文化交流中不胜枚举。

受文化传统和历史的影响,东南亚等国家并不排斥汉语,在民间经贸往来中往往也使用汉语,新加坡还将汉语作为自己国家的官方语言。在这些国家,无论是大众媒介,还是有声语言传播活动,有声语言跨文化传播效果的达到都有一定的语言基础。

在中西亚和非洲国家,历史上就有与中国文化交流的传统,特别是"一带一路"倡议的实施,中国在设施联通、贸易畅通等方面的努力,极大地改善了这些国家的交通、信息等基础设施条件。随着中国高铁、中国5G、中国运输等建设项目走出国门的还有中国文化,为了更好地实现与中国的合作,这些国家对汉语传播等文化产品的需求不断增加,在很大程度上也促进了民心相通,有声语言跨文化传播的效果也正在逐步显现。

在英、美等国,中华文化的传播效果有所不同。在美国,我们的一些文化传播类活动往往被其认为是文化入侵。

在有声语言跨文化传播的过程中,对传播受众产生影响是一个潜移默化的过程,在时间上呈现为量变到质变的过程,即时效果、短期效果、长期效果都会存在于传播过程中;在空间上表现出更多的互动性,从一个区域内的互动到两个国家的互动再到世界范围的互动;在技术上则体现为与技术的相生、相育,不同的传播技术带来不同的传播形态,适应传播技术,从而在更大范围内实现传播效果,也是有声语言跨文化传播的重要任务。

第二节　有声语言跨文化传播的时代特点

播音主持活动作为广播电视的重要环节之一,其辐射半径很大程度上取决于广播电视等传播媒介的发展。在全球化促进跨文化交流日益密切的背景下,有声语言跨文化传播也随着全球华语媒体的发展,呈现出影响力不断扩大的趋势。

一、参与者众——媒介发展拓宽了传播渠道

在世界各个角落,几乎所有有华人的地方,就有华语媒体,海外华侨华人就会通过媒体听到熟悉的母语。传播媒介的发展变化,拓宽了有声语言跨文化传播的渠道。从时间上讲,播音主持活动从最初的广播电视到现在的新媒体,一直以中华民族的共同语言构建着海外华侨华人了解信息、融入所在国社会环境的母语媒介,同时也为喜欢中国文化的外国人提供了了解汉语、学习汉语的最便捷实用的语言学习平台。从空间上讲,播音主持活动在全球地域空间中体现为"同时多地",即在同一个时间段上,海外不同地区的华语媒体呈现出从华语广播到华语电视再到华语新媒体的同步升级趋势。传播媒介的发展,让有声语言跨文化传播最大限度地发挥着中华文化在海外传承发展的作用。

比如,早期的华语广播,成为海外华侨华人了解周围社会环境、融入所在国社会生活的重要途径。也正是在这样的跨文化传播语境中,以播音主持活动为代表的有声语言传播,才让海外华侨华人在所在国的主流文化中传承中华文化,守望中华文化的精神家园。

20世纪70年代,有线电视成为人们获取信息、进行娱乐的重要方式。与海外华文媒体相比,声情并茂的电视对海外华侨华人有着更强的吸引力,这也促成了华语电视节目在电视公司的播出,海外华语播音主持也从广播电台的单一媒介逐渐进入广播与电视为共同传播媒介的时代。

进入 21 世纪,海外华语电视通过互联网快速发展的同时,海外华文媒体也通过互联网建立网络媒体,视频在网络媒体中的应用成为海外华文媒体的新特点,正如李大玖指出的"海外华文网络新闻中,各种视频新闻经常与文字和图片交叉使用,像图片一样,已经成为常见的新闻表达手段之一"①,视频通过海外华文媒体建立的网络媒体传播,一方面增加了海外华文媒体的可读性,巩固了海外华文媒体固有的传播优势;另一方面也促进了有声语言的跨文化接触。

技术随着时间不断进步,数字化、互联网形成了完整的信息网络,报刊、广播电视、网络等不同形态的媒体在融合中创新发展,数字新兴时代开启了融媒体和新媒体的传播纪元。移动端作为受众接收信息的新平台,海外华文媒体尝试布局移动 App,以新加坡《联合早报》、马来西亚《中国报》、新西兰天维网、美国中文电视等海外华文传媒的移动新媒体为代表的海外华文华语新媒体,正在形成较为完善的新媒体矩阵,体现了较强的传播力。2019 年第二季度世界华文传媒新媒体、社交媒体及网站影响力排名分别见表 2.1、表 2.2 和表 2.3。

表 2.1　2019 年第二季度世界华文传媒新媒体影响力(海外地区总榜)②

排名	媒体名称	地区
1	联合早报	新加坡
2	中国报	马来西亚
3	新西兰天维网	新西兰
4	侨报	美国
5	洛杉矶华人资讯网	美国
6	美国中文电视	美国
7	星洲日报	马来西亚
8	今日悉尼	澳大利亚
9	菲龙网	菲律宾
10	世界日报	美国

---

① 李大玖.海外华文网络媒体:跨文化语境[M].北京:清华大学出版社,2009:219.
② 表格内容根据《2019 年海外华文新媒体影响力报告》整理。2019 年海外华文新媒体影响力报告[EB/OL].(2019-07-09)[2021-08-09].http://ocnm.haiwainet.cn/n/2019/0709/c3544314-31589269.html.

表 2.2　2019 年第二季度世界华文传媒社交媒体影响力(海外地区)

排名	媒体名称	地区
1	联合早报	新加坡
2	新西兰中文先驱报	新西兰
3	中国报	马来西亚
4	荷兰一网	荷兰
5	澳洲网	澳大利亚
6	美国中文电视	美国
7	头天晨报	英国
8	新加坡眼	新加坡
9	欧浪网	西班牙
10	星洲日报	马来西亚

表 2.3　2019 年第二季度世界华文传媒网站影响力(海外地区)

排名	媒体名称	地区
1	文学城	美国
2	老中地方新闻—老中网	美国
3	倍可亲	美国
4	多维新闻网	美国
5	澳华财经在线	澳大利亚
6	加西网	加拿大
7	51.ca 加国无忧	加拿大
8	新西兰天维网	新西兰
9	世界日报	美国
10	1688 澳洲新闻网	澳大利亚

在各地主流文化的影响下,华侨华人自身所拥有的中华文化成为亚文化,而在新媒体平台营造的传播格局中,世界各地的华侨华人都可以在新媒体搭建的交流互动平台中,感知中华文化、传播中华文化,让中华文化成为华文媒体新媒体传播的主流文化,这种文化将随着大数据、新媒体的发展而不断增强其影响力,也将为播音主持活动带来更多的传播路径。

2016年11月,中国新闻社主导的"华舆"App上线,成为一款为海外华侨华人打造的资讯服务社交类新媒体客户端。它将五大洲的海外华文传媒汇聚起来,不仅为海外各地的目标客户提供新闻信息、生活指南,使其更多地了解当地社会,融入海外生活,还为留学生、侨二代、新移民提供相关资讯服务。各地华文华语新媒体的新闻和实用信息,都可以在这个平台上进行分享,平台也成了网络中海外华侨华人的精神家园。

通过简单地梳理海外华语媒体的发展历程,我们发现,有声语言跨文化传播的路径已经从最开始的广播电视,拓展到融媒平台、社交网站、移动媒体,中国声音正在随时随地地传向世界各地。

二、时代性强——国际传播环境具有鲜明的文化印记

法国著名哲学家丹纳在《艺术哲学》中阐明艺术品的本质及生产时,开宗明义地指出:"艺术品的产生取决于时代精神和周围的风俗。"[①]播音主持活动是语言的艺术,从时间维度出发,播音主持活动在跨文化语境中形成了广泛而持久的影响力,既反映时代精神,又体现文化内涵。

(一)适应当下传播环境的现实需要

"讲好中国故事、传播好中国声音",是习近平总书记从战略层面对国际传播能力建设提出的要求,对国际社会正确认识发展变化的中国具有重要意义。如何向世界介绍中国,把中国道路、中国理论、中国制度、中国精神、中国力量寓于讲故事之中,给有声语言跨文化传播提供了历史机遇。"一带一路"倡议、人类命运共同体的理念正在得到越来越多国家的响应,中华文化所蕴含的天下为公、求同存异、和合共生等理念越来越显示出独特价值,赢得广泛理解认同;中华民族重义轻利、先义后利、取利有道的传统义利观构建了新型国家利益观;中国倡导构建人类命运共同体,积极参与全球治理,在国际社会中发挥越来越重要的作用,中国国际影响力、感召力、塑造力

---

① 丹纳.艺术哲学[M].傅雷,译.南京:江苏文艺出版社,2012:68.

进一步增强。中国特色社会主义道路取得的巨大发展成就越来越引起世界的关注,许多发展中国家对借鉴中国特色社会主义道路实现自身的繁荣富强充满期望,也有越来越多的国家愿意了解和认识中国这个神秘的东方大国。

世界对中国的关注,使有声语言跨文化传播有了更多助力文化传播的机会。播音主持活动需要从跨文化传播的受众心理出发,寻求从中国特色出发、讲好中国故事的路径,从增进文化认同、了解时代命题、解决发展难题的角度,去发现能够体现时代内涵、情感共鸣的有声语言传播路径;坚持以中华优秀传统文化为切入点,利用播音主持有声语言传播的特点,以声音带动文化传播,拓展朗读展演、文艺演出、学者互访、留学教育、视听推介等多种形式的传播路径,让更多的外国人从丰富的跨文化交流活动中认识中国、了解中国。

(二)展示中华优秀文化的需要

让中华优秀文化"活起来"与"走出去",已成为播音主持艺术创作者的时代使命。在五千年悠久历史中创造的璀璨中华文明,正在借助各种视听手段走向全球,原来深藏于典籍中的优秀传统文化,也随着播音主持有声语言艺术的创作,焕发出时代生机。

《关于实施中华优秀传统文化传承发展工程的意见》《中华经典诵读工程实施方案》等一系列政策文件的出台,促进了海外中华经典诵读工程的开展,《朗读者》《中国诗词大会》等节目立足于博大精深的中华优秀传统文化,深耕细作,并在传播上主动释放融合传播的最大红利,在提升主流媒体传播力、引导力、影响力和公信力的同时,通过新媒体、微博、微信等扩大了中国声音的传播范围,形成网上网下同心圆、国内国外共分享的传播态势,中华优秀语言文化海外传播面临着最好的时代。

在全球化背景下,传播媒介的变迁使跨文化语言接触变得迅速和容易,也为有声语言跨文化传播带来机遇。播音主持活动中的普通话(北京语音为标准音,以北方话为基础方言,以典范的现代白话文著作为语法规范),集中了汉语的精华,体现了汉语的庄重美、含蓄美、融通美、质朴美。

鲁迅先生在《汉文学史纲要》中这样评价汉语,"遂具三美:意美以感心,一也;音美以感耳,二也;形美以感目,三也"①。中国文化之美,一个重要的特征就是汉语朗读或诵读出来的音韵美,正如有学者提出的"美在音声化的一瞬间所带来的生命的律动,美在音波与人体节律的异质同构的感觉"②。当一个外国人被播音主持艺术创作所影响,可以将"大道之行、天下为公""言必信、行必果""出入相友、守望互助""己所不欲、勿施于人""老吾老以及人之老、幼吾幼以及人之幼""大学之道,在明明德,在亲民,在止于至善"用普通话朗读或诵读、音美以感耳的时候,语言所承载的文化内涵也渐渐被接纳。

(三) 增强文化自信与促进文化发展的需要

从语言对文化的承载角度去理解,"汉语热"说明中国文化得到了更多的关注。在全球化趋势下,语言的跨文化接触变得越来越容易,也加速了语言所承载文化在世界范围内的传播速度,古老中国的神秘魅力正在随着中国国际影响力的扩大而重新焕发生机。据统计,目前全球学习汉语的人数,已从2004年的近3000万增长到了1亿③,中国语言、中华文化的影响力不断扩大。越来越多的外国人希望通过对中国语言的学习来了解中国,了解中国语言文字背后承载的悠久历史和文明,通过中国文化寻求中华民族延续发展五千年的历史密码,发现支撑中国经济高速发展的中国智慧和中国方案。

从语言价值的角度讲,"一带一路"倡议为越来越多的国家提供了发展机遇,而掌握汉语又能在与中国的外贸交易中降低交易成本,增加商贸往来的机会。世界其他国家在与中国的友好往来中,渐渐形成了对中国有利的外部市场环境,而良好的外部市场环境必然伴随着相关国家和人民对中国的友好态度。学习和掌握汉语对许多外国人来说,意味着在世界经济交往、

---

① 鲁迅.汉文学史纲要[M].北京:人民文学出版社,2021:3.
② 姜燕.汉语口语美学研究[D].济南:山东师范大学,2011.
③ 人民日报钟声:聆听汉语讲述的故事[EB/OL].(2017-10-12)[2021-08-09].http://opinion.people.com.cn/nl/2017/1012/c1003-29581788.html.

文化交流的过程中获得更多的机会,这种语言需求也促进了有声语言跨文化传播活动的深入开展。

第三节　有声语言跨文化传播的模式框架与路径构成

对有声语言跨文化传播模式与路径的研究,是从一系列客观的传播路径入手,对有声语言跨文化传播过程中的各要素进行分析,发现各要素相互关系的异同点,进而凝练成新的传播模式,从而为更大范围、更宽领域推进有声语言跨文化传播提供借鉴,为中华优秀文化走向世界贡献播音主持的力量。

一、以"5W"模式和"八何"模式为研究基础

在国外传播学的研究史上,许多学者都采用构建模式的方法,对传播过程中的结构和性质做了各种各样的说明。自1948年美国学者拉斯韦尔提出"5W"模式以来,许多研究者都对这个模式进行过演绎、补充、修订和完善,但最终都离不开"5W"模式的本质特征。"八何"模式,是在国际跨文化传播语境下,在原有的"5W"模式的基础上,增加了三个传播要素:为何目的(why)、用何编码(encoding within culture A)、如何解码(decoding within culture B)。为了使表述中国化和通俗化,将其意译为:为何目的、何人传播、用何信息、用何编码、用何渠道、传给何人、如何解码、有何影响。由于每个要素中都有个"何",故称为"八何"模式。[①]

"5W"模式和"八何"模式为有声语言跨文化传播模式提供了研究基础,厘清了有声语言跨文化传播中的"为何目的""用何编码""如何解码",有助于构建新的有声语言跨文化传播模式。

---

① 关世杰.中华文化国际影响力调查研究[M].北京:北京大学出版社,2016:84.

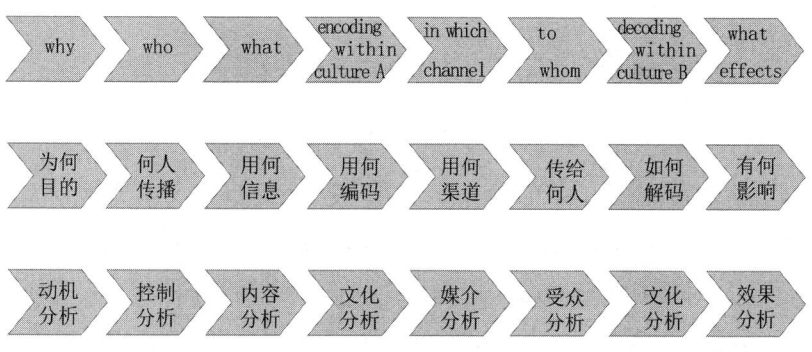

图 2.1 "八何"模式

(一)有声语言跨文化传播的目的分析

一个国家在国际跨文化传播中要有整体战略,对不同的国家,如盟友国家、伙伴国家、敌对国家有不同的传播目的。没有目的,则无法确定传播内容、传播渠道,也无法检验最终的传播效果。[①] 对有声语言跨文化传播而言,传播目的包括语言传播和文化传播两个层面。

从语言传播层面来讲,有声语言跨文化传播的直接目的是扩大语言的影响力,让更多的人在语言跨文化接触中认识汉语、了解汉语。在此基础上,发挥播音主持的专业优势,在海外汉语传播过程中提供语言规范和语言标准,是有声语言跨文化传播在语言层面的更高目标。

从文化传播层面来讲,语言是文化的载体,以有声语言传播为重要特征的播音主持,通过传播媒介,用声音承载中国文化走向世界,让世界在中国声音的传递中感受中华文化、中华文明;同时架起国内与海外华侨华人交流的桥梁,为中国的发展凝聚力量,构建海外华侨华人的精神家园。更为重要的是,在语言跨文化接触的过程中,我们通过播音主持活动熟悉了不同国家的传播语态,让中国智慧和中国方案能够被人听得懂、听得清、听得明白,将中国智慧和中国方案中蕴含的"己所不欲、勿施于人""天下为公、世界大同""协和万邦、和而不同""崇尚和平、和谐和睦"等中国价值观传向世界,为解

---

① 关世杰.中华文化国际影响力调查研究[M].北京:北京大学出版社,2016:84.

决人类发展矛盾、构建人类命运共同体贡献力量。

(二)不同传播受众决定了有声语言跨文化传播的多元路径

播音员主持人是电视屏幕的重要传播符号,他们在电视机构和受众之间扮演着"人际传播"的角色,约瑟夫·勒夫特(Joseph Luft)和哈林顿·英格拉姆(Harrington Ingram)在人际交流的理论分析中提出的约哈里窗口(Johari Window),能够更加清晰地分析出有声语言跨文化传播的作用,从而确定不同的传播路径。约瑟夫和哈林顿认为,交流双方对彼此信息的了解,有四种情况,可以分为四个区:开放区、盲点区、隐藏区和未知区①,见图2.2。

	自己知道	自己不知道
对方知道	开放区	盲点区
对方不知道	隐藏区	未知区

图2.2 约哈里窗口

开放区,指那些自己和对方都知道的信息。无论是国家级广播电视国际传播媒体在海外传播中传递的中国发展信息、对于国际事件的看法,还是海外华语媒体在维护华人利益、反映华人社区动态、承载中华文化方面发挥的作用,都属于开放区的信息。在有声语言跨文化传播中,海外华侨华人对中华文化有认同感,对大众传媒中播音员主持人传递的消息认可度高,通过播音员主持人传递的新闻信息,海外华侨华人不仅能很容易地理解消息内容,也能够认知在国际事件中中国的态度,从而形成国内外较为统一的意见,使海外华侨华人成为国家形象的海外宣讲人。

盲点区,指那些对方知道而自己不知道的信息。在有声语言跨文化传播中,盲点区的信息主要体现在:国外受众因受西方媒体长期以来"中国威胁论"的影响,而对中华文化、中国发展成就有偏见。很多外国人到中国之

---

① 关世杰.跨文化交流学:提高涉外交流能力的学问[M].北京:北京大学出版社,1995:308.

后,很惊讶地发现,中国的真实情况与他们之前在非艺术表达领域中听到的、看到的非常不一样,这就是盲点区的信息导致的。

隐藏区,指那些自己知道,而对方不知道的信息。就有声语言跨文化传播的两大受众来讲,隐藏区的信息各不相同。对海外华侨华人而言,隐藏区的信息主要来自其他媒体对国内事件有争议的报道和对中国投资、经济形势判断等方面。对外国人而言,隐藏区的信息往往体现在一些常识、通用词汇方面,如"中国特色""人类命运共同体""一带一路"等通用词汇的意义理解。

未知区,指那些自己和对方都不知道的信息。有声语言跨文化传播的未知区信息最容易发生在语言跨文化接触中,比如,一些参与到有声语言传播活动中的外国人,他们对于有声语言跨文化传播的信息,只能靠猜来理解意思,从而造成较大的文化误读。

约哈里窗口中各个区的大小与有声语言跨文化传播的程度有密切关系,也与传播对象息息相关。在对海外华侨华人的传播中,呈现出开放区大、盲点区和隐藏区小、未知区适中的特点;而在对外国人的传播中,则呈现出开放区小,盲点区、隐藏区、未知区大的特点,详见图2.3。

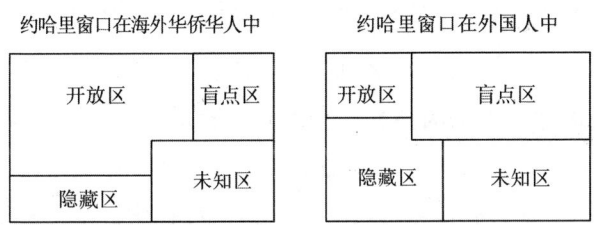

图2.3　约哈里窗口的有声语言跨文化传播中对不同受众的分析

对约哈里窗口四个区的分析,为有声语言跨文化传播中进行传播对象的文化分析提供了参考,也为多元传播路径研究奠定了基础。为了实现良好的传播效果,有声语言跨文化传播需要分析所在国的文化因素和思维方式,尊重对方的文化习惯,用对方熟悉的传播语态和传播方式开展有声语言传播活动,不断扩大在外国人中的开放区,让更多的外国人通过广播电视、互联网、融媒体及有声语言传播线下活动等渠道了解中国,缩小盲点区和隐藏区。

(三)有声语言跨文化传播的多元路径有助于消除"文化折扣"

在有声语言跨文化传播中,受宗教、价值观、政治观念、主流思维方式等知识体系和意义体系的影响,特别是近代以来西方对东方文化以不平等的俯视眼光,持偏见态度看待中国文化,形成的"东方主义"影响依然存在。① 减少文化误读、消除文化折扣是非常困难的事情。但通过缩小盲点区、隐藏区和未知区,扩大开放区,会拓宽有声语言跨文化传播路径,达到较好的传播效果。

在缩小盲点区方面,要不断拓宽有声语言跨文化传播的路径,利用一切可能的渠道,搭建向世界真实讲述中国形象的平台,把中国声音更多、更好、更准确地传达给世界,从而有效应对"中国威胁论"和国际社会的争议,让外国人对中国的错误信息越来越少,知道中国的真实情况越来越多。

在缩小隐藏区方面,要依托海外华侨华人对中华文化的认同,通过大众媒介、有声语言传播活动,让更多的海外华侨华人通过多种渠道了解中国,从而向身边的外国人传递正确的中国信息。

在缩小未知区方面,要突出有声语言传播的"双向"作用,既要通过"走出去"扩大影响力,又要注重"引进来"的传播效果。比如,中国国际广播电台促进外籍人才"中国化",一方面发挥外籍人才的地理、民族、文化和语言优势,另一方面加强中国国情和台情教育,帮助其了解中国,理解和认同中国观点。② 又如,招收播音主持专业的外国留学生,培养其成为既了解本国情况、传播语态,又知晓中国文化、发音标准的海外媒体主持人。这种"双向"传播,有利于缩小国外对中国的未知区。

在扩大开放区方面,播音员主持人要尽可能地了解海外华侨华人与所在国主流文化之间的差异,通过新媒体和自媒体,对大众媒体中传播的信息进行解读,使海外华侨华人更好地理解信息传递的内容。加强对海外华语媒体主持人的培养,促进双向信息传递。国内要了解更多海外华侨华人

---

① 关世杰.中华文化国际影响力调查研究[M].北京:北京大学出版社,2016:102.
② 段鹏.中国广播电视国际传播策略研究[M].北京:中国传媒大学出版社,2013:109.

的需要,从而在大众媒体信息传递中更具针对性,提高播音主持活动的传播效果。我们从外国受众感兴趣的中国文化符号入手,借助中华优秀文化开展更多具有品牌影响力的有声语言传播活动,吸引更多的外国人参与到有声语言传播活动之中,为中华优秀文化在更大范围内的传播凝聚力量。

二、以有效交流为目的,构建有声语言跨文化传播"四互"模式

跨文化传播的目的在于实现同质性的意义共享和异质性的意义参照、借鉴、互补和丰富。[①] 对有声语言跨文化传播的模式与路径研究,从播音主持活动在跨文化语境中的有效传播入手,以促进文化传播为目标,充分考虑媒介与信息传播技术发展对跨文化传播在媒介选择、行为主体、传播模式、传播内容及影响力方面带来的变动,谋求播音主持活动及其活动行为人(播音员主持人、播音主持专业相关行业从业人员)具有媒介内的核心影响力和媒介外的衍生影响力。沿着跨文化传播"使知道、使了解、使理解、使认可、使接受、使实行"的思路,构建有声语言跨文化传播的互联、互动、互融、互生"四互"模式,并通过梳理"四互"模式的实现路径,为更大范围、更宽领域地推进有声语言跨文化传播提供经验借鉴,以达到播音主持从接触、到认知、到美誉、到效仿的国际传播效果。

有声语言跨文化传播,从本质上讲是跨文化传播活动。语言作为跨文化传播的必备要件,是文化旅行的载体,在构建、传达话语体系的同时,自身也成为维持、复制和巩固跨文化传播体系的主体。[②] 由于语言与文化认同及国家认同之间具有象征性联系,语言所承载的文化在跨文化语境中得到更大范围的传播,也构成了"四互"模式的传播目标。

(一) 互联模式

"联"是指联结。对于传播行为而言,相互接触和联结是所有传播的前

[①] 龙小农,贾乐蓉.国际传播与国家发展[M].北京:中国传媒大学出版社,2015:70.
[②] 单波,熊伟.跨文化传播的语言问题[J].国外社会科学,2009(4):133-140.

提,也是当下有声语言跨文化传播的前提。跨文化交流的开端,源自地域空间的"互联互通"。现代交通技术的发展,让不同地域空间的人们跨文化接触变得快捷和便利,而传播技术的发展更是扫除了不同文化交往的"物理障碍",有声语言跨文化传播的互联模式就此产生。互联模式,旨在构建有声语言跨文化传播中多个传播要素的相互联结的关系,其互联体现了传者与受者直接或间接的联结关系、传播内容与传播形式之间的多种联结方式、传受主体之间基于语言传播活动而产生的相互联系。从有声语言跨文化传播要素中较为关键的媒介、节目、主体的联结特性入手,分析互联关系;以传播结构中发挥重要作用的媒体、本体、主体为核心,从延伸媒体半径、优化传播本体、调动传受主体等方面,寻求有声语言跨文化传播的实现路径——使所有有声语言跨文化传播活动跨越时空、国界和文化差异成为现实可能。

(二)互动模式

"动"是指互动。文化互联之后并非是一种静止的状态,互联是互动的前提,而互动则是互联之后不同文化相互作用的动态、持续的调整过程。① 互联带来了不同国家和民族的文化接触,其中既有文化交流,也存在文化冲突。在有声语言跨文化传播的互动模式中,传者借助其播音主持的专业身份,在一系列有声语言传播活动动态影响、长期循环、反复回馈的过程中,帮助不同文化背景的受众认识文化差异,并相互作用,在文化互动中增进相互间的理解,增加彼此的尊重,延伸相互接受的空间。这不但体现为传播活动表层的传播行为之间的互动,而且产生深层的观念文化之间的相互影响。在这个过程中,表层互动体现为信息流动,进而从表层互动上升到文化、观念、价值等层面的深层互动,从而助力中华文化的海外传播,助力中国国际传播能力和国际话语权的提升。这种互动关系的构建,是从传者到受众的互动,因而是以传者语言传播活动为核心实现的文化互动。

(三)互融模式

"融"是指融合。融合体现了文化的变迁,受众既保持原有的文化认同

---

① 孙英春.跨文化传播学[M].北京:北京大学出版社.2015:314.

和文化特征,又与新的文化建立和保持良好的关系,文化个体或文化群体能与其他文化逐步建立一种相对稳定的功能关系。同时"融合还体现在现有的技术、产业、市场、内容风格以及受众这些因素之间关系的改变上"[①]。互融模式的构建,实际上反映了有声语言跨文化传播活动"文化适应"的过程,是不同传播要素在相互接触中产生的文化吸收和借鉴现象,并不是简单地彼此相加,而是彼此合一,让彼之目的成为此之目的。文化的互相融合是一个广泛的概念,对有声语言跨文化传播而言,互融模式突出了播音主持有声语言传播活动在传播文化中的重要作用,以汉民族共同语——普通话、表达形式、审美理想构建为纽带,助力语言承载的人文精神、民族精神在更大范围内得到欣赏和认同,从而使受众在参与语言传播活动的过程中,实现文化互育和审美互融,促进中华文化与世界其他文化在相互借鉴、相互融合中实现"各美其美、美美与共"。

(四) 互生模式

"生"是指新生、共生。新生是播音主持有声语言传播活动在国际环境、传媒技术发展下而产生的新变化。在任何时代,人类与媒介的关系都是"需要和满足"的关系。在跨文化语境下,人类文明大规模的融合必然会出现新的媒体形态,全球化时代催生了互联网技术的广泛应用,信息社会的特殊性则要求信息必须自由流动和良性互动,这既是时代发展的要求,也是互融带来的文化变迁的结果。媒介技术的发展使传统广播电视等大众媒体向网络电视、移动电视、手机电视等播出终端转变,智媒时代衍生的传媒生态带来了新的传播方式、媒体形象、文化特征,各类新兴媒体蓬勃发展,不同文化、不同地区的人们借助现代智能技术进行跨文化传播变得更为便捷,这不仅促进了不同文化的交流互鉴与繁荣,也扩大了有声语言传播的范围与效果。因此,有声语言跨文化传播的互生模式,体现了播音主持专业发展的未来愿景,构建了播音主持活动在变化发展的媒体技术、节目样态、多元受众中更好地满足受众需求、促进文化交流互鉴的模式,而这个模式也反映了在新的

---

① 詹金斯.融合文化:新媒体和旧媒体的冲突地带[M].杜永明,译.北京:商务印书馆,2012:47.

传播形态下展现出的新的中国形象,因此是实现播音主持活动与媒体、与文化共生共融的新方式。

三、有声语言跨文化传播模式与路径研究的体系构建

有声语言跨文化传播模式与路径研究的体系,包括三大部分。

第一部分,主要介绍本书的研究目的、研究意义、研究方法和理论依据、文献综述、研究过程、创新点和结构安排,总体阐述有声语言跨文化传播的关键要点、传播背景、理论支撑和逻辑架构,对有声语言跨文化传播的学理分析和"四互"模式进行综述。

第二部分,分别对有声语言跨文化传播互联、互动、互融、互生模式进行阐释,并从播音主持专业发展的当代机遇、当代呈现、当代主题和未来愿景等方面,对"四互"模式中的有声语言跨文化传播路径进行分析,在模式构建难点分析的基础上提出突破思路。"四互"模式,既是独立的模式,又相互关联,既是有声语言跨文化传播在时间维度上体现出的先互联、再互动、再互融、最后互生的传播时序,又是在交流程度上的循序渐进,从静态的互联,到动态的互动,再到深层次的融合,最后是创新层面的互生。整体研究以模式为核心、以路径为经、以案例为纬,旨在联、动、融、生中寻求有声语言跨文化传播新的发展空间和生长点。

第三部分,将重新回到有声语言跨文化传播的各构成要素,从展望的高度挖掘"四互"模式中一些未来可以实现的传播路径。

第三章 有声语言跨文化传播互联模式及其实现路径

播音主持活动作为典型的有声语言跨文化传播,从传播形态来看是语言的跨文化传播活动,其传播模式一方面与大众传播模式有本质上的一致性,另一方面由于有声语言传播活动的参与,加之具有跨文化传播需求,因此又有了语言层面和文化层面的特殊性。

从国际传播和文化交流角度看,推进国际传播工作,促进文化交流,事实上开启了人类跨文化交流的历史。有学者认为,人类历史就是一部跨文化交际史。从文化的流动性角度看,其道理显而易见。

在跨文化交流中,"联"是指联结、接触,互联,是实现传播目的、发挥传播效果的前提,是将传播模式中各个要素之间可能产生的联系挖掘出来并加以实现。有声语言跨文化传播,很重要的工作之一就是梳理并激活传播活动中的关键要素,搭建待开发互联关系,使广播电视、新媒体以及相关媒介中所有与播音主持和跨文化相关的人与活动都成为文化传播中的活跃因子。从这个意义上来说,互联是实现有声语言跨文化传播的第一步,也是"四互"模式得以完整运行的大前提。

第一节 互联模式显示语言传播各要素之间的联结关系

与大众传播模式一样,有声语言跨文化传播同样涉及传者、内容、形式、载体、受众以及效果等关键的传播要素。其中可以产生关联的传播要素与大众传播模式中各个要素虽大体相当,却不尽相同,尤其是关联的方式有所不同,关键传播要素的地位有所倾斜。毋庸置疑,语言传播活动及其传者所处的位置甚为重要。

一、互联模式阐释

互联,显示了多个传播要素及其联结关系,包含传者与受众直接或间接的联结、内容与形式基于文化层面的联结、传受主体基于语言传播活动的联结等。其研究的价值并非完全着眼于传统意义上大众传播所具有的通用性互联关系,而是彰显了世界华语传播领域跨文化的传播诉求,语言问题顺理成章地被推向了各类问题的前列。

透过互联模式,我们可以看到播音员主持人及其语言传播活动有可能突破国界、地理、内容、形式、传受关系、文化圈层等诸多限制,在网络虚拟空间以及物理真实空间中,借助语言并通过语码转换,最终实现人与人之间跨文化的互联,为实现信息沟通、文化交流奠定基础。

概言之,搭建互联关系并发挥互联模式的功能,有助于播音主持有声语言传播活动跨越时空、国界和文化差异而成为现实可能。地理空间的互联促进了海外华语媒体的发展,让播音主持有声语言传播活动在海外华侨华人和对中国文化感兴趣的外国人中产生影响,使海外华人群体保持原有的文化认同和文化特征,也可以使更多的外国人通过播音主持活动了解和认识中华文化。网络空间的互联,则让播音主持有声语言传播活动在海内外全体中华儿女中产生心理凝聚力和文化凝聚力,发挥语言传播对文化流动的催化作用,为寻求最大公约数、画出最大同心圆贡献力量。

相应地,分析有声语言跨文化传播互联模式,离不开上述互联思维的构建。其要点有三。

其一是互联离不开核心传播要素——语言传播活动。经典的大众传播模式有传者、信息、受众、渠道、效果等要素,强调了谁对谁、通过什么传播等问题,却多多少少忽略了怎么传的问题。播音主持传播活动本质上是语言传播活动,通过语言进行传播在一定程度上解决了怎么传的问题。

其二是互联强调了特殊语境——跨文化语境。文化与文化之间原本存在差异、壁垒等割裂状态,互联强调的恰恰是要改变这种割裂状态,达到"联"的状态。如何突破这些壁垒,是本书研究过程中时时需要思考的问题。

其三是互联关系的研究目标指向某种理想图景——模式。模式是一种高度概括的理想模型,在描摹时需要强调其共通性,忽略某些特殊性,这些特殊性则需在模式构建难点上及突破中进行额外的解释说明。

基于上述三个要点,构建有声语言跨文化传播互联模式,有助于梳理和发现有声语言跨文化传播的多种路径。

从当下传播环境看,自20世纪60年代加拿大学者麦克卢汉提出"地球村"概念以来,此后60多年,科学技术、交通技术、通信技术飞速发展,越来越多的人学习、工作、生活在不同的文化群体之中,不同文化背景的人们跨文化交流的活动也越来越频繁,这一切都指向互联关系的建立——既始于现代交通技术发展在地理空间上的联结,又指向传播技术发展对不同文化交往过程中"物理障碍"的扫除。

参照这种理想的传播模式图景,回归到传播实践中,我们可以时时发现播音主持传播活动中存在的各种互联现象。

比如,中国国际化传播媒体中的播音员主持人联结各传播要素的能力增强了。在电视媒体中,我们看到的很多报道都是演播室内的播音员主持人与前方连线获得,中国驻外记者站、新闻现场记者成为播音员主持人的有机组成部分,原本属于不同传播岗位的工作,因有声语言传播活动而有机联结在一起,传播能力因联结而增强——坐镇国内,放眼国际。中央广播电视总台中文国际频道《今日关注》等节目就是这种联结模式的典型代表。

比如,海外华语媒体的播音员主持人在他们本土化的节目中,直接引用或间接编选中国主流媒体的新闻信息,或描述,或转述,或评述,事实上扩大了传播半径,使中国的声音被更多的海外受众尤其是华人群体接收到,于是，中国故事与海外华人群体产生了互联关系，这体现了内容与受众的互联。这种互联使中国声音的传播工作、中华文化的群体认同工作得以推进，这也是跨文化传播过程中人们希望达到的传播效果。退一步来讲，即便海外华语媒体在转述来自中国的新闻信息时产生了变形、误读等传播现象，其客观效果也使得中国形象被海外受众关注。从传播效果的实现角度看，"联"是产生传播力的起点，没有传播力就没有影响力。

再比如，海外华语媒体的记者大多承担着主播的部分责任。笔者在采访美国中文电视、马来西亚《中国报》新媒体有关负责人时发现，在海外华语媒体中，除了新闻主播之外，还有一些记者需出镜播报。美国中文电视的每一位记者都要承担出镜口播的任务，或进行现场连线报道，或回到主播台与主播一起主持播音工作，其口播环节亦属播音主持活动的一部分；马来西亚《中国报》新媒体视频所有的新闻主播其实都是记者，他们白天跑节目，到了主播时间便带妆出镜、播报新闻。这种"联"其实是传者多重岗位职责基于有声语言传播活动的互联。

综上，播音主持活动作为最具活力的语言传播活动，将经典的大众传播模式中传者、受众、信息、渠道、效果等要素进行有机的、积极的联结，使静态的传播要素产生了动态关联，进而使跨文化传播活动得以开展。这是发现互联模式并积极运用的目的所在。

二、互联模式的关键要素特性及其相互关系

在播音主持活动跨文化传播互联系统中，若干传播要素因其特性明显而得以凸显，如媒介、节目、传受主体等。媒介因具有强大的社会穿透性而得以广泛联结，节目因具有聚合性而成为内容载体和联结宿主，传受主体因具有主动性或被动参与语言传播的能动性而活化了互联体系，这三者虽然不是互联模式的全部传播要素，但其特性比较突出，因此择其要者加以提炼，便起到了提纲挈领的作用。

(一)媒介穿透性

马歇尔·麦克卢汉提出:"一切媒介对我们的影响都是完全彻底的。媒介影响的穿透力极强,无所不在,在个人、政治、经济、审美、心理、道德、伦理和社会各个方面都产生影响,我们的一切方面无一不被触及、被影响、被改变。"①在有声语言跨文化传播中,互联需要突破传播过程中的壁垒,媒介与媒介之间因国界和地理界限而造成彼此独立、互不接触的状况如何改变,成为达成各传播要素互联目标首先遇到的问题。播音主持传播活动客观上对媒介互联提出了要求,促成了媒介穿透性特征的形成,进而加强了媒介之间的互联关系。

1. 用媒介穿透国界壁垒

国内媒体与国外媒体进行信息交流与对话,需要推动传播要素形成各种互联关系,其基础问题是媒介渠道互联,创造条件把国内媒体的节目传播到国外,这是设施与渠道建设的问题。在此基础上,才有机会推进之后的内容互动,使海外播出国内媒体制作的节目内容,甚至海外在自己制作节目的内容、风格、口径上与国内趋向一致。

媒介渠道互联,在有声语言跨文化传播中包括硬件基础设施、节目生产运营等多个方面。纵观中国广播电视国际传播发展史,几乎就是渠道互联的奋斗史。从1992年中央电视台第一个国际卫星频道开播以来,我国中央媒体的传播覆盖面已经从最初的80多个国家发展到目前的台网融合下用户覆盖210多个国家和地区。2016年12月31日,中国国际电视台(中国环球电视网,CGTN)正式开播,包括6个电视频道、3个海外分台、1个视频通讯社和新媒体集群,CGTN各频道相继进入国外主流媒体运营商平台,重大国际事件报道率、首发率比肩西方一流媒体,国际传播能力迅速提升。除中央媒体外,省市电视台也通过开播国际频

---

① 麦克卢汉. 媒介即按摩:麦克卢汉媒介效应一览[M]. 何道宽,译. 北京:机械工业出版社,2016:3.

道或卫星电视在海外播出。

媒介渠道的互联,使有声语言跨文化传播影响的范围更广,随着节目在海外的落地,播音员主持人将华语传播的语言风格和当地受众喜闻乐见的语言特色相结合,通过有声语言传播活动为海外受众打开了一扇可以观察了解中国的窗户。

2. 用网络突破地理空间限制

随着互联网技术的不断升级,现代媒介强大的社会穿透性还更为直接地体现在地理空间穿透方面,主要表现为网络的互联突破了地理空间的限制。

网络穿透地理空间,既体现了网络在信息传递中的互联功能,还反映了传统媒体适应传播形势拓展网络传播的新趋势。这里以传统媒体同步拓展网络传播活动为例加以说明。网络短视频的制作和播出,拓展了有声语言跨文化传播的路径,使专业主持人能够充分运用新媒体平台,扩大播音主持影响力。比如在美国中文电视制作的只在美国中文网上播出的《一刻》节目,主持人陈菲菲将传统新闻文体播音和评论文体播音结合起来,从美国华侨华人关注的社会问题入手,以新闻播报+评述的方式整合节目,既有常规新闻节目的信息性,又有嘉宾评论的观点性,使《一刻》成为美国中文电视特色节目《中文晚间播报》在网络媒体上的有效补充,体现了新媒体对播音主持信息传播功能进行深度加工的特点。

这里值得一提的是,《一刻》节目在《中文晚间播报》提供权威信息的基础上,借助新媒体收集、汇总了更为丰富的海外华侨华人各阶层的声音,并借助互联网构建的亚文化圈进行信息传播和观点碰撞。通过网络传播的节目,信息传播的范围更广,关注的人群更多,中国本土受众不仅可以了解到更为丰富的海外华侨华人的声音,而且看到了原汁原味的美国华语电视新闻节目形态。这种地理空间的突破,得益于媒介互联提供的基础平台和传播渠道,可以说,互联这一基础性的联结工作促成了跨国的信息沟通,也使跨文化传播具备了基础传播条件。

此外，突破地理空间往往还会带来超越地理空间的信息拓展，上述例子中提到的网络节目《一刻》与美国中文电视的节目《中文晚间播报》互为补充，相辅相成，在大众媒体报道的消息之外，还集合更广泛的民众声音，做到了《中文晚间播报》报道新闻事实，《一刻》体现大众观点，使传统意义上的播音主持意见引领与民众声音表达实现了彼此的互联。

(二) 节目聚合性

在传播过程中，每个节目都是相对独立的传播单位。但是当把一批节目放在一起进行观察时就会发现，某些节目群具有一些相通之处，这些相通之处恰恰反映了某些规律性特征。发现并优化这些特性，有助于促成和加强语言传播活动中的互联关系，包括媒体之间的互联关系、传受主体之间的互联关系等。

1. 用节目聚合媒体

国内媒体与国外媒体制作节目的风格特色各有侧重，差异明显，但其间不乏一些交叉项。交叉项数量越多，且每一项的相似度越高，则不同媒体之间的相似度就会越高，聚合的强度就会越大，从而可使不同的媒体找到更多共同的类型、内容、形式、主持风格等。其结果会使各国媒体在彼此互联聚合的同时，延伸传播半径，加大自身的影响力。

以美国中文电视引进并播出的华语节目为例（见表 3.1[①]），其中十几档节目覆盖了文化、综艺、新闻、服务、脱口秀、纪实等类型，内容涉及戏曲、音乐、美食、健康、医药等，主持也多为亲切大方、朴实自然、机智幽默、热情活泼等常规的适宜大家接受的风格。美国中文电视引进这些华语节目，从一个侧面说明了这些节目在美国华人群体中广受欢迎，众多在美华人对节目需求转化为中国媒体与美国华语媒体的互联关系。

---

① 资料基于笔者对美国中文电视 2019 年 4 月播出的节目进行的整理分析。

表3.1 美国中文电视引进华语节目信息表

序号	节目名称	栏目类型	内容形式	制作方	来源所在国	主持风格
1	东方新闻	新闻	新闻播报	东方卫视	中国	自然流畅、亲切自然、播说结合
2	喝彩中华	文化类	戏曲真人秀	东方卫视	中国	轻松大气、亲切自然,有渲染、能调动现场气氛
3	每日文娱播报	文艺资讯	娱乐资讯播报	北京广播电视台	中国	青春、轻松、活泼、大气
4	极限挑战	综艺	真人秀户外挑战	东方卫视	中国	嘉宾充当主持人角色,使得节目人物之间不单调
5	疯狂的冰箱	综艺	美食真人秀	东方卫视	中国	风趣幽默、控场能力强
6	美食地图	综艺	美食演播室+外景	北京卫视	中国	幽默风趣、阳光有朝气
7	一站到底	综艺	知识竞技擂台	江苏卫视	中国	机智、幽默、大方
8	缘来非诚勿扰	综艺	相亲主持+嘉宾互动	江苏卫视	中国	幽默、风趣、控场
9	美丽中国	纪录片	画面+解说	中央广播电视总台	中国	解说配音、大气磅礴
10	人气美食	纪录片	美食外景主持	星尚传媒	中国	风趣幽默
11	国宝发现	行走类纪录片	中华文化外景主持	中央广播电视总台	中国	庄重大方
12	这里是北京	纪实类节目	老北京文化	北京广播电视台	中国	亲切自然
13	远方的家	纪实旅游节目	主持人外景体验式采访	中央广播电视总台	中国	活泼大方
14	精彩音乐汇	文化、音乐	欣赏类中国老歌+流行乐	中央广播电视总台	中国	亲切自然,娓娓道来
15	养生堂	服务	中华传统医学文化	北京广播电视台	中国	亲切、大方、优雅、知性
16	我是大医生	脱口秀	权威医生主持团	北京广播电视台	中国	积极向上、亲切自然

从表3.1中我们可以发现,栏目类型、内容形式、使用语言、主持风格等属于不同媒体的共同关注点,这些关注点具有较高的相似度,因此易于成为互融互通的交叉项。所有这些数据背后有一个值得关注的地方,它们具有存在意义却又很自然地隐含其中,这就是节目的制作方为同一来源所在国——节目制作方有中央广播电视总台、北京广播电视台、东方卫视、江苏卫视、星尚传媒等,而它们都是中国的广播电视传媒机构。可以想见,谈及加强中国媒体的海外传播工作是一个美好且宏大的愿望,而具体落实下来,则不外乎在节目的类型、内容形式、主持风格等环节寻找更多相似点,从而将中国的信息与文化融入广播电视节目的语言传播中,潜移默化地实现讲好中国故事、树立中国形象的宏大愿望。

用节目聚合中外华语媒体,使中外华语媒体产生互联关系,这属于事半功倍的传播策略。因此,有声语言跨文化传播互联模式的实现,需要持续不断地加大内容互联的力度,这也是扩大中国声音传播范围的需要。同时我们须推动国内媒体与国外华文媒体、华语媒体、新媒体的合作,将国外华语多种传播形态的媒体看作一个整体,发挥各自的优势,通过与国内媒体的合作而形成传播合力,宜传统媒体则传统媒体,宜新媒体则新媒体。依托业已形成的专业媒体、华人商会、文化社团等多种平台,在文化、旅游、饮食、科技等多方面开展深度合作,在多领域相互接触、多媒体相互联结的过程中,发现新的合作点,拓展有声语言跨文化传播的新空间。

2. 用语言聚合受众

在以华语为主的节目中,基于节目类型、内容形式、主持风格、节目特色等基本节目要素的相通特征,有助于聚合相对明确的目标受众群体。也就是说,某类节目与某类目标受众群体之间具有一定的关联性。寻找这种关联性,并在节目中强化这种关联性,有助于在海外传播的节目中扩大播音员主持人的影响力。

笔者调研美国中文电视自制的若干节目(见表3.2[①]),发现这些节目的目标受众群体基本都指向华人和其他关注中国的外籍人士,节目中的播音

[①] 资料基于笔者对美国中文电视2019年4月播出的节目进行的整理分析。

主持环节都使用了普通话,受众在传者语言传播过程中接收了节目,也凝聚成了一个相对稳定的群体,他们成为美国中文电视重要的目标受众群体。因语言聚合受众,这是实现传播要素互联的重要方法。因此,我们可以理解为,在互联模式中聚合受众,首先是用语言,其次才是用节目的内容、形式、风格、特色等。

表 3.2 美国中文电视自制华语节目信息表

序号	栏目名称	类型	内容及形式	制作方	语言使用	节目特色	目标受众
1	亚洲色香味	美食纪录片	美食外景主持+画面解说	美国	普通话	跟随主持人找到纽约最好吃的亚洲食品,并探寻菜品背后的秘密	热爱美食的华人和其他外籍人士
2	中文晚间播报	新闻	新闻播报	美国	普通话	用中文报道美国每天发生的各类消息,尤其受到华一代里不会讲英文的中老年华人的喜爱	华人,尤其是不会英文的华人
3	洛城会客室	访谈	文化、艺术、企业等领域的嘉宾访谈	美国	普通话	聚焦美西华人故事,挖掘文化、艺术、影视、好莱坞、企业发展、创业创新等多元话题	华人以及对中华文化感兴趣的其他外籍人士
4	纽约会客室	新闻	中华文化、艺术等访谈	美国	普通话	文化、文艺、华人政界	华人以及会中文的其他外籍人士

如表 3.2 所示,美食纪录片《亚洲色香味》的节目内容明显聚焦亚洲美食,节目采取外景主持与画面解说相结合的方式,通过寻访纽约最好吃的亚洲食品,探寻菜品背后的秘密。由于节目是在美国中文电视播出的,因此无论是亚洲这一与中国相关的地域,还是美食这一与中国有关的饮食文化,都吸引了大量热爱美食的华人和其他相关外籍人士。客观上来说,衣食住行等人类共同关注的节目及其内容,或多或少凝聚了包括广大华人受众在内的目标受众群体。

节目的互联与语言的互联形成合力,打造了华语传播媒介平台。在这个平台上,从传者到受众、从内容到形式、从传统媒体到新媒体,都体现了有声语言跨文化传播互联模式的特点,即基于共同的喜好而形成求同存异的"收视共同体",进而形成了华人华语文化圈,这对于中华文化的海外传播以及海外华人文化的传承发展起到了积极的作用。

这一特点也从笔者对泰国中央中文电视台、马来西亚《中国报》和《欧洲时报》新媒体的采访调研中得到了实证。对有声语言跨文化传播活动而言,互联的影响是双向的,一方面华语播音主持的形式与风格要适应所在国家和地区的传播需求,另一方面,所在国家和地区总体的华语播音主持特点也以中国本土的语言规范与表达风格为参照,从而形成了类似但不同于中国本土播音主持创作活动的语言传播特点,进而凝聚了一批具有共同收视需求的受众。

这里不妨把语言传播影响范围适度打开,比如文化传播方面,世界各地博物馆语音导览系统中的中文语音导览,播音主持专业力量的介入可以使标准的普通话、精准的内容表达、富于感染力的解说与典藏在世界各地博物馆、艺术馆中的展品相联,使国内外华语参观者在实现视觉享受的同时,获得听觉的补充和想象力的拓展。再如,教育方面,依托华语教育平台,建立线上普通话语言服务,使播音主持的专业优势在语言学习中发挥作用。这些衍生拓展的语言传播活动效果都有可能依赖广播电视传媒强化传播效力。

在有声语言跨文化传播过程中,我们要利用好媒体内部互联、传媒内外互联带来的可拓展机遇,深度挖掘合作空间与领域,使存在于传媒领域的播音主持传播活动走出媒体,在更多线上线下的传播语境中发挥专业示范和引领作用,为提升华语传播话语权和构建华语传播体系贡献更多力量。

(三) 主体能动性

主体能动性中的主体,指的是传者和受众;能动性指的是以播音主持为代表的有声语言传播活动具有动态特征。

传受主体具有主动和被动之分,但这种区别并不影响传受主体能动性特征的呈现。就主动性而言,传受主体具有自主活动性;就被动性而言,传受主体具有语言依赖性。

在具体的传播与接收广播电视节目行为中,我们可以发现,传者自然会积极主动地传播节目内容,受众也因收听收看需求而主动地选择接收节目内容。联结传者与受众的动态环节,很大程度上集中在用华语进行播音主持的传播活动中,以及用华语进行解码接收的收听收看活动中,这既符合语言学理论中发出与接收的听说机制要求,也满足播音主持传播活动的"谁说"与"对谁说"的互动机制需求。

简言之,以上相对复杂的传播机制可以概括为两句话:一是以人为中心,媒介因人而互联;二是以语言为依托,主体因语言而互联。

1. 以人为中心,媒介因人而互联

在互联模式中,人处于语言传播的中心地位,以人为中心进行模式架构,形成了媒介因人而互联的局面。

以华语媒体美国中文电视为例。该传媒机构不仅为海外华侨华人提供了直接接触华语的平台,更提供了通过华语了解含中国在内的各国信息的平台。美国中文电视是北美地区最具规模、最有影响力的中文电视之一,成立于1990年,总部位于纽约曼哈顿中城,在曼哈顿下城、皇后区和布鲁克林都设有分部,并在波士顿、华盛顿、芝加哥、旧金山、洛杉矶和休斯敦设有记者站。从大众媒体的角度讲,美国中文电视播出的范围是北美区域,但从网络媒体的角度讲,它有 App,有 YouTube、Facebook,可列入全美平台系列。美国中文电视网也同步播出电视的 24 小时节目,是在美国具有较强影响力的华语媒体。

美国中文电视的受众主要是针对以华语为主的人群,在开台初期更多是给新移民来美国的华侨华人做一些服务,比如解决保险如何办理之类的问题。随着后来的发展,其逐渐成为为华侨华人发声、沟通华侨华人情感的媒体。由于它在美国的影响力越来越大,部分商业集团开始关注美国中文电视,进而投放广告,希望通过广告影响华人群体。一些主流媒体也通过网站搜索的方式,来分享美国中文电视新闻报道的相关内容。

可以说,美国中文电视作为华语媒体,通过播音主持这一语言传播活动凝聚了华侨华人群体,其重要性毋庸置疑。相应地,在美华侨华人群体对华语节目的需求,也反过来促进了美国中文电视的进一步发展。

2. 以语言为依托,主体因语言而互联

传受主体具有语言依赖性,传者一方善于用华语进行传播,受众一方惯于用华语接收信息,因此,双方都对语言传播能力有了更高层面的诉求,交流因语言纽带的存在而发生,文化因语言传播活动的开展而流动。

美国中文电视对播音员主持人的选用,越来越注重他们是不是播音主持专业出身,对新闻主播"字正腔圆"的要求则更高。事实上,美国中文电视的新闻节目主播以及访谈节目主持人,大都在中国高等院校学习过播音主持专业,并在国内媒体有过从业经历,比如,《纽约会客室》栏目的主持人谭琳毕业于中国传媒大学,并曾在中国的光线传媒《中国娱乐报道》中主持过文化资讯类节目。

同时,美国中文电视也特别注重主播灵魂作用的发挥。在该媒体的新闻节目制作中,通常由主播播报新闻,中间穿插连线记者对完整的新闻故事的讲述。该媒体既注重主持人的语言表达能力,又注重主持人的非语言表达能力,还对主持人的英语使用程度和水平有严格要求。普通话水平和英语水平兼顾的高标准,体现了播音主持语言传播能力在跨文化传播中的重要作用。比如,《中文晚间播报》是美国中文电视的王牌节目,也是收视率最高、忠实观众最多的节目。《中文晚间播报》播出的节目大多数由美国中文电视自己拍摄制作,除了华人社区的新闻,在主流信息选择上往往从两个方面入手:一方面用华语报道当地发生的新闻,用华语传播主流社会的动态,包括地方颁布的重大决策、法案等;另一方面对中国新闻进行报道,让关注中国的华侨华人能够及时了解到国内发生的重大事件。对中国的重要会议,也会以外媒记者的身份到中国会场参与拍摄,使观众能够在第一时间了解到中国的情况。在中国新闻的报道方面,往往选取美国华侨华人比较关注的中国发展变化、人才引进、劳动就业、生活消费等内容,其目的是围绕观众的需要来报道中国的最新变化。

上述新闻播报、现场报道,离不开演播室播音主持活动以及现场的语言传播活动,传受双方基于共同的语言形成了彼此呼应的互联关系。

第二节　有声语言跨文化传播互联模式的实现路径

基于上节对互联模式各要素的描述及其相互关系的梳理,我们大体勾勒出了播音主持活动在跨文化传播中互联模式的样貌,即通过有声语言传播这一能动性活动,激活各传播要素,并促成各要素之间的联系。在本节中,我们试图通过分析华语传媒实际的传播案例,梳理互联模式的实现路径,既总结经验,又发现规律,为包括互联在内的"四互"模式的搭建提供各种实现的可能性。

概括而言,交通和通信技术的发展,使密切的跨文化传播成为当今世界文化交流的一个重要特征,也使传播的全球化成为现实,新的传播格局与秩序正通过传媒产业的扩张在世界范围内形成。对播音主持传播活动而言,中国文化与其他各国不同文化的互联尝试,使跨文化传播路径逐渐浮出水面,为播音主持在跨文化语境下传递中国声音、传播中华文化创造着可能。

一、构建互联模式的标准

互联模式的构建标准是激活传播要素并使各传播要素相互关联。这是互联模式得以构建的初衷,也是该模式得以实现的路径。

有声语言跨文化传播,作为一种传播现象,离不开社会发展对其带来的影响。社会是由一些相互联系的个人组成的,而这些个人同时又构成了各种各样的群体,其实社会本身就是一个最大的群体。从根本上来说,每个人都是在一定的群体中生活。所以,一切社会行为不仅发生在个人身上以及个人之间,还发生在群体之间。[①]

在早期媒体不像现在这么发达的时候,华文报刊、华侨华人社团、华文学校被称为海外华侨华人社区的"三件宝",是支持海外华侨华人社会存在

---

① 周晓虹.现代社会心理学[M].上海:上海人民出版社,1997:305.

与延续的三根支柱。华人社区作为一种亚社会结构,是华侨华人赖以共同生活、进行社会互动的区域。社区意识的体现是社会的归属感,是社会这一亚文化群体的成员对本地区和本亚文化群体的认同、喜爱和依赖的心理感觉,其形成的条件是人们之间的互动及在此基础上形成的具有一定强度和数量的心理关系。① 随着媒介技术的发展和中国向外移民人数的增多,华语媒体逐渐在海外华侨华人社区中发挥重要作用,华侨华人社团与国内的交往也越来越密切,华文学校也在传播中华文化方面发挥了重要的作用。华语媒体、华人社团和华文学校,成为华侨华人社区的新"三件宝",究其原因是三者都围绕着华语进行互动。

如今,构建有声语言跨文化传播的互联模式,一方面继续发挥上述"三件宝"的作用;另一方面借助媒体发展的态势,加大华语媒体跨文化传播的功能,一以贯之地发挥华语的传播作用。具体到媒体之中,就是更好地发挥有声语言跨文化传播的作用。

二、互联模式各要素优化方法及实现路径

媒体、本体、主体,这三体是传播结构中重要的组成部分——媒体提供了传播平台,本体提供了传播载体,主体参与传播活动。构建互联模式,重在将传播结构中这三个组成要素加以优化,打通有声语言跨文化传播互联模式构建的实现路径。

概括地说,实现路径有三个,即延伸媒体半径,优化传播本体,调动传受主体。

(一) 延伸媒体半径

延伸媒体半径是一种形象化的说法,其方法是通过加强本国媒体国际化传播建设,以及通过寻找优质的海外媒体合作伙伴,建立有效的传播机制,扩大传播影响力。迄今为止,还没有一种技术屏障能阻挡或控制到处渗

---

① 周晓虹.现代社会心理学[M].上海:上海人民出版社,1997:507.

透的各种"电波"和信息流动①,这也说明传播技术极大地拓展了跨文化交流的广度和深度。

1. 强化本国媒体国际化传播建设

从国际化传播媒体建设的角度来看,国家级广播电视国际传播机构、省级地方媒体以及中国长城平台、中国黄河电视台等国际化传播媒体,是进行有声语言跨文化传播的前提。因此在实现路径上,强化本国媒体国际化传播建设也是首要的路径之一,属于软硬件协同建设范畴。

国际化传播媒体通过信息流动,打破了地理空间的隔阂,扩大了有声语言跨文化传播范围,让更多的海外受众能够接收到来自中国的声音,这是进行跨文化传播理想的媒体建设目标。

不过不容乐观的是,我国目前国际化传播的内容存在着吸引力不足、接收群体小的问题,特别是由于侨二代、侨三代在成长过程中受到中华文化和所在国文化的双重影响,他们既认同中华文化,又认同所在国文化,"双重认同"一定程度上限制了中华文化被认同的程度,主要表现为中国国际化传播中播出节目及语言传播的影响力式微。这对提升媒体国际化传播能力建设提出了更高要求。

加强本国媒体国际化传播建设,有必要关注海外侨二代、侨三代的文化需求和价值观念,改变现有传播的节目内容、主持风格、话语表达,从而使海外华人有机会通过华语传播节目及华语传播活动,更深入地了解中国社会结构、文化传统、价值观念等深层内涵。

2. 寻找优质的海外媒体合作伙伴

海外华语媒体是有声语言跨文化传播互联的中转枢纽。从目前的情形看,中国媒体真正在海外落地传播的状况并不乐观,反而是海外华语媒体充当了中转枢纽的角色,实现了中华文化的中继传播,即中国的传播行为借助海外华语媒体实现了影响力的扩大和传播的继续。

据不完全统计,目前海外华语广播电台有70多家,华语电视台几十家,

---

① 孙春英.跨文化传播学[M].北京:北京大学出版社,2015:357.

网络媒体则难以统计。这些华语媒体从不同的视角传播中华文化,一方面在改善西方媒体对中国的偏见中发挥了积极作用,通过传递中国信息、华人声音,向世界展现了真实的中国形象和中华文化的魅力;另一方面又使得华侨华人通过华语媒体架构的桥梁,在所在国主流文化之外获取中国的信息,在情感上获取身份认同,凝聚了民族精神和力量,同时打开了中国了解海外华侨华人生存状态的窗口。

海外华语媒体与国内媒体的合作已成为常态,信息共享、节目互播等机制,使播音主持活动直接或间接地强化了海外语言传播效果,成为国际化传播媒体之外新的传播渠道。因此,我们在加强媒体建设、提升国际化传播能力建设的同时,应该高度重视海外华语媒体在中外跨文化交流中发挥的重要媒介和伙伴作用,拓展有声语言跨文化传播互联的基础路径。

3. 搭建跨文化传播的媒体平台

传统大众媒体和新媒体平台开展着各式各样的信息沟通工作,实现了多层次的文化互联目标;国内媒体与海外华语媒体在节目播出合作以及语言使用方面开展了各种互联活动。

国内媒体与海外华语媒体的互联从一开始就没有停止过。早期的海外华语媒体,往往通过购买国内媒体的节目、租用频道进行节目播出,后来因卫星技术的发展变为直接转播中央电视台的节目,再后来呈现出海外华语媒体与中国各级媒体合作播出节目的态势,直到现在海外华语媒体、华文媒体新媒体在新闻报道上直接采用中央广播电视总台的视频新闻或者新华社的稿件。

随着视频传播时代的到来,有声语言跨文化传播的作用日益凸显,这也是实现传播互联目标的新动向。华侨华人创办或经营的电视台,在数字化浪潮中不断完善节目形式,其目标受众也不再局限于华侨华人,一些节目开始转向非华语受众,"汉语+字幕"的制作形式,无形中加大了汉语国际推广的力度,扩大了华语传播的国际影响力。

在海外华语媒体的播出节目方面,也经历了从购买节目到生产节目的过程。但随着海外移民人数的增加,华侨华人创办或经营的电视台,在数字化浪潮中不断完善节目形式。这里需要说明的是,华语本身也经历了历史发展带来的转变——由于广东籍和福建籍华侨华人的移民历史较长,在海外媒体的发展过程中,粤语和闽南语两种方言曾占据华语传媒,然而随着之后中国其他省份的移民定居海外,普通话慢慢替代了原先的两种方言,成为华语电视节目的主流语言。① 在海外华语媒体大量引进中国电视节目的同时,也促进了普通话在华语电视节目中主流语言的形成,进而成为海外其他自制节目模仿的对象,这种交流的深入,也使得海外华语媒体对播音员主持人普通话水平的要求越来越高。

(二)优化传播本体

这里的传播本体,指的是依赖媒介形态而形成的传播内容与形式的结合体,可以指节目本身,也可以指附着在播音主持活动中的所有信息。比如,传统媒体的完整内容与新媒体的碎片化内容,就是基于媒介形态而产生的新的传播本体样态,相应地,完整的一段语言表达或者碎片化的语言信息也属于传播本体。优化传播本体是优化传播效果、更好实现传播要素互联的核心组成部分,因为优质独特的语言表达可以凝聚更多信息资源、受众群体,其表达本身有时就是一个具有标志性的 IP 文化产品。

1. 强化语言传播的影响力

语言文化交流活动是有声语言跨文化传播的重要内容。

跨国的语言文化交流活动为有声语言跨文化传播提供了新的传播主题,也提升了普通话在国际传播中的影响力,使播音主持活动在跨文化传播语境中发挥着语言传播的功能,进而发挥了文化交流、文明互鉴、语言教育的深层功能。

从语言传播的角度看,影响力表现为输出方的经济拉动、科技带动、文化时尚影响等诱导性行为力量,此外还包括接受方的开放程度与跟进速度。但是归根结底,主要取决于语言输出方在国际上的综合国力及其影响力。②

---

① 肖航,纪秀生,韩愈.软传播:华文媒体海外传播研究[M].北京:中国传媒大学出版社,2013:118.
② 周福芹.论语言的跨文化传播[J].东北师大学报(哲学社会科学版),2003(2):99-105.

根据国务院侨务办公室2014年3月公布的统计数据和《中国国际移民报告（2015）》统计，海外华侨华人总数超过6000万人，分布在全世界198个国家和地区。① 一些具有高素质高能力的新型移民成为移民的中坚力量，客观上促进了汉语在海外传播影响力的提升，而这种影响力同样体现在来华留学生人数的增加上。根据教育部发布的《2018年来华留学统计》，2018年共有来自196个国家和地区的49.2万名外国留学人员在全国31个省（区、市）的1004所高等院校学习。② 据近10年的数据分析，来华留学生呈现生源多样化、专业结构多元化和规模上升趋势，这也表明汉语的影响力正在逐步提升。

2. 跟进视频传播形式的发展节奏

媒体传播形式从平面发展到声音、从长视频转变到短视频，传播形式的变化往往是衡量传播能力发展的风向标。当下，"短视频"已经成为各级各类媒体进行优质传播的必争之地。

在海外华语媒体中，视频正在逐步成为新的传播形式。《欧洲时报》驻英国伦敦分社主编李强在接受笔者采访时表示，"要把《欧洲时报》打造成对接中欧的一个桥梁，一方面能够让国内的群体更好地了解欧洲，另一方面也希望海外的华人，甚至是外国人，通过《欧洲时报》能够对中国的文化、对中国发展实际情况有更多的了解，视频往往是最好的展现形式"③。在《欧洲时报》的网站上，视频栏目下设新闻视频、巴黎直播、华埠华人、人物故事4个版块。新闻视频突出世界各地的新闻事件，让受众及时了解最新的消息动态；巴黎直播突出法国国内政治、经济、社会、人文等领域的新闻事件；华埠华人突出了欧洲当地华人圈的文化生活；人物故事则通过《欧洲历史上的今天》等微视频，讲述欧洲历史发展、法国当地的人文故事。通过发布短视频的形式传递信息，契合了年轻受众的接受心理，实现了传播内容与受众的融

---

① 华侨权益保护备受关注　涉侨立法赢得华侨掌声[EB/OL].（2019-07-19）[2021-10-17]. https://www.gqb.gov.cn/news/2019/0719/46452.shtml.
② 2018年来华留学统计[EB/OL].（2019-04-12）[2021-10-17]. http://www.moe.gov.cn/jyb_xwfb/gzdt_gzdt/s5987/201904/t20190412_377692.html?eqid=f327e56b0070afc2000000056430fb2a.
③ 2019年7月，笔者在英国伦敦采访《欧洲时报》驻英国分社主编李强。

合互动,具有较强的传播力。

同样,马来西亚《中国报》正在准备建设的 CPTV 频道、《星洲日报》新媒体打造的"百格"平台,都突出了视频的传播形式。

由此我们不难看出,老牌的报纸这类平面媒体也在大力发展视频传播,而作为视频传播中重要的信息载体,有声语言更应该与视觉元素相结合,满足受众的视听接收习惯。"短视频"的广泛应用,为有声语言跨文化传播提供了新平台。

3.适应华语传播的新媒体语境

网络媒体的发展为播音主持活动提供了新媒体语境,华语传播应根据新的传播语境作传播方式的调整。

新兴的媒介技术为跨文化传播中的播音主持活动提供了多元的技术支持。从媒介技术发展的角度看,数字化的多媒体网络带来了广播电视媒介技术的转变,广播电视媒介已经不再局限于通过收音机终端或是电视终端传送节目,而是通过互联网载体进行综合再现,通过网络技术、数字化技术将广播电视的媒介优势与网络的数字传播技术优势相结合,以达到传播效果的最大化。① 广播电视媒介与互联网的融合,更有利于打破国家间的壁垒,让播音主持活动在新媒体语境下与其他媒介进行跨文化互联。5G、4K/8K、AI(人工智能)等新技术在各种媒体中的应用,使音视频中的有声语言传播活动有了更广阔的施展空间。

移动互联网快速发展,使得媒体竞争走向国际化、跨界化,这也促使海外华文媒体通过建立网络新媒体、App 客户端等多种形式寻求媒体发展的转型升级。

比如,马来西亚华文媒体《中国报》通过开设网站、App 客户端,不断扩大华语媒体的影响力。2000 年,"中国报网站"上线,开始了纸媒与网媒同步发展的时代。经过近 10 年的发展,随着网络、智能手机等传播媒体的成熟,马来西亚《中国报》除了网站之外,也开始利用 Facebook、Twitter、微信等社交平台全面发挥新媒体全方位的平台作用,成立新媒体采编部,致力于增强

---

① 段鹏.中国广播电视国际传播策略研究[M].北京:中国传媒大学出版社,2013:37.

《中国报》在新媒体中的传播影响力。马来西亚《中国报》的网站,建立了两级网络媒介传播结构,在母网站之下,马来西亚的每一个州都布局子网站。马来西亚《中国报》还建设了 App 客户端,与母网站新闻播报节目《新闻抢先报》同步播出,每期节目时长 10 分钟,用华语播报当天马来西亚的时政新闻。子网站则因资源问题,围绕本地新闻做一些 Facebook 的视频直播。两级网络媒介传播结构,细分了数字媒体的用户,既体现了数字媒体国际化发展的需要,又立足于当地华人受众。在传播内容方面,将国际性、权威性消息与华侨华人感兴趣、关注多的当地新闻结合起来,在做深做实内容的基础上,抓住细分用户的不同需要,加大媒体融合的力度,多平台同步提升媒体传播影响力。

与报纸传播新闻的严肃性相比,新媒体的新闻内容更为丰富、活泼,也为语言表达的多样化风格提供了内容基础,比较符合新媒体受众的欣赏品位。

(三) 调动传受主体

这里所谈的传受主体,指传者和受众。之所以将他们都纳入主体范畴,是因为在语言传播活动中,他们都具有能动作用,都具有选择的自主性。

卡尔·豪斯曼等人合著的《美国播音技艺教程》中有一段话,"我们使用播音员这个术语,因为其保持着一般的使用习惯且仍然适用于广播行业工作的描述。但这一过时的术语最终将被取代。一个现代的演播者不可能再简单地播音。他或者她娱乐他人,与他人交谈,报道新闻,并且提供情感的共鸣,但是很少用旧时期播音员那样的古板程式化的方式来陈述一个节目内容"[①]。这一方面说明在美国播音员和主持人没有明确的分工,另一方面也说明中外媒体在主持人的角色定位上具有一致性。体现在语言风格上,主持人不同于播音员,节目内容常常需要不同的主持风格,而最终的传播效果将在情感共鸣中实现。调动传受主体的路径,不仅要激发传播主体和接受主体的积极性,更要通过创造性的语言传播互动,将传受主体互联起来,

---

① 豪斯曼,等.美国播音技艺教程:第 5 版[M].王毅敏,刘日宇,译.上海:复旦大学出版社,2007:12.

从而形成一个动态的、完整的活动体系,让信息流动起来,进而让文化流动起来。

1. 拓展主持业务

在调动传者的能动性方面,首先是拓展传播主体的主持业务领域,使传者更具传播能力。播音主持传播活动发出的主体是播音员主持人,一般情况下,播音员主持人在广播电视及新媒体里的传播活动更容易被认作是顺理成章的事,而实际上,传播主体在线上与线下的传播活动往往会形成鱼水效应,互相依托,互相促进,共同强化传播影响力。比如,现在有影响力的读书类节目,大都采取线上主持与线下活动相结合的方式,主持人成为线上传播与线下传播相衔接的枢纽,多种主持领域互联,产生了一加一大于二的传播效果。再如,在全球颇具影响力的"汉语桥"世界大、中、小学生中文比赛中,不少专业主持人都承担了此类语言活动的主持任务或专业评审任务,中央广播电视总台的海霞以国家级主持人的身份出现在"汉语桥"的语言才艺竞赛环节,讲解一些与语言表达和语言艺术有关的故事或技巧,使得华语的魅力受到了更多国际友人的关注、赞赏和追随。此外,在中国与俄罗斯等周边各国"国家年"、"语言年"、"旅游年"、"文化年"、"青年友好交流年"、"中国—欧盟旅游年"、欢乐春节品牌活动等中外人文交流活动中,主持人的出现客观上都扩大了华语传播影响力。

其次是拓展传播主体的主持业务能力。在跨文化语境中,这种业务能力可以是集中在一位主持人身上的"一专多能",也可以是产生于若干主持人彼此配合形成的"团队能力"。

海外华语媒体中,受从业者人数不多的限制,记者在节目中往往会承担出镜口播的任务,或进行现场连线报道,这往往促进了"一专多能"主持人或记者的形成,也培养了一批具有较强生存能力的海外复合型传媒人才。比如,泰国中央中文电视台最大的特点是汉语和泰语双语播出节目,有些节目虽然是用泰语播出的,但节目的主题或内容是与中国相关的,这种制作方式在世界华语媒体之中形成了一个特色。泰国中央中文电视台于2009年2月28日正式开播,是东南亚唯一的以中、泰两国语言播放的电视媒体,目标受众是泰国本地人以及亚洲华人。泰国中央中文电视台节目主持人马也在接受笔者采访时表示,"作为华语媒体来讲,受众是决定性因素,如果在泰国只进行华语传播,这样受众就会从100%减少到0.1%。中国文化的表现形式和输出形式有很多种,传播中国文化既要抓住中国文化这个核心,也要特别注重本地化,首先从当地受众的传受习惯入手,进行本地化制作。比如泰国当地用户喜欢听,中文节目的泰语配音是第一位的,其次考虑到节目的华语受众,才是听原声、看字幕"[1]。这种以泰语和汉语双语播出节目,更加注重节目本地化的传播方式,有效促进了华人文化圈的形成,而其中具有双语能力的播音员主持人,无疑是华人文化圈的引领力量。

这种有声语言跨文化传播的业务实践,也是在加强中国国际传播能力建设中更加注重区域化表达、分众化表达的有益尝试,客观上增强了中国语言文化传播的亲和力和实效性。

2. 吸引接受主体

让受众愿意接收节目,并通过行动完成信息的接受,是调动传受主体接收方的重要环节。与传统媒体相比,新媒体的发展使得媒体传播方式改变并丰富了传播内容,进而吸纳了更多潜在的接受主体。

根据新媒体传播发展的轨迹,我们看到了有关传播范围及传播对象的深刻变革。比如,在华文媒体的新媒体业务中,《欧洲时报》形成了"报、网、端、微"业态齐备的全媒体传播矩阵,突出视频在新媒体中的传播应用,使播音主持能够借助华文媒体形成的传播优势,扩大华人声音的传播范围。从纸媒角度讲,该报纸综合报道全球新闻,包括大篇幅的中国新闻、欧洲时事,还开设了中国20多个省市的专版,服务欧洲华侨华人知晓"家乡事"。《欧洲时报》最早的受众是欧洲的华侨华人,但随着网络、大数据、智能媒体的发展,《欧洲时报》开始建立报纸、电视等传统媒体和App客户端、微信公众号、微博等新媒体平台相综合的传播渠道,其受众除了当地华侨华人外,还覆盖欧洲地区对中国感兴趣的外籍人士,以及全世界范围内对欧洲感兴趣的华侨华人群体。在制作形式上,《欧洲时报》立足于华文媒体传递信息、服务华

---

[1] 2019年10月,笔者在泰国曼谷采访泰国中央中文电视台总部新闻主播马也。

侨华人，充分利用互联网、大数据等技术，在英国、德国、奥地利、意大利和西班牙设有分社的基础上大力发展网媒，开设了欧时网（欧时 TV）、欧时代、欧时网法文频道、欧时网英文频道、欧时网德文频道；加快新媒体掌上平台建设，开通欧时微博、英伦圈微博、想法微信、微欧时代微信、欧时大参微信（法国）、"英伦圈"微信（英国）、"道德经"微信（德国）、"维城"微信（奥地利）、"意烩"微信（意大利）、"西闻"微信（西班牙）、"食尚亚洲"微信（美食）、"向东向西"微信（欧洲侨界），同时在 Facebook、Twitter 等互动平台建立法国、德国、英国不同的传播账号。这使《欧洲时报》新媒体的受众范围不断扩大，实现了跨区域、跨文化传播。

　　由此我们发现，媒体发展的过程，反映了传统纸媒的多媒体化过程，也反映了接收群体的主动参与过程。这里值得一提的是，播音主持活动是动态的，传播主体与接受主体之间的关系愈加紧密的互联过程，离不开语言传播活动在其间起到的激活和黏合作用。比如，马来西亚《星洲日报》2014 年开始做网络平台——"百格"，并建立了自己的小型演播室，定期推出一些视频作品。因受众都是马来西亚和新加坡的华人，所以新媒体节目中的新闻播报都比较注重播音员主持人的语音面貌，要求以字正腔圆的普通话播报新闻。每周三还会固定邀请一些嘉宾来做时政类的访谈节目，以清谈的形式与现场嘉宾、网络观众开展互动。同时，《星洲日报》还比较注重与线下观众的互动，其中《百格大家讲》节目专门有户外版，会在各地以讲座的形式举办线下活动，并邀请观众参与现场活动。[①] 基于这些线上线下的传播活动，受众被聚集到华语媒体旗下，形成了有共同文化心理和文化圈层的华人群落。

　　基于媒体硬件基础设施、节目生产运营等方面形成的互联格局，大众传媒已跨越时间和空间的限制，将发生在世界各个角落的诸多消息传递到海内外受众眼前，而节目中的播音员主持人也在互联活动中拥有了更多的影响力。大众传媒的跨国联系，让更多的播音员主持人通过荧幕跨越国界，让有声语言跨文化传播由原来的可能变为现实。

---

① 2019 年 12 月，笔者视频采访马来西亚《星洲日报》运营总监陈莉珍，重点了解《星洲日报》新媒体运营情况。

第三节　互联模式的构建难点与突破思路

在一系列传播活动中,"联"是前提。即在彼此接触的基础上才有可能开展更深层次的交往活动。在有声语言跨文化传播活动中,话语权、语言基础都是制约"联"的社会语境,而传播能力与主持水平则是制约"联"的传媒要素。

对模式的描摹需要抽象概括,对实现路径的分析需要总结探索。前节以播音主持有声语言传播常态发展和常规逻辑梳理为前提,进行了模式的描画与实现路径的梳理;而在现实中,互联模式的构建,无论是在国际关系、国家政策等宏观层面,还是在媒体平台合作、文化交流乃至业务交流等微观层面,都还存在着一些难点,"联而不通""通而不畅"的情况还客观存在。互联模式构建的难点恰恰在于理想化模式与现实之间存在冲突,因此本节基于系统化思维方式,对互联模式的构建难点加以分析并寻求突破思路。

一、社会语境有待搭建与强化

社会语境是语言传播活动赖以生存的土壤和平台,如果没有传播场所和传播平台,那么包括播音主持在内的传播活动就缺少了基础性的空间。

语境的概念有狭义和广义之分。狭义语境指上下文,广义语境则指更大的语言传播所处时空,此处所谈社会语境属于广义语境范畴。一方面,在跨文化传播过程中,话语权力与话语实力相关,而话语实力又与国家实力自然关联;另一方面,播音主持活动的传播能力与传受双方对汉语这一语种的掌握程度直接相关,语言使用程度也成为互联模式构建的重要因素。而这两者,正是我们已有发展但亟待加强的领域。

(一)社会语境的制约与突破

话语权的大小与国家实力的强弱有着天然的联系。如果说综合国力属于硬实力的话,那么文化影响力则属于软实力。从世界各国的发展历程来看,英语影响范围的扩大以及影响力的增长已经从事实上说明了这个问题,而汉语影响力则正伴随着我国国力的强大而处于增强的过程中,有成绩,也有不足。这里边离不开语言本身的影响力,但更离不开国家实力的支撑。目前,华语话语权的增长正面临着这样的挑战与机遇。

华语传播影响力总体偏小(至少是此前大部分情况下)是个现实,这一现实有其文化学层面的因素影响。米歇尔·福柯(Michel Foucault)把语言的冲突、变革和凝聚的过程视为充满斗争的事件,话语只是对事物的描述。长期以来,话语对事物应该如何描述的价值判断和描述方法,都受西方主流媒体的影响,话语权的制高点也被西方媒体所掌控。虽然互联网、自媒体等新兴媒体的发展为实现"平等话语权"创造了条件,实现了传播媒介物理层面的"联结",但从话语权的角度,只是争取到了表达意见的渠道,传播到达率和有效率还不尽如人意,也就是所谓的"联而不通"。掌握话语权的关键不在于看你说了什么,而在于你说的话是否有影响力,也可理解为发声的权力。

西方媒体的话语霸权,不单纯意味着对别国传媒表达权的剥夺,而是以影响力上的压倒性优势极度压缩其被感知或被接受的可能性空间。① 基于此,突破话语权强弱藩篱的方向显而易见,即从增强国力和文化软实力角度突破。对外传播中的话语权并不是一成不变的,近些年国际传播局势的变化也为中国构建自己的话语权提供了机遇。从中国内部讲,经济总量连年提升,科技实力不断增强,社会治理体系逐步完善,为中国完善自己的发展模式带来了一定的缓冲时机。从国外来讲,中国综合国力的提升带来了"中国能为世界带来什么"的价值思考,这是解决"联而不通"问题的机遇。在"联"的基础上,中国对外话语体系中最容易破壳而出、被释放出来的就是"中国特色"在发展道路、经济模式和治理体系上的表现。这就是所谓"道路自信"和"制度自信"的问题。由于有大量事实成绩的印证,中国道路和中国制度所获得的国际社会认同会迅速增加。② 对中国道路、中国制度、中国立场的阐述将有可能使中国的传播力量在重塑世界发展观念中起到引领作用。

---

① 谭宏凯.不仅仅是发声的权利:谈对外传播的"话语权"问题[J].对外传播,2009(2):15-16,32.
② 王维佳.媒体化时代:当代传播思想的反思与重构[M].北京:人民出版社,2019:191.

2019年全国"两会"期间,王毅外长举行记者会,一口气举了八个例子来说明"一带一路"给参加国家带来的合作共赢的机遇。第一个案例,通过"一带一路"合作,非洲东部有了第一条高速公路;第二个案例,马尔代夫有了第一座跨海大桥;第三个案例,白俄罗斯第一次有了自己的轿车制造业;第四个案例,哈萨克斯坦第一次有了自己的出海通道;第五个案例,东南亚正在施工建设高速铁路;第六个案例,肯尼亚的蒙内铁路建成通车;第七个案例,乌兹别克斯坦建成了一条施工难度很高的隧道;第八个案例,中欧班列成为亚欧大陆上距离最长的合作纽带。[①] 这些案例,每一个后面都有鲜活的人和事,也最能唤起"一带一路"沿线国家的利益关切。从利益关切点出发,设置传播议题,与当地的华侨华人、华语媒体、"一带一路"参建企业和当地媒体,运用微视频、直播等多种传播形式,共同合作来报道"一带一路"的成就和机遇,实现从互利点到互利带,再到互利面的传播效果。这种互联的合力,实际上形成了中国概念与中国话语对世界的影响。

折射到有声语言跨文化传播领域,则从国家实力到传播能力,从传播能力到语言传播影响力,路径走向非常清晰。而从语言到国力的反向逻辑也是成立的,"话语"成为其中一个能动的要素。历史和现实表明,一个国家主流媒体的信息和观念能否被国际社会所接受,能否在国际舆论中产生广泛而深刻的影响,直接关系到国家话语权的强弱和影响力的大小。[②] 随着国家主流媒体国际影响力的提升,国家主流媒体向海外传播的节目也会越来越多,新闻报道的权威性、文化节目的内涵性、综艺节目的观赏性都将为播音主持带来互联的传播前景,从而使语言活动更具文化属性。

当前,中国和世界的关系正在发生着历史性的变化,世界需要更好地了解中国,中国也需要向世界展现真实、立体、全面的中国形象,这都需要在跨文化交流合作中予以实现。近年来,中外文化交流合作广泛而深入地开展,政府间交流合作平台不断完善,"一带一路"沿线国家合作交流更加深入,高级别人文交流机制逐渐建立,世界在文化交流合作中看到了自信的中国、友

[①] 张维为.这就是中国[M].上海:上海人民出版社,2019:31.
[②] 侯东阳.国际传播学[M].广州:暨南大学出版社,2011:184.

善的中国、有担当的中国和智慧的中国。这期间形成了以"欢乐春节"为代表的一批文化交流国际知名品牌,普通话、美食、节日民俗、中医药、武术等一大批具有中国文化典型元素的代表性项目不断走出去,文物展览、音乐展演、美术展览、体育合作深入推动。在全方位、多层次、宽领域的合作交流中,中国文化与世界其他国家和民族的文化实现互联。

基于这个难得的文化互联局面,有声语言跨文化传播活动也有了更多的传播舞台、传播内容、节目形式、语言表达机会,从而有了更多有声语言跨文化传播的路径。比如,善用主场外交互动的文艺演出机会,在文艺性的舞台上设置语言传播、播音主持环节,用语言之美呈现艺术之美、文化之美、文明之美。2019年4月27日举办的第二届"一带一路"国际合作高峰论坛文艺晚会中增设了男女两位主持人。在节目开场和结尾部分,由男女两位主持人分别用汉语和英语交替主持,节目串场则由男主持人用汉语,在大屏幕上用中英文双语介绍。晚会中双语主持人用语言传播的方式将东方美学与西方美学有机结合,呈现出"中西融合"的审美效果,有声语言在其中起到了重要的"联结"作用,实现了互联的目的,达到了良好的传播效果。在我国重要主场外交文艺晚会中对语言传播方式的丰富以及对主持人的设置,呈现出了晚会组织背后的理念优化,是对有声语言跨文化传播做出的有益尝试。

不同文化圈之间的互相尊重、彼此了解、互相借鉴,是跨文化传播的出发点和归宿,在文化领域各项交流活动中建立互联关系,使播音主持助力跨文化交流活动,正是有声语言跨文化传播互联模式构建的重要内容。

(二)传播基础薄弱从语言传播教育突破

循着上文逻辑,加强有声语言跨文化传播活动绝不只是传播业务问题,其中还涉及加强语言教育问题和优化传媒境况问题,相关的基础条件越好,越有助于播音主持发挥自身功能。

语言是传播环节中的能动性要素,传播基础薄弱在很大程度上与语言使用者数量少、语言应用水平低有关。从改变语言传播影响力出发,提高语言教育程度是必经路径。

在有声语言跨文化传播中,播音主持语言传播活动随着汉语国际地位的提升而有了更多的实现路径,隐形语言教育者身份也逐渐得到凸显和重视。比如,以规范语言为标准,通过经典诵读、海外普通话培训测试中心、培养播音主持专业留学生等多种形式,对中国语言、中华文化感兴趣的外国人进行语言教育,从而提升外国人的汉语普通话水平或是诵读能力。一切以播音主持从业人员借助专业身份进行的语言教育活动,都可归为此类。

从语言传播教育的理念来看,自2005年北京召开首届世界汉语大会正式提出"汉语国际推广"战略以来,国内高等院校开设汉语国际教育专业、设立汉语国际教育硕士专业学位,专门培养具有熟练汉语应用能力、跨文化交际能力的复合型人才;孔子学院、孔子课堂、汉语国际推广基地等平台大力提升汉语的国际影响力,在海外从事对外汉语教学工作的毕业生也逐年增多。这些具有汉语国际教育专业背景的学生,成了海外汉语教学师资队伍中的主力军,在传播中华文化、教授汉语知识、塑造中国形象方面发挥了重要作用。

从语言教育者的责任来看,海外还存在着大量专门从事语言教育的华侨华人。美国纽约州立大学石溪分校副校长刘骏在"中国国家普通话水平测试海外培训测试中心"纽约州立大学石溪分校的揭牌仪式上表示,"现在有些学校的中文老师语音语调尚欠准确",说明在海外汉语教学中,语言的规范性已经得到了教育工作者的重视,促进海外汉语教学的规范化成为时代发展对汉语传播提出的新要求。

从语言学习者的愿望来看,汉语自身所具有的音韵美,也激发了语言学习者的学习兴趣。许多外国留学生非常喜欢朗读中国的古典诗歌,其原因是他们认识到汉语有声语言富有一种音韵美。这种听起来的音韵美,使国外喜欢汉语的人、国内的留学生通过语言接触到中华经典文化,进而使国外留学生能够通过培养诵读能力,感受中华文化的魅力。

从媒体的播音主持创作活动来看,近年来,《朗读者》《中国诗词大会》《为你读诗》等一系列节目受青睐的原因,语言的规范性、朗读作品的情感性和中国语言的韵律美占了很大因素。这些节目的热播也让播音主持在跨文化语境中有了更加丰富的传播路径,吸引了包括外国留学生在内的各国朋友对中国文化情感的追求。

从语言教育角度入手,加大汉语推广力度,增加海外华语使用人群,这是塑造语言传播社会语境的重要基础性工作。从社会人群到学生群体,再到媒体中的传受双方,将语言与人、播音主持创作活动与语言传播活动联结起来,这是实现有声语言跨文化传播活动互联模式建设的基础和前提。

(三)专业程度不足从传媒教育突破

播音主持业务范围,涉及学科专业、语言表达、传播活动,该专业在世界各国的被重视程度、专业认可度、传播影响力等还有很多欠缺,即便在既有的大众传播模式中,也存在着重视"说什么"而有意无意忽视"怎么说"的现象。从有声语言跨文化传播的角度,强化人们对传播模式中语言传播环节的重视,是发挥语言传播力和影响力的重要一环。

从大众教育的角度来看,海外对语言的重视历来有其传统。科林·斯巴克斯在其著作《全球化、社会发展与大众媒体》中讲到"文化机构,特别是教育系统以及大众媒体都应致力于宣传国家统一的语言、文化和行为方式。例如在英国众多地方方言中就有王室英语,即后来的 BBC 英语"[①]。英国广播公司(BBC)作为英国最大的新闻广播机构,也是世界最大的新闻广播机构之一,BBC 英语在向世界传递消息的过程中,也推广了英国国家统一的语言。这对于普通话的推广具有一定的借鉴意义。笔者在英国威斯敏斯特大学调研时了解到,与中国专门开设播音主持艺术学专业不同,英国并没有专门的播音主持专业,比如,英国威斯敏斯特大学在其传媒、艺术与设计学院下设有新闻与传播学系,开设的国际新闻专业有平面媒体和广播电视媒体两个方向。对广播电视媒体专业的学生来讲,除了正常地学习新闻学等专业知识外,大量的实践性课程占了很大的学分比例。在实践性课程的学习和操作中,往往会由采编经验丰富的教师对学生进行专业的播音训练,包括英语的吐字发音等。这和国内播音主持专业开设专门的发音训练课程的教

---

① 斯巴克斯.全球化、社会发展与大众媒体[M].刘舸,常怡如,译.北京:社会科学文献出版社,2009:149.

育目的相一致,只不过在课程的学习方式上有所不同。

近年来,培养国际语言传播人才得到教育界的重视。随着中国综合国力的提升、"一带一路"倡议的实施、人类命运共同体的推进,来中国求学的外国留学生数量不断增加,以传播教育、华侨华人教育为主的高等院校在专业教育领域正在向纵深发展,许多留学生来华留学的目的正在从语言学习转变到专业学习,提升了中国与世界其他国家在文化教育、科学技术等方面的交流合作效果。比如,以传媒教育为特色的中国传媒大学已与200所国外知名大学、科研与传媒机构建立了交流合作关系,每年有来自100多个国家的1000余名国际留学生在中国传媒大学学习广播电视、播音主持等相关专业知识。①

我国传媒教育对语言传播的促进作用收到了比较明显的效果,特别是中国高校对播音主持专业留学生的培养,使语言在国际传播中实现了文化的互联,这种互联关系的产生,有助于培养拥有标准普通话水平的华语传媒人才。同时,在互联接触下的教学相长,也提升了播音主持专业的国际传播能力,一方面在国际媒体中培养了知晓中国文化、熟悉中国国情、熟练使用普通话的国际传播人才;另一方面则通过语言传播教育,积累了丰富的语言教学经验,了解了国外的语言传播形态、播音主持语态,这也为专业性很强的播音主持艺术学加强学科建设提供了借鉴。

反向来看,通过教育进行社会语境搭建的效果也是明显的。海外传媒教育机构主动与中国的传媒领域互联,客观上也起到了搭建语言传播社会语境的作用。比如,英国威斯敏斯特大学的中国传媒中心于2005年成立,该中心除了开展常规的学术研究外,还与中国高校开展合作,联合培养电视制作等方面的专业人才,也经常承担中国政府机构、地方媒体从业人员的培训工作,为播音主持专业与国外传媒专业的互联与交流搭建了平台。

二、传媒要素亟须激活与优化

视听化和网络化给海外华语媒体带来了新的机遇,也使其中的各类传

---

① 来源:中国传媒大学2018年国际学生招生简章。

媒要素更加活跃。

传媒要素属于互联模式构建的微观层面，从理想的模式构建角度来看，有声语言跨文化传播活动应以当代发展机遇为契机，寻找一切可以通过语言传播发挥播音员主持人作用的联结方式。这其中既有社会发展程度问题，也有媒体发达程度问题，包括传媒专业教育与研究平台、海内外媒体实践平台、华语传播应用平台，也有播音员主持人在多维语境中线上线下开展的各种交流活动，以及个人发挥人际影响推动互联的各种路径。

但从现实情况看，新媒体发展初期有机遇也有挑战，传受主体有主动性也有盲目性。因此，这方面的不足要从媒体传播实力和传受主体角度着手，激活传播过程中的关键要素并不断优化，使传播活动更具活力。

(一) 媒体传播实力的制约与突破

目前，华语媒体传播的制约之处主要有两个方面。其一是华语媒体大都起步于华文报纸等平面媒体，它们如今面临着视听传播的机遇与挑战；其二是华语媒体面临着受众所在国的本土化问题，语言表达风格化是其未来发展之路。

1. 媒体扁平化从丰富有声语言传播渠道突破

在跨文化传播中，媒介技术的发展丰富了海外华语媒体有声语言传播的形式，视听传播以及新媒体的网络传播也正在成为华文媒体传播的延伸与补充，受众对视听内容的需求，客观上为播音主持活动提供了舞台。

首先值得关注的现象是华文媒体的视听化和网络化趋势越发明显。从当前世界范围内华语媒体的发展情况看，开发与现代传播技术相适应的新媒体体系已经是大势所趋。根据中国传媒大学与中新社对世界华文媒体影响力的研究，2018 年 181 家海外华文媒体有 16% 开通了新媒体，而 2019 年这个数据上升为 24.3%。在社交媒体平台上，Facebook、微信的开通率都有上升，在 50% 左右的水平；Twitter 的开通率由 25% 上升为 28.7%；微博则从 19.3% 上升到 49.7%。App 和社交平台账号开通统计数据的上升趋势，说明华文媒体逐步在向新媒体转型。①

其次是视听化的华文媒体影响力越来越大。比如总部设在巴黎的《欧洲时报》已发展成为综合性全媒体文化传媒集团,以法国总部为枢纽辐射英国、德国、西班牙、意大利、奥地利和中国,除传统纸媒外,还形成了网、端、微一体的传播矩阵,形成了大型跨国文化交流传播平台、欧洲文化商务接待平台、电子业务服务咨询平台和华文教育推广平台,在海外华侨华人和当地主流文化中产生了较强的影响力。

再次是将播音主持有声语言传播活动融入华文新媒体的传播行为越来越多。有声语言传播与报纸平面传播相比更具活泼、轻松的突出特点,比较符合新媒体受众的欣赏品位。所以,对一些严肃性的话题,纸媒稿件多采用新华社稿件原稿刊载。而在新媒体中,则根据社会各方对新闻的观点,以采访的形式做成综合性评述节目,将各种消息来源综合起来呈现给观众,帮助观众更好地消化新闻的内容。比如,马来西亚有超过一半的读者想了解新闻时,往往会选择直接进《中国报》的网站,或者下载《中国报》App获取信息。在这种情况下,新媒体成了纸媒的延伸和补充,语言传播成为重要的手段。

最后是主持人的个性化语言传播也具有了重要的标志性意义。比如,马来西亚《星洲日报》新媒体固定在每天早上9点30分播出《百格大事纪》,除了新闻播报外,主持人通常还会对《星洲日报》的头条新闻进行分析。新媒体延续了《星洲日报》多年来形成的以政经文教为主的办刊特色,突出对时事新闻的报道,逐步建立了新媒体在传播媒介中的公信力。② 其中,新闻评论、盘点、分析等方式最适合采取个性化的语言表达方式。

综上,我们看到,传统华文媒体和华文媒体新媒体因媒介发展和受众需要而进行着自我更新。对新媒体而言,媒体因用户而生,出于自身用户对象群体的差异,在转型升级过程中,必然会侧重不同的区域和与之相匹配的平

---

① 谁是移动时代弄潮儿?《2018海外华文新媒体影响力报告》发布[EB/OL]. (2018-05-29)[2021-07-05]. https://ocnm.haiwainet.cn/n/2018/0529/c3543531-31325083.html.《2019海外华文新媒体影响力报告》发布[EB/OL]. (2019-07-09)[2021-07-05]. http://mil.news.sina.com.cn/2019-07-09/doc-ihytcerm2382019.shtml.

② 2019年12月,笔者视频采访马来西亚《星洲日报》运营总监陈莉珍。

台,新媒体归根结底是"他者"平台,会受到不同程度的制约。对传统纸媒而言,也不可避免地受到缺少专业传播队伍(包括有声语言传播队伍)的制约,但有声语言传播要素的引入及强化过程,已经成为有声语言跨文化传播路径的实现过程。

2. 媒体融合从改变传播语态突破

形式与内容相伴而生,传播平台、传播内容的变化,对传播语态也提出了新的要求。华语媒体与新媒体的融合,使有声语言跨文化传播在原来传统媒体的传播路径外,又有了新的传播路径。华语新媒体的出现,带来了受众的分化、阅读方式的改变,以及思维及生活方式的转变,也对播音主持活动适应新媒体的发展、改变传播语态提出了新的要求。

从节目制作形式上讲,华语媒体主动适应新媒体传播习惯,制作适应媒介传播的小视频,将专业的制作、精美的画面与独到的见解相结合,这是受众所青睐的传播形式。对播音主持活动来讲,互联的渠道越畅通、节目形式越多样,其发挥作用的平台就越多元,传播影响也就越深远。

我们先从国内的新闻传播语态改革说起。2019年7月29日,中央广播电视总台新闻新媒体中心正式推出《主播说联播》的短视频栏目,密切关注热点话题,结合当天重大事件和热点新闻,用通俗、灵动、更接地气的语态传递主流声音;2019年8月24日,央视《新闻联播》正式入驻抖音、快手短视频平台。在互联网4G、5G技术带来视频化消费趋势下,播音主持活动迎来了有更广阔传播平台的时代,这实则为播音主持活动如何从传统媒体走向新媒体提供了重要的实践参照。

对照来看美国中文电视,从早期面对华人社区的传统媒体走向网台联动的新媒体的过程中,它也在传播语态方面做了类似的改革尝试。美国中文电视《纽约会客室》的主持人谭琳在接受采访时表示,美国中文电视的很多节目都有网络版,在电视节目制作过程中会专门针对网络传播剪辑两至三分钟的小片,节目主持人也会用自拍杆的形式与节目套拍一些视频,以更好地满足美国华裔青少年对网络传播的需求。①

---

① 2019年4月,笔者在纽约曼哈顿美国中文电视总部实地采访《纽约会客室》节目主持人谭琳。

在美国中文电视网络和 App 中,除了移植传统的电视播出节目外,还由播音员主持人专门制作适应网络传播的节目,以小视频的形式对时政新闻进行评述,邀请各行各业的专家对美国政策进行解读,节目内容涉及美国政治、教育、文化、华裔生活等各个方面。比如,《一刻》节目中播音主持话语空间由传统大众传媒中的简洁明了,转变为网络媒体中的灵动犀利,新旧传播语境的转换,拓宽了信息传播的广度和深度,不仅服务了海外华侨华人,也丰富了美国事件的中国文化视角。2018 年 12 月 7 日的《一刻》节目播出"'隐形人'还是'致胜关键':中期选举谁能赢得'亚裔的心'",主持人以自己身边的华裔朋友对美国中期选举是否投票为切入点,对民调显示的 40% 的亚裔选民没有明显的党派倾向进行分析,提出了亚裔选民因英语沟通存在问题而不注重投票等问题,并以"拿到两纸选票不要慌,这些可以帮你"对华裔选民如何中期选举投票进行了详细解读。这种集成受众智慧、贴近受众需求的传播方式,也使播音主持在网络媒体空间中建立了新的公信力形象,从而使多样化、立体化、多文化的网络媒体在播音员主持人构建的公信力形象中具有了价值判断和文化引导功能。

在跨文化语境中,以《一刻》为代表的网络媒体节目,播音员主持人在主流文化、亚文化、分支文化中强化了对亚文化群体意见表达的关注,通过网络集成意见的方式,将沉杂在华人社区中的各种观点予以概括点评,对亚文化群体中对事件关注的意见集中进行表达,拥有了新的媒介意见的制高点。网络媒体中播音员主持人一方面引导了亚文化关注群体的舆论,另一方面也向主流文化群体传递了亚文化的声音,赋予了播音员主持人"仗义执言"的新身份,加强了价值判断的引导功能,形成了网络空间中"评论观点—集合意见—权威印证—再次评论"的互动循环,播音员主持人的影响力也因网络媒体的多次传播而不断加强。

从传播效果来看,美国中文电视在网站和手机 App 的视频专栏,每一个视频都设置了关注度,以黄色五星标出,帮助海外受众筛选华侨华人比较感兴趣的新闻。视频以醒目的标题对播出内容进行了概括,观众在收看视频时,视频下方还有详细的中文介绍,见图 3.1 所示。

图 3.1　美国中文网视频页面

美国中文网还对播出的视频设置了分享模式,观众对喜欢的视频可以分享到微信、Facebook、Twitter、新浪微博、QQ 空间、人人网等社交网站,这种分享模式适应了美国年青一代华侨华人的收视习惯,拓展了美国中文网的受众群体。

(二)传受主体的制约与突破

不得不说,上述体系化的改进是进行跨文化互联和交流的根本之道,但体系复杂,体系的搭建与改进不是一朝一夕之事,因此,发挥播音主持个体的传播作用,黏合忠实受众群体,会起到事半功倍的效果。

从宏观角度看,在跨文化交流的过程中,一些个体往往会承担起跨文化差异的"感悟者"角色,在不同的文化之间推动文化交流和沟通。随着中国与世界各国跨文化交往活动的加深,越来越多的国外研究者关注中国发展,也因个人的存在而开启了与中国文化的互联。

从微观角度看,中外媒体对主持人的角色、地位、作用的认知有着较大的共识,即主持人是媒体或栏目的重要标志,他们的主持活动是传播的重要一环。主持是一种传播行为,虽然有不同的主持风格,但在情感共鸣上实现最佳的传播效果,是中外主持人共同的目标。在跨文化交流的过程中,不同语言文化背景的主持人发挥了在不同文化群体之间交流的桥梁作用,也提供了更多通过有声语言传播活动促进文化交流的路径。

1. 人有高强度的黏合力——典型文化交流活动中的作用

人有高强度的黏合力,主要体现在典型的文化交流活动中,优秀的主持人往往借助语言的互联互通,将中华文化与海外受众相联,在播音主持传播活动中增进海外受众对中国文化的理解。

比如,始办于2002年的"汉语桥"节目,主持人既承担着节目中比赛活动正常进行的组织协调职责,又在与参赛选手、评委之间发挥着交流情感、沟通思想、共享信息的重要作用,同时又是跨文化语境下规范汉语传播的示范者。在跨文化语境中,更多电视机前的国外汉语学习者,会被主持人与参赛选手在节目中相互信任、坦诚交流的氛围所感染,自然而然地关注并接受不同文化群体对中华文化的认同。在跨文化交流越来越频繁的当下,许多文化交流都开始采用"汉语桥"世界大学生中文比赛"线下初赛、线上决赛"的模式,一方面让更多对中华文化感兴趣的外国人参与到活动中来,扩大了世界范围内中华文化的影响力;另一方面又通过电视媒体、新媒体将最终比赛的盛况传向世界,实现传播效果的聚焦,也激发了更多人学好汉语的决心。

同样是在"汉语桥"比赛中,诞生了不少来自不同国家的双语主持人,许多参赛选手都是通过比赛实现从学习汉语,到喜爱汉语,再到中国继续研习深造的过程。比如第十三届"汉语桥"世界大学生中文比赛(2014年)的总冠军施茉莉,经过"汉语桥"比赛后,不断提高自己的普通话水平,于2016年担任了里约奥运会开幕式中国中央电视台的特约解说员,实现了外籍主持人"我在家乡向大家解说",这种节目形式本身就体现了不同文化、不同语言的互联。2016年,施茉莉还与云南广播电视台节目主持人张齐、王益洲共同主持第九届"汉语桥"世界中学生中文比赛总决赛,这种从"汉语桥"大学生中文比赛的参赛选手,成长为中学生中文比赛的主持人的转变,对施茉莉本人来讲,是跨文化适应的一种表现,而对于电视机前的观众、预选赛的参赛选手和海外汉语文化学习者来讲,则在跨文化语境中起到了很好的激励和引导作用。"汉语桥"世界大学生中文比赛还走出了来自美国的赵世恩、俄罗斯的大卫等一批受中国观众喜爱的外籍主持人。会汉语的外籍主持人,无论是在国内主持节目,还是在海外开展语言传播活动,都易于获得海外受众较大的心理认同,从而在情感沟通、语言传播、文化传递等方面产生特殊的传播效果。

2. 人有超越系统建设的超常能动性——传者个体的系统搭建作用

如前所述,在跨文化交流的过程中,一些个体往往会承担起跨文化差异的"感悟者",在不同的文化之间推动文化交流和沟通。天津大学的曲悦曾就传者个体的系统搭建作用进行研究,其研究对象根据居住于某种非本土社会文化群体的时间长短,分为短期与长期,短期如留学生、旅行者、外派人员等,长期则以移民为代表。短期居住群体的跨文化适应强调当个体从一种文化转移到另外一种与本体文化不同的异质文化中时,个体在对两种文化的认识和感情依附的基础上,会做出一种有意识、有倾向的行为选择和调整。① 在有声语言跨文化传播中,有不少传者个体发挥自身的传播影响力及能动作用,推动着有声语言跨文化传播活动的研究和实践,同步甚至超越复杂的传播系统建设节奏,为加强文化交流及华语的跨文化传播作出了积极的贡献。

比如英国威斯敏斯特大学媒体、艺术与设计学院的新闻学教授戴雨果,他曾在苏格兰电视台、英国 BBC 和第四频道担任记者、制作人及主播,后来致力于推进中外媒体经验和交流,2005 年推动成立了英国威斯敏斯特大学中国媒体中心,与国内外高校一起培养中国传媒领域专业人才。

泰国中央中文电视台董事会主席李敏和总裁范婷婷,致力于将泰国中央中文电视台打造成"一带一路"中泰文化交流平台,支持建设"中国戏曲艺术传承发展中心",在电视节目制作中将泰语和汉语结合起来,实现"双语"

---

① 曲悦. 跨文化差异对人际信任和合作行为的影响:基于跨文化适应的视角[D]. 天津:天津大学,2017.

播出新闻,推动着有声语言跨文化传播的实践。

美国纽约州立大学石溪分校的亚美文化中心,由美国麒麟电视董事长王嘉联2002年捐资成立,该中心2008年成立孔子学院,成为美中文化交流的重要场所。

这些案例都成为推动有声语言跨文化传播活动中"个体即机构"的典型代表。在跨文化传播中,发挥人的积极能动作用,进而产生事半功倍效果的例子比比皆是。比如,哈佛大学费正清中国研究中心(Fairbank Center for Chinese Studies, Harvard University),就是由费正清教授(John King Fairbank, 1907—1991)于1955年创办的研究机构。该机构会集了众多研究中国学的一流学者,是海外研究中国学的先驱和重镇,也是享誉世界的东亚研究机构。

推而广之,几乎早期的华语媒体都是由华侨华人自己开设创办的,而在后期的华语媒体新媒体中,随着大众传播权向公众的转移,公众的话语权得到提升,每个个体的话语权在社会化进程中都有了更大的发挥空间,任何一个社会个体和团队都可能通过社交网络媒体产生影响力。在新媒体发展进程中,发挥传者优势的例子还有很多,比如《欧洲时报》新媒体的"英伦圈"微信,背后的操盘手是留学英国的"90后"团队,主要推送英国旅游、租房、美食等资讯,目前拥有超过40万粉丝,是《欧洲时报》旗下粉丝数最多的公众号。[①]

对播音主持从业人员而言,传播个体所说的话,既是个性化的,也是团体化的,其声音往往代表着所在机构的观点。比如,2019年5月30日北京时间上午8点20分,中国中央广播电视总台主播刘欣与美国福克斯电视台女主播翠西·里根(Trish Ragan)就中美贸易等相关话题以连线的方式进行了一场公开辩论赛,引发中美两国受众的关注。这场对话,将播音主持个人形象、媒体形象与国家形象统一起来,这也说明在跨文化语境中播音主持的重要作用。中国的主持人刘欣和美国的主持人翠西隔空开展的"中美对

---

① 国新硕士欧洲行|探索《欧洲时报》的新媒体转型之路[EB/OL].(2016-08-18)[2021-07-05]. http://www.sohu.com/a/111051240_407314.

话",一方面让美国看到以刘欣为代表的中国主流媒体、权威媒体形象,另一方面也让我们接触到翠西及其所属媒体。

双方在开场时表明自己以记者、主播身份对话。以下是对话的精彩片段:

翠西:如何评估当前的中美贸易对话?

刘欣:并不清楚谈判的具体情况。但我注意到,上一轮中美经贸磋商不是很成功,相信双方都在考虑下一步。中方已经表明立场:只有在美国尊重中国政府和谈判团队,并在没有外部压力的情况下表明对话意愿,中美达成贸易协议的可能性才较大。

翠西:中方是否愿意分享所有技术优势?

刘欣:如果这是通过合作和相互理解,一方为另一方的技术使用"买单",互学互鉴,互惠互利,共同繁荣,有何不可?就我个人来讲,我之所以学英文,是我有一个美国的老师,我跟美国的朋友去学。

翠西:中国已经是世界第二大经济体啦,什么时候去掉"发展中国家"这一标签?

刘欣:别忘了,我们有14亿人口,几乎是美国人口的3倍。而中国的人均GDP还不到美国的六分之一。在这样的情况下,中国仍在为联合国人道主义援助作出积极贡献,人们期待中国为世界作出更多贡献,中国必须发展起来。

翠西:中美双方都废弃所有关税,可行吗?

刘欣:中国经济有着中国特色,是混合的、充满活力的、开放的。中国没有控制所有经济,而是使市场在资源配置中起决定性作用,例如,一些国有企业在经济中发挥着重要但较小的作用。

这场对话,将播音主持个人形象、媒体形象与国家的形象统一起来,这也说明在跨文化语境中播音主持的重要作用。刘欣代表中国主流媒体、权威媒体的声音,以个人的形象向世界展示了中国媒体人的综合素质和能力,也体现出中国主流媒体、权威媒体的素质,塑造了较好的国际媒体人形象。

刘欣借助翠西国家资本主义的话题,向世界介绍了具有中国特色的社会主义经济体系,可以视为有声语言跨文化传播过程中,主持人对构建话语权的一种尝试。

随着中国走近世界舞台的中央和中国媒体多年来为融入国际话语体系作出的努力,主持人之间的互联将会越来越紧密,这也是值得关注和研究的跨文化传播现象——互联现象。

3.人能调动灵活的语种选用机制——"双语"传播能力

无论是在中国开展的主场外交活动的文艺演出,还是在海外开展的庆典、文化交流等活动,都形成了主持的"双语"环境,"双语"环境既使不同语言的主持人相联,又通过主持人将不同文化的节目与不同语言背景的观众相联。

文化外交不同于一般意义上的跨文化传播,它着重突出国家在国际文化关系中所起的作用。文化外交突出合作、相互理解和互惠,注意对方的需要和期望,通常没有明确的政策目标,而是旨在推动国家和人民之间的长期信任。① 近年来,"一带一路"国际合作高峰论坛、中国国际进口博览会、中非合作论坛北京峰会、二十国集团领导人杭州峰会、金砖国家领导人厦门会晤、上海合作组织青岛峰会等一系列重要会议的举办,不仅是中国重要的主场外交活动,还成了全球瞩目的国际性盛会。伴随着这些国际盛会的举办,文艺晚会作为一种对盛会主题进行诠释的演出活动已经成为"标配",以一种"柔性"的方式表达国家话语和文化观念。② 在主场外交的文艺晚会中,既让参会的外宾在晚会现场切身感受中华文化,又能在轻松愉悦的艺术享受中增进了解,促进世界不同文明的交流互鉴。与此同时,客场外交中各种"双语"文化交流活动、"双语"建交晚会,以及在重要节点中外双方官方或民间团体举办的各式各样的庆典活动,也为有声语言跨文化传播提供了更多机会。

从本质上说,外交文艺晚会构建的是国家间艺术团体演出的跨文化交

---

① 孙春英.跨文化传播学[M].北京:北京大学出版社.2015:425.
② 赵琳.表达与共融:电视文艺晚会的对外文化传播[J].青年记者,2018(2):70-71.

流。晚会作为一种艺术展现形式,各个节目之间如何串联在一起便决定了主持人存在的价值,这也使主客场文艺晚会中的主持人成了有声语言跨文化传播互联模式实现路径的关键要素。主持人在"双语"的传播语境中,不仅要传播中华文化,还要关注所在国家民众的欣赏和接收习惯,尊重文化差异,寻找与所在国共同的价值观念中体现的文化共性,从而真正实现促进两国相互了解的传播目标。

拥有"双语"能力的主持人越来越多,其在文化交流中的作用也越来越大。比如,1989年加拿大留学生马克·亨利·罗斯韦尔(Mark Henry Rowswell)因在央视春晚上扮演洋留学生"大山"而被中国观众熟知,后来便改用中文名字"大山"活跃在电视节目中。2010年,大山作为中国媒体代表团成员赴加拿大报道冬奥会的相关情况。2015年,他推出了中西结合的脱口秀节目《大山侃大山》,该节目于2017年登上了墨尔本国际喜剧节的舞台。大山致力于推进中国和加拿大的文化交流,2012年被加拿大总理任命为"加中文化大使"。

大山算是较早来中国学习语言后活跃在电视节目中的外国人,当他出现在中国电视节目中,开始主持各式各样活动的时候,便开始了中国观众与外国人的直接接触。他熟练的普通话、独特的节目主持风格,给中国观众留下了深刻印象。《人民日报》曾评论"大山是外国人,却不是外人"。"却不是外人"的评论,是对大山长期以来促进中外文化交流的肯定。大山在电视节目中的形象,让外国人与中国观众互联;大山2013年开始主持《交际汉语》节目,他以稳重和中国通的形象,用流利的英语与准确的汉语主持节目,实现了语言层面不同文化之间的互联,这种互联,在国际化传播中具有积极的意义。

随着中央电视台国际频道在世界各地的落地,来自乌克兰的李娜、法国的朱力安、美国的爱华等一批外籍主持人纷纷加盟央视,他们通过主持电视节目,在屏幕上承担起了中国形象、中国文化与世界其他文化交流的使者。

这样的传播路径还有很多。可以说,互联模式迎来了当下有声语言跨文化传播非常值得关注的时代。从话语权的构建来讲,随着国家主流媒体国际影响力的提升,国家主流媒体向海外传播的节目会越来越多,新闻报道的权威性、文化节目的多样性、综艺节目的观赏性都为播音主持海外传播提供了基础,从而使语言活动更具跨文化特点。在全方位、多层次、宽领域的文化合作交流中,有声语言跨文化传播活动也有了更多的传播舞台、传播内容、节目形式和话语权,从而拓宽了传播路径。对构建互联模式而言,大要适应社会、时代的发展,小要赶上媒体、播音主持业务的发展节奏,改变单一维度下的固有传播思维,夯实老路径,拓展新路径,以贴近不同区域、不同国家、不同群体受众的语言传播方式,使有声语言跨文化传播活动助力更深层次的文化传播、助力中国国际传播体系建设。

第四章　有声语言跨文化传播互动模式及其实现路径

有声语言跨文化传播，在互联的基础上，并不是只进行单向传播，而是自始至终都离不开双向互动。在这个互动过程中，无论是语言层面还是文化层面，各传播要素、传播环节总是有来有往、互相影响，其中有互相碰撞、彼此接受，也有彼此改造，而这种碰撞、接受、改造的互动是跨文化传播具备的特征。

之所以把有声语言跨文化传播活动凝练为互动模式，是基于社会心理学理论支撑的。社会心理学认为，互动是发生在人们相互之间的社会行为。[①] 对有声语言跨文化传播而言，互动既体现在行为层面传者与受众之间通过语言传播而相互作用，又包含文化层面跨区域、跨人群的相互影响。因此互动也体现为传播活动表层的传播行为之间的相互交流和深层的观念文化之间的相互影响。

从表层互动看，互动模式具有传播特征。无论是线上的广播电视播音主持活动，还是线下的节目推广、海选比赛、受众见面会等活动，传受双方都有信息传递、情感沟通、愉悦共鸣。

从深层互动看，互动模式更具文化特征。面对各种信息，各国的播音员主持人或接受，或抵触，或反驳，其集团之间、民族之间、国家之间的立场是重要制约因素，民族心理和文化心理构筑着不可忽视的文化藩篱。

---

① 周晓虹.现代社会心理学[M].上海：上海人民出版社，1997：305.

鉴于此,互动首先应实现传播层面的表层互动,然后向文化层面的深层互动推进。这个过程,既体现了有声语言跨文化传播活动从互联到互动的深化,也为深入互动中渐渐呈现出来的互融奠定了基础。

第一节 互动模式反映语言传播各要素之间的作用方式

在跨文化传播中,所有传播和交往,都具备协同进化的特质,因为参与其中的每一方都以一种协商的方式影响着另外一方。[①] 同样,在有声语言跨文化传播活动中,传受主体、内容形式、媒介渠道乃至传播效果也在进行着相应的协同进化,这个过程不仅体现为趋同的一致性变化,碰撞与抵制也是相互作用的一种表现。

一、互动模式阐释

互动,是传播各要素之间相互作用、相互影响的过程,包括传者作为媒介活动主体之间的互动、传播媒介之间的互动、传者和受者之间因情感共鸣而产生的互动等。互动模式勾画了上述各要素之间相互作用的规律和模型。

因此,有声语言跨文化传播互动模式,是播音主持从业人员借助其专业身份,通过广播电视等传播媒介或者有声语言传播活动,在与海外受众的语言互动、文化互动中实现传播的方式。

研究互动模式的价值在于将跨文化传播要素相互作用的关系清晰化,将文化传播从可能变为可行,从表层过渡到深层,为后文所提到的文化互融做好行为方面的准备。

具体而言,借助互联模式提供的思路,我们力图使海外受众有机会接触到真实、全面、立体的中国社会生活;而借助互动模式提供的思路,则让海外

[①] 克莱默.全球化语境下的跨文化传播[M].刘杨,译.北京:清华大学出版社,2015:17.

受众对中华文化从接触到接受,从了解到喜爱,实现中华文化的传播与弘扬。在此过程中,表层互动体现为信息流动,进而从表层互动上升到文化、观念、价值等层面的深层互动,从而助力中华文化的海外传播,助力中国国际传播能力和国际话语权的提升。

二、互动模式的关键要素及相互作用的方式

对互动模式的构建,应从三个方面着手:第一,全球化与媒介发展拉近了传播的空间距离,也使某一话题、某一活动能够很快在不同地域范围内形成互动局面。这样的例子越来越多,比如在中华民族传统节日——春节期间,"欢乐春节"活动形成了世界范围内的春节氛围,海内外受众无论是实地参加庆祝活动,还是通过网络传播媒介观看活动,都深深感受到节日的氛围。围绕着"春节"这一典型活动,形成了地域范围内的互动和网络空间,甚至形成了文化空间的互动,这种互动活动中的主持人,往往承担着中华文化引领者的身份,各地观众在活动主持人的带领下,走近中华文化。第二,媒体之间围绕热点新闻、文化传播开展互动采访、互相报道,在现实传播中比比皆是。第三,文化交流活动在全球范围内的深入开展,也使主持人在业务层面有了互动交流,代表着彼此文化的主持人化身为文化融合的载体。舞台上的互动通过传播媒介展现出来;在受众层面,则呈现为受众自身所拥有的文化与中华文化的互动。这些都为互融奠定了基础。

(一) 从空间接触到文化接触

从空间范围的互动看,语言传播活动有助于突破彼此分割的界限,比如国界等,语言传播行为突破国界藩篱是实现有效传播的前提。

从现实角度看,国家之间的界限源于政治、经济、军事等多重历史因素,并表现为国家意志、意识形态等的不同,人们很难从政治的角度突破国家界限。但是,文化具有人类共通性和历史沿袭性,语言与文化相结合,可起到突破国家界限、黏合文化圈层的作用。

播音主持活动在促进文化交流的过程中客观上扩大了受众面,诸如谈

论国际上共同关注的话题、为国内民众打开"看世界的窗口"或者为海外受众打开"看中国的窗口"。这种突破空间限制的传播活动有助于引起海内外受众的关注,并被不同文化群落的人群接受。可以说,播音主持这种带有人际交流特征的大众传播有助于将"文化牌"变成"通行证",从而得到不同国家地区的响应与支持。

以此作为有声语言跨文化传播的路径,体现了扩大传播空间对话语权和传播影响力的提升作用。随着中国主导的发展理念、中华文化交流活动在世界范围内得到越来越多国家的参与,中华文化传播的效果也由表层走向深层,目标受众群体也从海外华侨华人拓展到外国友人。人们基于"文明互鉴"需求聚集在一起,产生了跨越空间的文化交流景观。

(二)从媒介事件到社会事件

不同国家媒体之间以及不同类型媒体之间的彼此相联与互动,促成了各自传播影响力的结合与扩大。从不同国家媒体之间的互动来看,不外乎以下几种形式。

其一是传者与传者之间的传播互动。在网络及新媒体迅猛发展的背景下,各国华语媒体都在积极进行新媒体平台的建设,并积极拓展新媒体传播业务,而新媒体互联互动的便捷性客观上让海内外华语媒体有了更多合作交流的机会和平台,中国中央电视台主持人刘欣与美国福克斯新闻网女主播翠西·里根的"隔空对话"成为海内外媒体互动的生动案例。

其二是受众与受众之间进行的传播互动。基于与上述互联网发展提供了便利交流平台的媒介背景,受众与受众之间的交流互动也变得越便捷,一条热帖、一个"超话"往往会凝聚不同国度的受众在同一个虚拟网络平台对话交流,不同来源的受众有机会在同一个话语场(如留言板)发表意见,国界与媒体之间的界限也被突破。比如2020年4月,三名外籍人员在崂山区疾控中心进行新冠病毒核酸检测采样时,因排队问题与其他人员发生争执,外籍人员出现不当的言语和行为,这一事件引发了人们的广泛关注。之后,外籍人员书面道歉,网络平台竞相讨论,一系列网络传播活动刷爆了各大媒体。其中值得关注的是广大网友的传播活动,比如,新华网网友发帖"我们可以宽容,但绝不允许纵容""无论任何人在中国的土地上,都必须遵守中国的法律法规"表明了鲜明的观点;也有在华外籍人士通过抖音用汉语表达了对此事的看法,表示"礼貌、尊重"是通行各国的基本原则,不少中国网友对此表示认同,于是在网络上形成了"对事不对人""不谈国籍谈人的素质"的健康传播局面。诸如此类的互动,虽然肇始于媒介传播,但结果因受众的参与而超出了媒体平台范围。

其三是基于共同关注的内容而产生的传播互动。比如,不同国家的媒体将人们共同关注的热点问题和文化现象呈现给世人,优质广播电视节目的引进与外译成为人类命运共同体得以存在的有力证明。与人类命运息息相关的宇宙奥秘、地球资源、自然环境、文化遗存等都是常见的内容题材,《蓝色星球》《冰冻星球》《宇宙奇迹》《地球脉动》《美丽中国》《舌尖上的中国》等节目都引发了一波又一波的观看和讨论热潮,在观看和讨论过程中,语言成了克服沟通障碍的黏合剂。

(三) 从媒体交流到语言交流

播音主持活动是传播业务的重要组成部分,有声语言跨文化传播中也有频繁的业务交流互动。广播电视节目中的双语主持是常见的语言传播形式,比如中央广播电视总台的《汉语世界》《动感英语》《一起音乐吧》,北京广播电视台的《国际双行线》等,节目中出现双语播音主持都是常见现象。而在中外文化交流活动的文艺晚会中,双语主持甚至成为节目的标配。

语言是文化的载体,掌握了一种语言就掌握了通往一国文化的钥匙。在相互交流的过程中,两种语言共同登场,发挥好语言对文化的阐释作用,更有助于各国观众了解对方国家的文化内涵。

在中国日益走近世界舞台中央的过程中,用双语主持的形式来讲好中国故事,有助于让国际社会听得到、听得懂中国的声音。在主客场外交活动中,"双语"主持使主场外交更显中国礼仪之邦的大国风范,客场外交更显中华"和而不同"的文化内涵。

第二节 有声语言跨文化传播互动模式的实现路径

经济全球化与媒介全球化使有声语言跨文化传播活动呈现出多样化的特点,也使传播活动中的各要素互动关系更为紧密。从传者角度看,有文化交流的语言平台;从媒介角度看,有传统媒体与新媒体、国内媒体与海外媒体的合作;从表现形式看,有"走出去""引进来";从传播效果看,有即时效果和长久效果等。

互动形式的多样性,涵盖了有声语言跨文化传播活动的宏观、中观和微观层面,每一个层面都有各自不同的表现形式,同时又有所交叉,从而形成了复杂的互动系统。

一、在宏观层面加强文化观照

国际传播属于跨文化传播,从宏观层面来看,文化符号的打造与强化是关键。以文化为联结点,吸引海内外华语媒体积极参与语言文化传播活动,相应地吸引了它们所关注的目标受众,让传者构成更加多元化,使"汉语桥""欢乐春节"等品牌活动在世界五大洲的影响力越来越强,让这些品牌活动吸引越来越多的海外华侨华人、外国友人参与。2015年,出生于法国巴黎的金小鱼主持了首届联合国中国春晚,这位有着国际文化符号的外籍人士作为活动的主持人,在整个活动中起着桥梁纽带的作用。金小鱼的主持,使海外受众在与专业主持人的互动中,感受到汉语的音声美、韵律美,感受到中华文化的魅力,助力了中华文化的传播。

因此,当我们对播音主持活动进行形而上的文化解读时,发现在这个层面上,很多播音主持活动都具有跨文化性质。"美丽中国—丝绸之路旅游年""欢乐春节""青年汉学研修计划""中华文化讲堂""千年运河""阿拉伯艺术节"等近30个中国国际文化品牌的成功打造,突显了主持人在这些活动中作为跨文化交流桥梁的作用。

文化互动是不同文化直接或间接相互影响和作用的过程,但受文化差异的影响,不同国家和民族的文化在相互接触时,必然会在文化互动中发生各种各样的文化交流、文化冲突、文化融合。[①] 播音主持活动以语言传播为纽带,随着中外文化交流活动的深入展开,有助于促进不同类型文化在交流互动中消除隔阂,减少冲突,促进融合。

(一)以文会友——搭建平台增进文化交流

以文会友的"文",可以理解为具有文化内涵的内容。挖掘受众感兴趣的内容,以此为契机搭建平台,增进文化交流。

基于此,目前一系列有影响力的语言文化交流活动已经成为品牌,"汉语桥""青年汉学研修计划""中华文化讲堂"等一系列以文会友的跨文化交流活动,借助各种媒介渠道火热开展,效果良好。

特别是"汉语桥"活动,自2002年开展以来,得到了国外汉语学习者的积极参与。"汉语桥"世界大学生中文比赛每年都会有不同的主题,按照预赛、复赛、决赛的赛制进行。其中预赛通过驻外使馆、当地孔子学院在五大洲分国家和不同赛区开展。预赛阶段形式比较灵活,喜欢汉语、喜爱中国文化的选手可以按照自身的习惯特长来参加比赛,预赛更多地带有展演的性质,这也吸引了很多汉语水平不高的选手参加,通过比赛往往能增强他们更好地学习汉语和中国文化的信心。参赛选手通过预赛后,被邀请到中国来参加复赛和决赛,复赛和决赛的赛况最初以电视节目的形式向外传播,后来融入了新媒体因素,大大提升了比赛的参与性和互动性。

从语言传播的角度看,"汉语桥"是放眼全球的汉语文化传播活动;从媒介传播的角度看,《汉语桥》又成了央视播出的知名栏目。作为《汉语桥》重要构成要素的主持人和专业评委,随着比赛流程的推进,与外国参赛选手、电视机前的海外观众进行互动。比赛及专业评委的点评,让受众感受到了

---

① 张飞,曹能秀,张振飞.文化互动、族际互动与多元文化互动之辨[J].重庆科技学院学报(社会科学版),2017(2):86-89.

中华文化的博大精深,实现了文化圈层的互动。

1."桥中之桥"做纽带——主持人的沟通作用

"汉语桥"作为一项汉语水平测试的国际性赛事,对于主持人的要求则会更加严格,其选择、搭配既要符合比赛本身应有的权威性、专业性及客观性,又要不失缓解紧张氛围的幽默性。① 作为全球有影响力的语言文化竞技类活动,当活动以电视节目的形式向海外传播时,主持人的语音语调也会影响到海外受众的感受,从而成了电视节目中的"桥中之桥"。近些年来,杨澜、鲁豫、汪涵、张丹丹、李锐、李莎旻子、魏哲浩、李牧、杨乐乐、靳梦佳,还有洋留学生大山,都分别主持过不同年度的"汉语桥"世界大学生中文比赛。不同主持人在节目中的标准普通话,为海外汉语学习者提供了标准规范的语言示范,同样,不同主持人或幽默风趣,或活泼大方,或端庄典雅的主持风格,也给海外观众留下了深刻印象。

比如2018年"汉语桥"世界大学生中文比赛的主题是"世界一家"。在开场主持中,两位主持人分别承担了"诉诸感情"和"诉诸理智"的不同角色。下面是主持人的一段对话:

男:这是你第一次来到我们"汉语桥",有什么感受?

女:的确,虽然是第一次来到现场,但是关注"汉语桥"已经有很多年了,我觉得"汉语桥"这个舞台就像一个汉语奥运会一样,因为它会集的是来自世界各地的喜欢中文的青年朋友们。大家通过汉语来交流和分享,探寻我们中华文化的博大精深,同时也是在传递着各自民族文明的源远流长。

男:是的,到目前为止,我们有这样一个数据,就是参加"汉语桥"比赛的人数,已经有150万人左右。参加"汉语桥",大家在这个舞台上通过这样的一个桥梁相互交流成了朋友,真正打造了"天下一家人"的感觉。

男主持人在主持中保持了一贯的热情,用"朋友""天下一家人"等外国

---

① 杨敏娜."汉语桥"比赛与中华文化传播[D].兰州:兰州大学,2018:30.

人容易理解的词语拉近与参赛选手、观众的距离,以饱满的热情激发大家的兴趣。而女主持人则从"文化""交流"入手,以诉诸理智的方式来说明"汉语桥"发挥的作用,体现了汉语的规范、标准。

2019年"汉语桥"比赛由汪涵和靳梦佳主持,在比赛开场时,主持人用情感营造了温暖的开场氛围。汪涵在开场白中,几次用到"温暖""幸福"等字眼,让参赛选手不自觉地置身于温暖的舞台上,汉语学习的幸福感也在温暖的情愫中蔓延。这种幸福感从荧屏内传递到荧屏外,感染了更多的海外汉语学习者。

在"汉语桥"比赛的跨文化语境中,节目主持人与参赛选手之间建立相互信任、彼此理解的沟通关系,有助于在世界范围内传播中华文化、促进文明交流等传播效果的达成。

比如,2016年"汉语桥"世界大学生中文比赛由李莎旻子、魏哲浩、杨乐乐和来自瑞士参加过第九届"汉语桥"的选手李牧共同主持。这种不同文化背景的主持人"混搭"模式,本身就是文化互动的一种表现。节目中一段功夫表演之后,李莎旻子和李牧有一段对话:

李莎旻子:中国语言里面"功夫"除了有中国功夫的意思以外,还有一层意思,是指在一件事情上花费很多的心思,我想所有"汉语桥"的选手在我们的中国文化、在"汉语桥"的比赛中都花了很多的功夫。接下来也希望他们都可以功夫不负有心人,那你作为过来人,有没有建议送给他们?

李牧:建议?建议没有,倒是有经验,"汉语桥"这个比赛一轮比一轮难,接下来非常难。

在选手答题之后,围绕现场情景呈现的读书和文化传播的主题,主持人之间有这样一段对话:

杨乐乐:我相信所有的人都已经投入刚才的那个情景当中,我觉得我们真的应该多来一些时空穿越,方法很简单,就是读书,读好书、读经典。

> 李莎旻子：比他们的成绩更重要的是他们共同热爱着中华文化的这颗心，让他们在这个舞台上前有古人，后仍有来者。
>
> 魏哲浩：止戈为武是和平，是共享太平之福，这是郑和的理想，其实也是中国的邦交理念。我们真心地希望每一位"汉语桥"的选手，能够在未来成为故事当中你们先辈那样的文化传播的使者。

主持人之间的上述对话，其实是运用主持人与参赛选手之间建立的良好关系，引导更多喜欢汉语的国外学习者，在汉语学习上多下功夫，在学习方法上读好书、读经典，在学习目的上当好文化传播使者。在跨文化语境中，电视机前的国外汉语学习者，会被主持人与参赛选手在节目中相互信任、坦诚交流的氛围所感染，这有助于不同文化群体对中华文化的认同。这也是有声语言跨文化传播的重要作用之一。

借助外国友人之口，说出华语传播的重要性，则更具说服力和真切感。在2013年第六届"汉语桥"世界中学生中文比赛闭幕式上，来自美国的赵恩世与来自乌克兰的《快乐汉语》外景主持人李娜担任闭幕式的主持人。他们之间有这样一段对话：

> 赵恩世：你们知道吗？在我的家乡——美国，会说"您好"的人越来越多了，美国已经成为全世界设有孔子学院和孔子课堂最多的国家。
>
> 李娜：不只在美国，在我的家乡——乌克兰，学习汉语已经成为一种时尚，有越来越多的人去孔子学院学习汉语。你想想，像我们这样，一旦学会了汉语，就可以和地球上五分之一的人自由地交流，那是一件多么神奇的事情呀。

李娜讲到的"学习汉语已经成为一种时尚""可以和地球上五分之一的人自由地交流"，对国外汉语学习者有很强的引导和示范意义，体现了语言传播的跨文化色彩。

海外汉语学习者在节目中参与主持活动，成为"桥中之桥"时，他们也发挥了延续传播纽带的作用。2014年的第七届"汉语桥"世界中学生中文比赛总决赛中,由来自俄罗斯的大卫和云南广播电视台节目主持人崔爽搭档主持,而大卫正是2014年给许多海外观众留下深刻印象的"汉语桥·全球外国人汉语大会"比赛的总冠军。由"汉语桥"走出来的冠军选手,再主持下一级别的"汉语桥"比赛,其设置形式本身对参赛选手、海外观众具有良好的示范和激励作用。

更令人欣喜的是,许多参加"汉语桥"的外国友人在赛后走入海内外媒体行业,以说标准普通话的外国人身份,塑造了喜欢中国语言和文化的荧幕形象。同时,他们还在自己国家与中国之间起到了跨文化传播的桥梁和纽带作用,成为跨文化传播中的语言文化使者。

2. "积沙成塔"增效果——语言学习的长尾效应

播音主持专业评委在比赛现场对参赛选手的语言面貌、语音语调、语言表达形式和文化内涵的点评,使语言艺术本身成为外国朋友学习的典范,语言艺术的感染力之大不言而喻。

作为面向全世界汉语学习者展示汉语才华的大型国际性比赛,邀请中国知名播音员主持人担任专业评委,说明了播音员主持人作为语言传播专家在普通话传播中的权威性,其设置本身就具有影响力和示范作用。近年来,中央广播电视总台李修平、徐俐、海霞、鞠萍等播音员主持人分别担任过不同年度的"汉语桥"世界大学生中文比赛和"汉语桥"世界中学生中文比赛的评委。这些知名播音员主持人的出场,不仅仅是为了发挥所谓的"名人"效应,更多的是利用播音员主持人在语言专业方面的造诣,通过点评与示范来发挥语言艺术的典范功能。具体而言,播音主持专业评委不仅对比赛选手的语音面貌进行点评,还将规范语言示范、文学经典传播、中华文化引领等多重功能融入点评,体现了播音员主持人在跨文化语境中对汉语国际推广的示范引领作用。

表4.1梳理了专业评委的点评内容,并概括了这些点评内容涉及的关注点。

表 4.1　2013—2019 年"汉语桥"世界大学生中文比赛总决赛中播音主持专业评委点评分析表①

年份	播音主持专业评委	点评内容	关注点
2013	海霞	在演绎的过程中有很多古诗词,还有明朝时期的服装、礼仪、语气的把握等,这些其实都是非常难得的。更何况郑和下西洋这样的一个主题,我觉得跟我们本届"汉语桥"的主题也有着契合之处。你看本届"汉语桥"的主题就是"中国梦·我的梦"。600 多年前郑和下西洋的时候,也是为了传播中华文化,也是为了把我们中国人民和世界人民友好交流的这样一种美好的愿望与梦想传递出去。我想请两位做一个小小的展示。宋安居,你来把刚才这个台词当中的一句话再演绎一下。"起锚、解缆、启航"(宋安居:起锚,解缆,启航)。你这次表现就非常好,但是你刚才念的就是启航(一声),把阳平念成了阴平。这一点小小的差别,就不如傅大江,他念的这个"启航"呢,用阳平来展现对于前途的希望、憧憬和向往。	礼仪 语音 语调 文化 语言情感
2014	海霞	雷鸣达,情景剧展示瓷器之美,要指出一点小小的不足,就是语音和语调方面,还需要进一步地打磨。比如说,"这只龙碗是我爷爷的爷爷的爷爷传下来的",表示历史很久远,第一个"爷爷"发得非常标准,后面这个调就不知道跑到哪国去了。这个调,希望今后能够进一步再打磨一下。 马明远,我觉得你应该在语音的清晰度上做进一步的提升。加了音乐之后,我基本上就听不太清你的调值了。"侠之大者,为国为民,舍己为人,伸张正义。"这个起伏,要在我们的语调当中表现出来。我觉得你整个的情绪是非常饱满的,还需要在其中做进一步的情感的变化。	语音 语调 语言情感
2014	海霞	可能很多电视机前的观众会跟汪涵和杨澜有同样的感受,说海霞是不是对选手要求太高了,有一点点"鸡蛋里挑骨头"的意思。三个人各有各的特点,语言清晰、流畅,整体的表现都非常好。 洛莲娜,她表现的是茶叶之"香",在整个表现的过程之中,把我们中国文化,尤其是中国民歌文化中的那种情趣表现出来了。 施茉莉,这一段台词是最显功力的,里面有大量的古诗词,它的格律,它的韵律,它的这种平仄、节奏、对仗,都要求非常非常的工整和到位。	语音 语调 文化
2015	李修平	每个人都表演得非常用心,非常入戏,每个人都很棒。但是我要把票投给康可,他表演上不是特别开,但是在语言的功力上一直特别吸引我。	语言功力

---

① 根据 2013—2019 年"汉语桥"世界大学生中文比赛总决赛中播音主持专业评委点评整理而来。点评内容基本为现场实录,有个别修改。

续表

年份	播音主持专业评委	点评内容	关注点
2016	徐俐	佳佳你好,你是第一个,万事开头难。但是看着你那么美丽从容地笑着走出来的时候,我觉得佳佳你今天的演说就成功了。	乐观态度
		我喜欢你的表达方式,听起来好像不是那么使大劲,除了尾巴上扬起来以外,一直清清楚楚、朴朴实实地娓娓道来。而且以我的专业耳朵听起来,你是五个选手中声音条件最漂亮的。	语言功力
		三位同学都用30秒的时间阐述了自己未来的梦想,我印象最深的,可能和我的职业有关系。大伟,你不是说你要在埃及开一家中文电视台,你要当国际中文电视台的台长吗?我现在就在中央电视台中文国际频道,我做的就是对外文化传播,过几年我退休了,我去你那儿干活行吗?等着你梦想成真的那一天!	文化
2017	海霞	你的这一段演讲,真的是让我们感受到了中西爱情的合璧。那同样,你能够从中国的诗歌中,不仅仅感受到它语言的美,更能够感受到它内涵的美。而且能够用中文、用汉语来表达你内心的情感。我觉得是进入了一个中文学习的新的境界与层次。	语言情感
		我有一个词,为你点赞。首先,你上来的时候,先用一曲赵丽蓉老师当年在她《非常包装》当中的那段贯口,征服了我们。真是模仿得惟妙惟肖。这个"贯"字,它代表的就是一贯到底、一气呵成的意思,所以对表演者的技术要求是非常高的。没有一定的技术水平和造诣,真不敢在台上给大家秀这个。但是我们看到之行同学表现得非常出色,整个一气呵成,非常流畅。第二个点赞,他能够把我们中国曲艺当中的贯口和西方的rap非常巧妙地结合在一起,有点脑洞大开的意思,很有艺术的创新,所以要为你点赞。	文化 语言艺术
		给我印象最深的是穆宸鹏的"不能自拔",短短的30秒钟的时间,他既表达了"我不能自己把罐拔下来"的行为动作,同时也表达了对于中医、对于中国文化的一种深爱、不能自拔的情感,可以说是一语双关。	文化 语言艺术

续表

年份	播音主持专业评委	点评内容	关注点
2018	海霞	第2轮比赛是用讲故事比拼汉语的方式来进行的,如果用一个成语来形容这个阶段,我觉得应该是"独具匠心",它其实是要把选手置于一个特定的语言环境和情境当中,来考查选手语言的表现力和水平。在舞台上,你通过语言给我们塑造了一位忧国忧民的爱国艺术家的形象,通过你的语言,我们感受到了这个人物他的忧伤、他的思念、他的悲愤、他的希望、他的友谊、他的感恩,等等等等,我觉得这就是艺术作品带给我们最重要的震撼。	文化 语言艺术
		我有一个小小的建议,刚才在比赛当中有一个细节,"受人宠爱",有这么一句台词,当时在舞台上可能是全神贯注于各方面的表演,然后就说成人"重"爱,这不是宠爱了啊。调值是汉语普通话一个非常重要的特点,只有很好地把每一个调值都把握清楚,才能更好地把你所塑造的这个人物传递给大家。 我觉得家明的语音基础稍微弱了一点,不能因为着急,把这个台词就稀里糊涂过去了,可以慢慢地说,这样才能把人物的特点表达得更鲜明一些。司腾那段呼麦,不仅技巧娴熟,而且非常恰当,营造了很玄妙、很神秘的一种氛围,我觉得运用得非常好。	语音 语调 语言艺术
		第3轮比赛同样是非常的精彩和激烈,如果依然用一个成语来形容场上两位选手的表现,我想是"难分伯仲"。鲁斯兰在比赛当中用了一个非常生动的比喻——"恋人",小伙子不仅暗恋它,还要把它带回家。你要把中国的快递引入俄罗斯,要把更多更好的中国制造带给俄罗斯人民,让两国人民共享幸福,让全世界的人共享幸福,不仅很有气势,而且很有魄力,更呼应了我们今天"世界一家"的主题。	文化
2019	海霞	我们在学习语言的过程当中呢,每一阶段啊,都要给自己定下一个目标。具体来说呢,我希望在这一阶段的学习当中,能够把中文的每个字、每个词都尽量讲得更清晰,否则呢,在听觉上就容易使听众产生歧义。	语音 语调

续表

年份	播音主持专业评委	点评内容	关注点
2019	海霞	说到贯口啊,它有特别讲究的一面,要快而不乱,慢而不断,一气呵成,一贯到底。即使在速度非常快的时候,你的语音依然要非常的清晰;节奏非常快的时候,语义仍然要非常的明了。刚才在这一段,"不攻不战不进不退不争不斗,尔乃匹夫之辈",这个"匹夫"里面有张飞对曹操的一种蔑视,所以尽管在这个速度和节奏都非常快的情况下,也一定要把这样的一种情感强调和突出出来,这样会更有益于你的表达。	语言艺术
		蒋天改基本的语音面貌非常好,如果能够赋予你的语言更多的内涵,让它具有更丰富的色彩的话,我相信会更有感染力。比如说大唐的这个建筑啊,雄伟、壮阔,可能就比"大唐建筑雄伟壮阔",让人听起来仿佛这个建筑就如在眼前一样。如果能够表达到这样的状态,就更加令人叹为观止了。希望百尺竿头更进一步。在今后的岁月,能够继续为世界文化的多元,贡献你们的青春和力量。	语调 文化

图4.1是对上述点评所涉及关注点的统计:

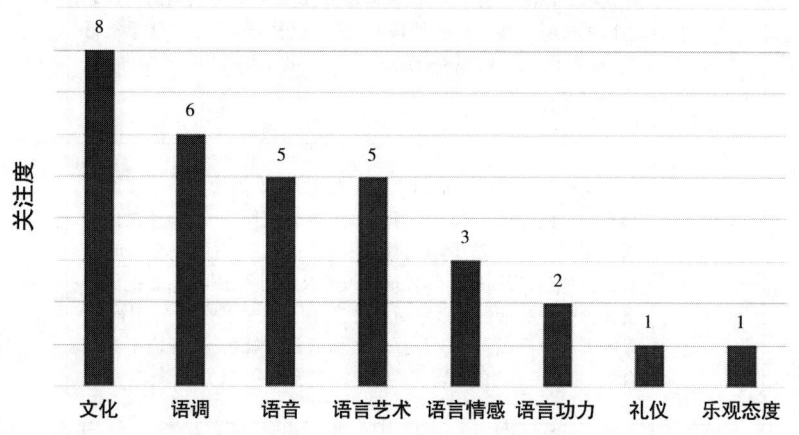

图4.1 2013—2019年"汉语桥"世界大学生中文比赛总决赛中播音主持专业评委点评所涉及关注点统计

从表4.1和图4.1中我们可以发现,播音主持专业评委对参赛选手的普通话语音标准和使用规范有着非常高的要求,这也是"汉语桥"比赛评委一贯坚持的风格,正如海霞在2014年点评时所说的"可能很多电视机前的观众会跟汪涵和杨澜有同样的感受,说海霞是不是对选手要求太高了,有一点点'鸡蛋里挑骨头'的意思"。正是这种"鸡蛋里挑骨头"的要求,让历届的选手都越来越重视自己普通话的语音面貌,而这种要求通过广播电视传递到全世界其他国家汉语学者身上,便成了一种学习汉语的权威要求。

节目中有大量的汉语普通话教与学的内容,这也是播音主持专业评委与参赛选手之间进行的语言交流互动活动。比如2013年参赛选手宋安居将"启航"的声调读得不准、2016年参赛选手大伟将"表白"读成了"标白",主持人都会在纠正读音时,对正确的读音予以示范。播音主持专业评委亲自示范正确的读法,不仅是要引起参赛选手和现场观众的注意,更重要的是将这种示范通过大众媒体的传播、新媒体的互动讨论,让国外汉语学习者深入了解语音、语调、调值在普通话中的重要作用,从而在普通话学习中有意识地加强规范训练,对语言传播具有良好的示范作用。

在对选手的点评中,播音主持专业评委还善于发现选手语言表达中的文化内涵,并将这种文化内涵予以解读,从而使受众感受到语言对文化的承载作用。比如,2013年评委对"中国梦、我的梦"的点评,向海内外观众传递了中国"和而不同"的理念,并表达了中国人民促进世界文化交流、实现文明交融的美好愿望。2018年评委对"世界一家"的点评,将选手提出的"让全世界的人共享幸福"的文化内涵进一步地挖掘、放大,实质上是传递了人类命运共同体的理念,体现了中国发展为世界发展作出的贡献。这是在跨文化语境中对中国发展理念做出的最好的解释。

从世界各地喜欢汉语、喜欢中华文化的外国人参加海外预赛开始,"汉语桥"就受到了海外不少汉语学习者的关注,这为最终以电视节目呈现的复赛和决赛奠定了良好的海外受众基础,许多海外学习者都会通过电视直播或者孔子学院官方网站的网络节目收看复赛和决赛,并且把收看节目当作学习汉语、感悟中华文化的良好平台。比赛现场,活动主持人是选手与选手、选手与评委之间沟通的桥梁,而在国外汉语学习者收看节目时,主持人则架起了广播电视等传播媒介与国外汉语学习者之间的沟通桥梁,主持人语言的规范性和标准性,对国外汉语学习者产生了重要影响。专业评委在点评中,对参赛选手声、韵、调的纠正,对修辞、语言表现形式的讲解,对文化价值观念的传递,以及用自己播音主持的艺术创作功底所展现出的汉语独特风格和民族韵味,则成了国外汉语学习者理解汉语、学习汉语的重要指导。

播音主持专业评委在大赛中对选手的点评,无论是对参赛选手还是对国外观众来说,都体现了汉语的规范性和标准性,而评委的身份又赋予了点评内容的权威性,从而在跨文化语境中起到了汉语传播"意见领袖"的作用。

(二)满足需求——凝聚文化圈层

文化本身具有圈层性,不同国家、不同地理区域的人们可能形成不同的文化圈层,不同的文化圈层,向外传播或者接受外来文化时,表现也会有所不同。① 对有声语言跨文化传播而言,始于播音主持有声语言传播的一系列表层活动,最终都要体现在与不同对象的文化互动中,这种互动,既源自中国自身经济实力强大带来普通话在国际传播中的客观需要,又源自不同受众对中华文化的喜爱和需求。因此,在有声语言跨文化传播中关注海外受众、满足受众需求,继而凝聚文化圈层变得十分必要。

1. 关注受众——凝聚海外人群

海外受众对蕴含着中华文化的华语有着基于历史原因和文化原因的需求。

其一,海外老一代华侨华人"寻根"心理强烈。对海外老一代华侨华人而言,他们在情感上表现出的文化与中华文化一脉相承,虽然受所在国主流文化的影响,其行为方式、价值观念不可避免地本土化了,但他们内心对中华文化充满着"寻根"的文化渴望,语言传播活动能使他们内心深处最易触动的情怀得到安慰。他们喜欢看中国的电视节目,喜欢听中国的消息,也通过华人社团积极参与一系列语言传播活动,与播音员主持人之间表现为一种情感需求的互动。

其二,海外新生代华侨华人基于自身发展需要,对华语和中华文化的关注是内生动力的体现。海外新生代华侨华人的文化构成包括两个部分,一部分是来自生长环境的主流文化,而另外一部分则是中华文化,两种文化在

---

① 刘建明.宣传舆论学大辞典[M].北京:经济日报出版社,1993:307-308.

他们的生活成长中碰撞、交锋、吸收、融合。因此,海外新生代华侨华人在对待中华文化的态度上也呈现两种趋势,一种是对中华文化不排斥也不赞誉,另一种是对中华文化表现出更加亲和的态度。对喜欢中华文化的新生代华侨华人而言,中国广播电视对外播出的节目、海外华语媒体为他们搭建了学习汉语、了解中国文化的良好平台,他们主动收听、收看华语节目,积极参与所在国与中国的文化交流活动,把说好普通话当作身份的象征,更有出类拔萃者成为中外文化交流的使者,他们与播音员主持人之间的互动表现为一种实现自我发展的内在需求。

其三,部分外国友人出于对中华文化的喜爱而喜欢汉语,这一点作为可操作层面尤为值得我们重视。对外国人而言,中国播音员主持人往往是中国符号、中国声音、中国文化的代表。中国的发展提高了普通话在国与国之间交流的经济价值,学好普通话对外国人来说意味着获得更多的机会,而中国现实的发展成就、古老悠久的历史文化也引起很多外国人的兴趣,他们希望通过语言的学习,找到打开中国神秘魅力的钥匙。由此,他们与华语播音员主持人积极互动,有的还成为当下中国观众所熟悉的网红,比如,抖音中大火的美国演员曹操,他地道的汉语以及对中国的热爱就是这种文化互动类型的生动案例。

文化圈层的互动也使播音主持从业人员在跨文化传播中更加注重文化内涵,对播音员主持人而言,需要突破的不仅仅是语言和表象的中国符号,更要通过语言传递中华文化的内涵、通过节目向世界推介并阐释更多具有中国特色、体现中国精神、蕴藏中国智慧的优秀文化。

2.引发共鸣——缩短心理距离

情感共鸣是有声语言跨文化传播活动得以深入开展的基础要素,也是普通话和中华文化在世界范围内得以广泛传播的重要条件。主持作为一种传播行为,具有"交流传播"的内涵。正如日常生活中的人际交流与团体互动往往需要有一个主持者一样,虽然不同的主持人有不同的主持风格,但在情感共鸣上达到最佳的传播效果,是中外主持人共同的目标。在跨文化传播互动中播音员主持人关注情感共鸣,既是丰富传播路径的体现,又是助力文化传播的要求。

其一,采取多元传播手段来增进情感共鸣效果。在有声语言跨文化传播中,引发情感共鸣需要播音员主持人善于讲好中国故事,从增进文化认同、了解时代命题、解决发展难题的角度,去发现体现时代内涵、情感共鸣的有声语言传播路径。克服目前的政策语言多、生动事例少,古代经典多、现代故事少的传播倾向,将中国的人、中国的事、中国特色、中国精神、中国价值寓于语言传播活动之中。针对不同地区、不同国家的受众心理需求和接受方式,用视听艺术手法去展现与不同民族、国家和地区引起碰撞和共鸣的人类共通的情感,使受众在形象感知和情感共鸣中了解真实的中国形象,多途径增进中华文化与其他文化的交流合作,实现情感共鸣,使中国声音不仅能够"入耳",还能"入心"。

其二,加强文化探源工作,助推文化传播进程。中华民族地位和影响力的提升,不靠穷兵黩武,不靠对外扩张,靠的是中华文化的强大感召力和吸引力。中华优秀传统文化是中华民族文化的独特魅力,其中蕴含的"道法自然""天人合一""天下为公""世界大同""自强不息""厚德载物""革故鼎新""与时俱进""经世致用""知行合一""安不忘危、存不忘亡、治不忘乱"等一系列哲学思想、人文精神,是中华民族共同坚守的精神力量,是中华民族的"根"和"魂",也是海内外华语媒体凝聚华侨华人力量的文化根源。在跨文化传播活动中,关注中华传统文化对凝聚海外华侨华人的文化根源所起的重要作用,紧密结合外国人对中国的关切,在原有大众媒体的基础上,借助互联网、融媒体,阐释中华民族禀赋、中华民族特点、中华民族精神,在以德服人、以文化人的过程中,通过语言活动促进各国沟通交流,使播音员主持人助力跨文化传播活动,当好向世界增信释疑的纽带。

二、在中观层面开展媒体互动

媒体之间的传播活动更具专业特点。纵观海外华语媒体的发展史,为海外华侨华人提供中国信息是海外华语媒体发展的原动力。海外媒体关注中国媒体发布的信息或者海外华语媒体直接转发中国媒体的信息,实质上都在扩大中华文化的传播范围,同时也体现了媒体间的专业互动。

(一) 媒体间的信息联动常态化

不同国家、地区之间的媒体存在大量的信息联动行为,不论是基于友好合作,还是关注转发,都发生了事实上的传播互动行为,并客观上扩大了信息传播的影响力。近年来,随着联合采制、定制推送、新闻互换等传播互动的深入开展,源自中国的大量信息也正在通过借嘴说话、借筒传声、借台唱戏等方式传向世界各地。相应地,国内媒体与国外媒体之间的互动,使播音员主持人进行着媒体间跨文化交流活动。

在媒体的相互联动中,主动为之的方式是搭建国际传播交流平台。比如,"世界媒体峰会"由新华社联合新闻集团、路透社、美联社、英国广播公司等9家具有全球影响力的媒体机构共同发起,对加强国际媒体合作,加大媒体科技创新合作,推进传统媒体与新兴媒体的融合发展,共同协商媒体创新发展政策等方面起到了重要的推动作用。"CGTN 全球媒体峰会"由中国国际电视台(CGTN)联合央视国际视频通讯有限公司(国际视通,CCTVT)等主办,成为中国国际电视台与世界其他国家媒体合作的重要平台。"一带一路"媒体合作论坛、"一带一路"新闻合作联盟、亚洲媒体高峰会议由人民日报社主办,在加强媒体合作、增加相互信任、汇聚共同发展方面发挥着积极的作用。"世界华文传媒论坛"由中国新闻社主办,自 2001 年创立以来,每两年召开一届,至今已举办十一届,其作为世界华文媒体沟通交流、互动合作的重要平台,已经形成了具有影响力的品牌效应。2018 年 4 月 9 日,亚洲高峰会议在中国三亚举行,来自 32 个国家的 59 家中外媒体就关于共同推进"一带一路"新闻合作联盟建设达成共识,并发表宣言,表达了中外媒体在新闻信息共享、联合采访、人员培训、媒体发展等方面深化交流合作的美好愿景。

国际媒体间的信息联动或直接展开或间接进行,一方面推进了国内媒体与海外媒体特别是海外华语媒体之间播音主持跨文化交流活动,促成了彼此关注、互相适应的习惯养成,实现了彼此播出节目的可听性;另一方面也为海外华语媒体播音员主持人提供了学习了解华语来源国的语言风格,使普通话体现的"音声美""意蕴美""分寸美""韵律美"等成为海内外华语媒体的共同审美追求。

（二）中外媒体关注角度多元互补

在中国重大主题活动和重要时间节点，海外媒体对中国的关注度越来越高。可以想见，海外媒体对中国消息的关注，由于它们的观察视角不同、报道风格不同，甚至有时还会出现态度立场不同的情形，这些传播现象都是正常的，中外媒体所传播的信息多元互补，彼此印证，客观上拓展了有声语言跨文化传播的路径，而中国一贯的治国风格和外交政策也使得媒体间通过互动，强化了国家形象的海外传播与塑造。

笔者在美国中文电视调研时，美国中文电视新闻总编辑田甜表示，美国中文电视同海外其他的华语媒体一样，非常重视中国的重大主题活动报道，在全国"两会"、党的重要会议召开期间，都会派专门的团队去中国采访报道，以外媒的身份参与到新闻宣传之中。[1] 在活动报道期间，国内外华语媒体播音员主持人纷纷利用微视频、"动新闻"、网络直播等新的传播形态，不断强化新闻内容在海外社交媒体的传播。从节目制作的流程看，海外新闻节目比较重视直播，其最重要特征是将新闻事发现场零时差地呈现给观众，这种基于"边录边播、一镜到底"的视频录制也对播音员主持人的播音主持能力提出了很高的要求。[2] 海外华语媒体主持人对中国重大事件的直播报道，及时传递了中国的观点、立场、态度，客观上提升了中国的海外传播能力，增强了中国的国际传播话语权。

在中外媒体形成的联合报道矩阵中，中外媒体主持人以各自的视角和表达方式，向世界展现真实、立体的中国。2016年G20杭州峰会期间，央视中文国际频道和英语频道共同设立了颇具"国际范"的双语演播室，来自央视北美分台的新闻主播迈克·沃尔特（Mike Walter）在杭州演播厅向西方观众传播中国的声音和观点。丝绸之路万里行、"一带一路"新闻合作联盟、外媒看中国、中俄媒体跨境联合采访等中外媒体联合采访行动，使许多外国观众通过媒体主持人讲述的互利合作、共同发展的生动故事，感受到中国为构

---

[1] 2019年4月，笔者在美国中文电视驻法拉盛新闻制作部采访新闻频道总编辑田甜。
[2] 刘琴. 主流媒体直播探索的理论诠释与实践解读[M]. 北京：中国书籍出版社，2019：35.

建人类命运共同体作出的贡献。

在媒体互动的过程中,记者和主持人的普通话水平,也在逐步受到各国媒体的重视。这一点,从每年全国"两会"后召开的中外记者会上,可以得到印证。2017年全国"两会"闭幕后,李克强总理召开记者会,回答中外记者提问。在这场记者会上,路透社、塔斯社等媒体的多位外国记者都用中文提问,当日本经济新闻社的记者用中文提问后,李克强总理夸赞他"你在哪里学的中文？我听你普通话讲得很好"。当塔斯社记者用中文提问后,李克强总理评价说"你很有勇气,始终用中文提问"。全国"两会"记者会上外国媒体记者或主持人用普通话提问,一方面反映了外国媒体对普通话的重视,体现了普通话在国际媒介圈层不断扩大的影响力；另一方面,部分外国媒体的记者或主持人具有标准流利的普通话水平,也对其他外国媒体、海外华语媒体的记者或主持人提升普通话水平具有激励和引导作用。

海内外媒体之间的互动也使国内观众看到了更多海外华侨华人的动态。国内观众经常能够从电视上看到海外华侨华人的视频画面,这些新闻画面大多来源于海外华语媒体。比如美国中文电视每周都会向中央广播电视总台提供海外华侨华人的新闻素材,这种合作机制已普遍建立于中央级广播电视媒体与海外华语媒体之间。

三、在微观层面发挥语言功能

业务圈层的互动表现为具体主持活动中各要素之间的互动。在跨文化交流活动中,主持人与场下观众、与电视机前观众的信息流动和情感交互是必要的动态活动。交换论者乔治·霍曼斯和彼得·布劳认为,人们的社会互动就是一种交换关系。社会交换理论看到了个人的需要满足和幸福对他人的社会行为的依赖,并将人们之间的交换从物质领域扩展到了非物质领域,为我们了解人类的社会互动提供了有益的借鉴。[①] 社会交换理论为主持人在跨文化传播体系中的不同文化"交换"的媒介身份提供了理论依据。

---

① 周晓虹.现代社会心理学[M].上海:上海人民出版社,1997:311-312.

在跨文化语境下,主持人成了两种文化"交换"的媒介,在海外观众对中国信息以及信息背后的中华文化进行接收和理解时,需要主持人对传播内容予以阐释和说明;对外国友人来说,主持人的传播能更好地沟通双方文化,解读各自的文化精髓,让人们在陌生的物理空间中找到熟悉的文化语境。

(一)承载功能——主持人语言传播的基础

主持的承载功能源于语言是文化载体的论断。掌握了一种语言就掌握了通往一国文化的钥匙。主持人在节目或活动中,使用大家都懂的语言或者用双语方式黏合大家都懂的表达方式,减少了因为语言差异而造成的文化误读,使语言与更多的节目内容相结合,使播音主持活动承载着跨文化语境下的传播媒介、语言规范、文化引领作用。

播音主持活动是从节目形态的变化中产生的传播行为,其在业务圈层主要表现为播音主持从业人员通过传播媒介或节目现场开展的传播活动,其显著的特征是"双向交流"或者"彼此互动"。

关于主持人在节目中发挥的作用,中国和外国的理解几乎一致:作为主持人需要提供大量的信息,同时他还需要调整整合各类信息,以便大家能够共同分享。[①] 这种一致性理解,使主持人在跨文化语境中业务圈层之间的互动成为可能,中外主持人可以在同一舞台上共同主持活动,增进相互的了解,分享彼此的文化认知。

以跨国大型文化演出的主持活动为例。2018 年、2019 年美国菲尔德娱乐公司(Feld Entertainment)老牌节目《迪士尼冰上世界》(*Disney on Ice*)在中国北京、天津、上海、重庆、深圳、大连、苏州等多地巡演,笔者担任文艺演出活动的主持人,并在巡演过程中对演出活动的主办方、主创人员进行了深度采访。笔者的主持体验与采访思考是:主持艺术作为集语言表达和文化展现于一体的艺术形式,在跨文化传播活动的不同语境中具有多重作用,这里面既有文化角色的定位、本土语言文化的传承问题,也涉及异域风情体验心

---

① 毕一鸣.当代播音主持艺术概论[M].北京:中国传媒大学出版社,2015:9-10.

理、不同文化间的融合,还有声音情感的丰富表达和主持语言的规范严谨。可以说,在"引进来"的大型国际文艺演出活动中,主持人在主持活动中进行的本土化呈现,使演出的外来内容与中国的本土化表达有机结合起来。笔者的主持实践也证明,这种结合实现了良好的传播效果,也体现了华语传播对文化互动的促进作用。

(二) 中转功能——主持人语言传播的主要任务

在大型的国际演艺活动中,观众群体与演艺团队往往处于不同的语言及文化环境中,单纯依靠非语言的肢体表演常常无法充分表达完整的信息和愉悦的情感,面对不同语言、不同肤色的演艺人员构成的舞台表演,观众群体对本土主持人产生了强烈的心理依赖,让原本的演出活动由以表演为中心转化为以主持为中心,主持人成了"表演场域"的"中心人物"。主持人不仅要用语言向观众解说外国演员的表演内容,更要引导观众与演员之间进行情感互动。在主持人的调动下,现场观众或尖叫、或呼喊、或鼓掌,用以抒发观赏心理体验,于是,主持人、演员、现场观众进入了动态呼应的传播圈,从而强化了现场演出效果。

主持的中转功能经常体现为现场的权威性。在跨文化语言传播中,主持人在调动观众情绪、反馈表演效果、保证传播效果方面发挥着至关重要的作用。《迪士尼冰上世界》的中国巡演将花样滑冰与迪士尼动画人物相融合,以一种全新的艺术形式辅以炫目的舞台特效和华丽的演出服饰,在令人陶醉的经典歌曲中实现观众的审美愉悦,而主持人需要将诸多元素有机组合,联通台上的外国演员和台下的中国观众,全新诠释家喻户晓的迪士尼经典故事。对《迪士尼冰上世界》的巡演来说,演出的目标群体是熟悉迪士尼动画片所塑造的米奇、米妮、爱莎、莫阿娜、花木兰等形象的特定群体,舞台艺术形式为花样滑冰,喜欢迪士尼形象的观众在特定的心理预期中形成观看群体。当大家熟悉的米奇形象登台时,主持人向观众询问:"大家看,这是谁来啦?"观众集体回答:"米奇!"虽然米奇的扮演者不懂中文,但他可以从观众热烈的反应中感知是对他的呼唤,进而表现出欢快、愉悦的情态,表演者的步伐更加轻盈,更加憨态可掬,舞台形象的塑造也更加真实,现场演出效果浑然天成。

主持的中转功能还体现在对原有主持词的规范转换上。张颂先生说"语言传播，就是有声语言的创作活动"①，对《迪士尼冰上世界》现场演出而言，主持人手中拿到的脚本和台词，除了英文版本之外，中文版本是从台湾地区引用过来的，如何用中国内地观众喜闻乐见的方式和语言来达到传播效果，需要主持人对主持词进行规范化的二次创作。在这个过程中，主持人既要把自己融入表演团队中，以观众的愉悦享受为传播目的，又要坚持有声语言传播的规范性，以适应民族文化观念和心理认知。比如，《迪士尼冰上世界》的制作脚本中有"找乐子最好玩了""漂亮的姑娘人人都想拥有""现在需要的就是找乐子""真是逊毙了""我爱刺激的事情"这样的话语，面对这些主持脚本，主持人需要以自觉的文化意识来加以规范，既恰如其分地表达原有情感，又能体现语言对文化的承载功能。于是上述话语就经常被修改为"欢乐的时光是多么值得留恋""让我们一起开启快乐之旅吧"，从而实现传播内容与有声语言表达的"美美与共"。

(三) 主导功能——主持人跨文化传播的能动体现

主持人承担着大众传播和人际传播的双重任务。人际传播是人类社会中最常见的沟通和交流方式，也是跨文化传播中最为普遍的信息获取方式。在大型国际文艺演出中，人际传播常常发生在主持人和表演团队的演职人员之间，是私下进行的一种积极交流。主持人与演职人员舞台之外的互动是舞台演出的必要延伸和有益补充，在整个传播体系中，主持人身处枢纽联结点，具有发挥联结作用的可能性。

从《迪士尼冰上世界》的实践活动看，大型国外演艺团队中的表演人员属于汉语传播的接受者，其来华演出的效果往往与他们接触汉语信息后所表现出来的认知、情感、态度和行为有关。部分演员会对所扮演角色的汉语演出版本产生浓厚的兴趣，例如他们在询问完主持人特定的词语含义后，会表现出积极主动使用汉语词汇的强烈愿望。包括演出间隙乘坐高铁后，"高

---

① 张颂.情声和谐启蒙录:张颂自选集[M].北京:北京广播学院出版社,2004:199.

"铁"一词成了团队中的热门词语。从这些实践可以看出,兴趣是影响语言传播中接受者态度积极与否的重要因素,而群体内部的群体暗示,往往会影响部分群内成员对语言接受的态度。

跨文化演出团体中主持人的主导作用体现在整个节目的多个环节,包括对节目内容、演出形式等的修改建议方面都具有较强的效力。

从演出组织内部讲,主持人是大型国际文艺演出中两种不同文化交融的桥梁。关于演艺团队所展现的文化是否能引起观众的共鸣,主持人可谓"春江水暖鸭先知"。作为第一手创作资料的接触者,主持人不仅要对创作资料进行语言表达的二次创作,还要敏锐地感知表演元素中与中国文化不相符合的地方,从民族心理和大众习俗入手,对一些能够引发观众共鸣的表演元素给予表演团队友善的提示。比如在《迪士尼冰上世界》的"花木兰"片段,最初版本对于过年气氛的营造并不像现实演出时那样隆重,表演团队在主持人的建议下增强了灯光效果,营造了浓厚的节日气氛。这些实践表明,在组织内部,主持人在跨文化传播方面发挥好文化交融的桥梁作用,可让演出增光添彩。

从演出组织外部讲,主持人又是最熟悉演出过程的欣赏者。和表演团队内部单一形象的表演者不同,主持人熟悉表演全过程的任何一个环节,熟悉背景音乐,熟悉出场顺序,熟悉人物形象,熟悉故事情节,整场表演效果的达成离不开主持人的串场,观众互动效果的体验也离不开主持人作用的发挥。主持人更像是文化沟通的主导者,在一个又一个的场景中带领着观众感受勇敢、善良、友爱等人类共通的情感体验,并通过规范的语言表达带领观众正确认识迪士尼文化,在文化融合中感受人类文明的不同成果。

从组织语言传播的角度分析,主持人是在既定的语言传播脚本中,用声音来讲述自己的文化体验,这要求主持人既要严格遵守演出团队事先确定的演出方案,又要运用不同声音情感的变化,引导观众进行不同的文化体验。比如在《迪士尼冰上世界》的"海底总动员"环节中,小鱼多莉患上思乡病,决定去寻找自己的父母查理和安妮,经过千难万险,她终于找到了家。受中美文化中对"家庭"不同理解的影响,舞台的表演并没有达到中国观众所期望的"久别重逢"的激动,而将表演点集中在多莉的独立、自强和收获的友谊上。面对这样的冲突,主持人很巧妙地适时加入了"再次见到父母的多莉感觉到家是多么的温暖""在家里多莉是多么的开心快乐""是父母让多莉再次无忧无虑"等富有中国特色的语言表达,在声音情感的处理上也多了许多对父母的依恋之情。这样的引导作用,是综合分析语言接受者特点后的选择,目的是达到更加融合的传播效果。

上述三个主持环节的语言功能问题围绕着大型跨国文化演出的主持环节展开论述,让我们看到了主持人在互动模式实现路径方面的作用,作为庞大的跨文化传播活动中的一环,发挥主持环节的功能,不失为一种"事半功倍"的语言传播策略。在日益丰富的国际文化传播活动中,打造具有国际传播能力、集语言功力与文化积淀于一体的主持人,既是播音主持互动模式实现路径的重要组成部分,又是新时代国际传播人才队伍建设的必然要求。

第三节 互动模式的构建难点与突破思路

有声语言跨文化传播互动模式,是基于传播过程中各要素互相运动与作用的研究而加以提炼的。无论是群体行为,还是社会行为,该模式的形成都是以人与人之间的互动为前提的。从社会心理学的角度看,人类的互动与动物行为的区别在于它是由文化意义所规定的,人类社会互动就是以有意义的象征符号为基础的行动过程。①

有声语言跨文化传播互动模式构建的难点,在于该互联模式下路径实现可能性的大小。从这个意义上讲,构建有声语言跨文化传播互动模式,要围绕中国与其他国家的交往互动,寻找双方共同的兴趣点、结合点、共情点,以文化交流为起点,为有声语言跨文化传播活动提供交流互鉴的动力。

---

① 周晓虹.现代社会心理学[M].上海:上海人民出版社,1997:306.

一、关注度欠缺,需寻找兴趣点

在语言传播过程中,真正要突破的不但是语言之间的障碍,还有内容和文化层面的因素。长期以来,中国的戏曲、武术等文化符号受到国外观众的喜爱,一方面与我们的影视艺术作品展现的中国文化符号相关,另一方面也表明外国人对中国的兴趣点所在。

但对于吸引海外人士的理想程度而言,传统文化展现的文化符号并不能完全地展现现代中国的发展实际。相较于传统文化的吸引力,当代中国在相当长一段时间内并没有获得国际社会足够的关注度,对中国的不了解甚至误解还在一定程度和范围内存在。书法交流、旗袍体验、茶道感悟、京剧欣赏等文化符号只是海外友人感兴趣的一部分,但兴趣点不能仅停留在表层的文化符号上,还要通过兴趣真正地让海外友人理解中国文化,在语言学习中深入体会中国文化"天人合一""和而不同"的文化理念,感受当代中国在构建人类命运共同体中对世界的担当和贡献,从而使"兴趣点"成为改变中国在国际上被忽略和被误读现状的切入点。

(一)挖掘当下热点,将关注点从传统引向当代

国外媒体对中国当下热点的关注,往往最能体现媒体的兴趣点,这些内容经过外媒向海外传播,自然形成了国外观众对中国的关注点。比如,2017年全国"两会"期间,外媒的兴趣点和关注点与以往相比有了明显变化。新加坡《联合早报》对中国所提出的世界和区域经济的"中国方案"更感兴趣,塞尔维亚记者亚历山大·诺瓦契奇对中国全球治理变革和"一带一路"倡议感兴趣,俄塔社记者罗曼·巴兰金对事关许多人福祉的"一带一路"倡议和人类命运共同体感兴趣,埃及《金字塔报》关注中国的经济政策以及中国政府对经济增长的预期,肯尼亚《民族日报》关注中国在应对环境污染问题方面将提出哪些措施,路透社则关注了国企混改的热点,中国的减贫发展也备

受外媒关注。① 这些变化也反映出如今海外友人的兴趣点,正基于对中国传统文化的关注而有了很大的拓展。相比文化交流中的传统文化和悠久历史,国外媒体对中国的发展成就和对世界的贡献更感兴趣,外媒正在通过中国奇迹、中国道路、中国模式,寻求解读中国发展成就的密码。

媒体的关注点和兴趣点,有时候也反映了受众的关注点和兴趣点,这两者在跨文化领域相辅相成。比如,笔者在马来西亚《中国报》和泰国中央中文电视台调研时获悉,马来西亚和泰国人民最感兴趣的就是中国科技消息的报道,中国的高铁、中国的新能源汽车都会让观众感到兴奋。泰国中央中文电视台马也在采访中表示,央视的科技消息对他来说是有多少就播多少。② 海外受众的兴趣点,应成为媒体主持人报道的关注重点。对播音员主持人而言,掌握海外受众的兴趣点和关注点,从而有意识地强化一些关注点中的信息播报,也会在跨文化媒体互动中达到不一样的传播效果。

(二)从多角度发现兴趣点,满足不同受众需求

同一档广播电视节目受到不同受众的热捧,有时是基于该节目满足了不同受众的不同兴趣需求。在跨文化传播中,受众的兴趣点是多重的,关键在于传者是否能够有意识地设计吸引受众的亮点,并为该亮点提供多种解读的视角和可能。

比如"汉语桥"总决赛比赛主题的设置,虽然有"世界一家"这样的宏大主题,但亮点远不止于主题,《汉语桥》节目之所以得以热播,其原因就是满足了不同层次观众的欣赏需求,可能有人感兴趣的是文化,有人感兴趣的却是语言艺术的表现形式。

又如,在阿联酋迪拜举行的第二届全球华语朗诵大赛海外分赛区的视频中,主持人由 6 位华裔青少年和小朋友担任,他们模仿专业主持人的主持样式,左手拿着话筒,右手拿着提示卡片,介绍选手、串联节目、邀请嘉宾,各

---

① 2017 年全国两会:外媒的兴趣点和关注点[EB/OL].(2017-03-02)[2021-07-05]. http://world.people.com.cn/n1/2017/0302/c1002-29119228.html.
② 资料来源于笔者对泰国中央中文电视台新闻主播马也和马来西亚《中国报》副总编辑甄子权的采访。

个环节都主持得有模有样。他们普通话流利清晰,举止稚嫩却不乏小主持人的风范。视频中孩子们对国内主持风格的模仿,从一个侧面体现了国内播音员主持人对海外华侨华人的影响。在海外语言传播活动中,这种主持活动大量存在,如各式各样的诗歌朗诵比赛、海外孔子学院开展的"汉语桥"比赛等。用比赛代替传播,实际上是传播方式的一种创新,有利于增强传播效果。比赛活动因具有竞技色彩而增强了可看性,而作为语言类的比赛,在搭台打擂的同时提供了互相交流的机会,在竞争合作中增强了活动的吸引力,进而拓展了世界华语传播和语言艺术发挥作用的空间。

还如,央视中文国际频道《快乐汉语》的节目主持人韩佳凭借甜美的笑容、标准的普通话以及丰富的文化知识,在《快乐汉语》营造的汉语学习国际化大讲台上被誉为"汉语和中国文化的形象代言人"[①]。即便是主持人标志性很明显,该栏目在海外落地的时候依然基于受众的不同而做了本土化改造,制作了多个版本——《快乐汉语》的亚洲版、欧洲版、美洲版,满足了不同国家地区、不同受众对同一档栏目的不同需求。

二、节目源多样,需兼顾受众接收习惯

海外不少华语媒体的制作团队、目标受众大都为当地华人,海外华人的生活状况、语言水平、风格喜好因时因地而有所不同。其共性的接收喜好和个性化的接收习惯,应当在有声语言跨文化传播中被重点关注。以新闻节目为例,笔者在美国中文电视、泰国中央中文电视台、马来西亚《中国报》新媒体和《星洲日报》新媒体调研时了解到,这些媒体播出的新闻节目,有的是自己采集的,有的直接引自国内现成的新闻节目,在用华语播报新闻时,不仅报道口径上与国内媒体基本一致,还对新闻播报的普通话水平有比较高的要求,这一点与国内新闻类节目播音主持的标准和要求别无二致,这使得华语在当地的传播力、凝聚力、影响力都可圈可点。

---

① 韩佳:让世界了解汉语[EB/OL].(2016-01-20)[2023-07-09]. http://tv.cctv.com/lm/klhy/index.shtml.

从新闻播音主持的语言特点和播音风格来看,国内媒体与海外华语媒体之间播出的节目互相补充,相映生辉,海外华语播音员主持人的普通话水平和播报水准与中国大体上保持了同步。同时,海外新闻节目也因传播环境、内容构成、受众构成等不同而呈现出不同于中国的语态和风格,其区别性特征也比较明显。比如在美国中文电视每天固定播出的新闻节目有三档,见表4.2。

表4.2 美国中文电视每天固定播出的新闻节目比较①

节目名称	首播时间	时长	节目来源	主持人	主持方式	主持风格
中文晚间播报	每天22:00—22:30	30分钟	美国中文电视	孙滟华	坐播	亲切自然 娓娓道来
东方新闻	周一至周五 8:00—9:00 周六、周日 13:00—14:00	60分钟	东方卫视	雷小雪 于 飞 李 菡	坐播 立播 移动	庄重大方 时尚自然 流畅活泼 节奏明快
中文晚间快报	周一至周五 19:00-19:30	30分钟	美国中文电视	孙滟华 余 姚	坐播	亲切自然 讲解明晰

在三档新闻节目中,《中文晚间播报》和《中文晚间快报》是美国中文电视30多年来立台的王牌节目,由美国中文电视录制播出,报道的主题是政治、经济、社会、法制、科技、卫生等,重点报道的内容涉及美国和中国。《东方新闻》是该电视台引自中国上海东方卫视的品牌新闻节目,节目以"第一时效""全球视野"和"零距离现场"为内在追求,以中国的视角报道国内和国际新闻,以东方的眼光看待世界,报道国事、家事、天下事。

对比上述节目的播出形式,源自上海的《东方新闻》播出方式更为多样,体现了国际化都市新闻节目形态的发展趋势。美国中文电视自办的两档新闻节目在播出方式上更为传统和单一,这与制作团队习惯于比照中国大多数新闻节目样态的做法有关,因此在节目形态上美国本土化的华语新闻节目并未显出更现代、更前沿的特点。

---

① 内容根据美国中文电视2019年播出节目整理。

再对比上述节目的主持风格,我们则看到了更多相似的表述,诸如自然、亲切、流畅等特点几乎成为节目主持的标配。不同之处在于,我们所熟知的新鲜明快的新闻节目播音主持语言特点更多地体现在来自国内的《东方新闻》,这种与内容相匹配的形式化风格特点在美国中文电视新闻节目中表现得并不鲜明。美国中文电视的《中文晚间播报》主持人孙滟华在接受笔者采访时表示,"国外对播音主持从业者的要求是必须把话讲清楚、说明白,让观众能听得清、听得懂,播时政新闻的时候一定要播清楚,哪怕播慢一点,也要让观众能完全理解新闻的含义;社区新闻语速可以稍微快一点,字与字之间的联系紧密一些,但要体现出亲切感,让观众感觉到就像是在讲述身边的事"①。这种对节奏及语速的调整正是由于海外华人使用华语的熟练程度不高所致,而这种调整从优化传播效果角度看是完全必要的。

三、受众反馈欠佳,需寻找共情点

播音主持活动重在有传播有反馈,如果受众反馈不积极,则反映了传播效果不佳,传受双方产生共鸣的点不统一是造成这种传播效果欠佳的重要原因。

"国之相交在民相亲",能触发受众积极反馈的要素很多,但难度各不相同,最能触发受众积极反馈的要素是情感;"感人心者莫先乎情",主持人如果能在主持过程中发掘出共情点,则受众更容易被调动起来,反馈欠积极的情况也容易得以改善。

比如在中俄建交60周年晚会上,汉语主持人周涛身着红色长裙,暗含了红色在中国文化中的喜庆。在俄语主持人做开场白介绍时,站在舞台上的周涛双手持话筒,面带微笑;当俄语主持人开场致辞结束示意接下来汉语主持时,周涛先是点头致谢,中国礼仪之邦的风范尽显其中,其主持也体现了朴实稳重、端庄大方的风格。周涛在串场词中说:

> 中国的观众对于俄罗斯歌曲非常地钟爱,像我父辈这个年纪

---

① 2019年4月,笔者在美国中文电视驻法拉盛新闻制作部采访《中文晚间播报》主持人孙滟华。

的观众几乎每人都能够随口唱上那么几首。

中俄两国人民有着相同的特点,那就是在辛勤的劳动之余不忘放松身心,愿意和身边的亲朋好友分享内心的幸福和喜悦。

中俄两国文化相互交融而产生的共鸣,在我们今晚的这方舞台上得到了充分展现。接下来我们请大家欣赏的是俄罗斯歌曲《黑色的眼睛》,中国传统乐器二胡的加入,将为这首歌增添崭新的韵味。

在短短的串场主持中,周涛通过音声美和韵律美的普通话,寻找中俄在情感上的共鸣点、在民风上的相近处、在文化上的相融性,让中俄观众在主持人的有声语言表达中感受到中俄两国建交以来深深扎根于两国历史上和民众心中的友谊,也感受到语言的情感美。这无疑是主持人在国际文化交流中应该发挥的作用所在。

还如,2017年中英两国为了庆祝中英建立大使级外交关系45周年,在英国伦敦哈克尼帝国剧院隆重举行庆祝文艺晚会,晚会的主题是"友谊地久天长"。整场晚会融合了歌舞、太极、戏曲、朗诵、中西乐团合奏等形式多样、内容丰富的艺术表演形式,把中国特色和英国元素充分运用到晚会中,充分展现了中英两国的历史文化、民俗风情。晚会有三位主持人,其中两位汉语主持人、一位英语主持人。此次晚会"是一次向全世界展示中华文化和民族振兴的艺术展演"[1]。主持人在整个节目串场中表现出了浓厚的民族情怀,化身为中华文化的宣讲人。在晚会第二篇章的串场词中,汉语女主持人以动听的声音说道:

"踏破青山人未老,风景这边独好",时间的脚步永远不会停歇,站在新的起点,唯不忘初心者敬,唯改革创新者强,跨越四海回首望,江山如此多娇。依在祖国的怀抱,我不禁在想,祖国于你我究竟是什么?是母亲,是港湾,还是你我最坚实的依靠。

---

[1] 《友谊地久天长》大型文艺晚会在英国伦敦成功举行[EB/OL].(2017-11-03)[2020-08-09].https://m.huanqiu.com/article/9CaKrnK5DGO.

主持人用诗一般的语言，表达了对祖国的眷恋之情。对华侨华人而言，这是乡音难忘，继而勾起内心深处的思乡情怀，是熟悉的语言和熟悉的表达方式在异国他乡带来的精神慰藉。这种感情，在跨文化的语境中用普通话表达出来，让在场的华侨华人无不动容。在晚会现场，主持人架起了中国与华侨华人之间的桥梁，也架起了不同文化相互交流的桥梁。

综观整台晚会，汉语主持人的有声语言表达如诗如画，词美语美，晚会主题融入诸多中英特有的元素，使中英观众在中国悠久的历史文化传承中了解中国，在中英两个大国构建的友好关系中促进交流，符合中国"在协调与合作中扩大共同利益汇合点，构筑总体稳定的大国关系架构"的外交理念。主持人在中英双语的传播语境中，既在跨文化语言接触中传递了汉语之美，又将中国"天下大同""求同存异"的价值理念寓于有声语言表达之中，以中华文化的博大精深传播东方大国的文明形象，传递人类命运共同体的价值主张，较易获得中英观众的认同，使播音主持在跨文化语境中助力文化传播，促进国与国之间的文化交流。

可以说，有声语言跨文化传播的互动模式，让传播活动从预想成为可能。在媒介圈层，媒体间交流合作日益增多，央视新闻的播音员可以出现在世界主流媒体和海外华语媒体中，中外联合采访也让播音员主持人扩大了自己的国际"朋友圈"，国内制作的综艺节目的主持人，也随着节目在海外的热播而让海外观众渐渐熟悉，共同丰富着海外荧屏上的播音员主持人形象。在业务圈层，深入推进的跨文化交流活动让播音主持拥有了"双语"甚至"多语"的传播语境，主持人作为跨文化交流的媒介，发挥着语言对文化的承载功能，进而集国际传播能力、语言功力和文化积淀于一体，让语言与其他传播要素一起，共同促进着文化的交流互鉴。

无论是媒介圈层的互动，还是播音主持业务圈层的互动，都反映了传受双方进行信息沟通、情感传递、观点交流的具体过程，深化了接触程度，强化了传播效果，促进了互联目标的进一步实现。

第五章 有声语言跨文化传播互融模式及其实现路径

融合是两个事物间相互作用的结果,是深度的影响与变化。对有声语言跨文化传播而言,这种变化始于媒介,成于业务,终于文化。

始于媒介,是说现代信息技术与通信技术的发展为之后的跨文化传播互动互融提供了基础和平台;成于业务,是说跨文化的交流要依靠并落实于具体的有声语言传播活动(包括内容、形式等)中;终于文化是说所有的接触在改变对方的同时也会改变自己,最深沉的文化印记和文化心理都面临着融合的命题和结局。

历经前文所述的互相联结、互相作用等阶段后,国家和地区间不同的文化彼此产生了怎样深层次的影响变化,在文化融合层面又有怎样的表现,这是本章研究的重点内容。

第一节 互融模式以语言传播各要素深层影响为传播目标

从跨文化传播的角度看,融合既是一个过程,又是一个结果。各种文化虽然有其固定的含义、理念和价值,但又在吸收传统、借鉴外来的过程中不断发生变化,始终以新的理念、新的表达方式出现在社会大众面前。

将融合理解为一个过程,使有声语言跨文化传播的互融模式具备了发展变化的特质;而将融合理解为一个结果,则是多元文化交融后呈现的一种状态,体现为一种传播效果。

作为过程的融合和作为目标的融合,构建了有声语言跨文化传播互融模式的研究维度。

一、互融模式阐释

互融模式,是使各传播要素之间深层次相互作用和深度结合的方式,其中包括基础层面媒介要素的融合、业务层面有声语言传播要素的融合、深度层面社会文化心理的融合。各要素之间互相作用和影响,最终体现为跨文化传播深度融合的传播效果。

首先,互融模式的构建需要一个过程。跨文化传播的相互影响是一个潜移默化的过程,是一个由量变逐渐发生质变的过程,需要一段时间才能显现其结果。[①] 对有声语言跨文化传播而言,互融模式的构建旨在通过充分利用媒介发展技术,发挥播音员主持人语言传播的优势(声音动听、情感丰富、表达优美等),在跨文化语境下吸引和影响海外受众,使海外受众在一系列跨文化传播活动中提升表达水平、获得审美愉悦、感悟中华文化。这也是播音主持所具有传播性、专业性、文化性的综合体现。

其次,互融模式需要整合各个传播业务环节。具体来说,构建有声语言跨文化传播互融模式,需要通过语言表达、节目主持等业务行为,促成传播活动的实施,进而使受众在传播活动中感知文化的影响力。

最后,互融模式的构建与实施需要指向传播效果,主要指播音主持作为一种语言传播的专业活动,在跨文化语境下对传播受众的影响。

综上,对互融模式的研究,侧重考查传播要素是如何形成这种影响力的,播音员主持人是如何发挥播音主持专业优势并促成跨文化传播中各要素深度融合的。

---

① 关世杰.中华文化国际影响力调查研究[M].北京:北京大学出版社,2016:103.

二、互融模式的三个关键层面分析

如前所述,互融模式的构成有层次之分,由表层到深层大体可分为媒介融合、语言传播要素融合、文化心理融合三个层面。

(一)媒体融合构成语言传播新语境

媒体融合使各种媒介呈现出多功能一体化趋势,最终电子技术将所有传播方式都融进一个庞大的数字化系统之中。[1] 从媒体融合的技术逻辑来看,技术是媒体融合中的基础层面,将不同形态的媒介相互关联,打破技术平台之间的限制以实现融合。技术层面的融合,使播音主持活动不再局限于传统广播电视媒体,还将报纸、广播电视、新媒体融合起来,声音与文字、图像等传播元素充分结合,使互联网平台成为音视频播音主持活动新的生长地,继而产生更多的节目形态,形成更为多元的播音主持风格。

媒体融合产生的新语境,使有声语言跨文化传播有了更多融合方式。在有声语言跨文化传播互融模式构建过程中,语言传播的功能是多重的,但不论哪种功能的实现,都离不开传播语境。所以尽管有学者对媒体融合能否在跨文化传播中促进文化融合有所质疑[2],但不可否认的是,媒体融合给传者提供了更为广阔的传播语境,也构成了语言传播的新语境。报纸等平面媒体从事音视频制作及播出工作就是新语境构成的一个有力证明,而不少传统广播电视媒体提出"先网后台"(即先满足网络传播需求,再满足传统广播电视传播需求)的发展战略,也证明了新语境业已客观存在。

(二)语言传播要素融合使单向传播转化为传受互动

跨文化传播活动离不开内容与形式、理解与感受、传者与受众等要素,

---

[1] 肖珺.新媒体跨文化传播的中国实践研究[M].北京:中国社会科学出版社,2018:13.
[2] 肖珺.新媒体跨文化传播的中国实践研究[M].北京:中国社会科学出版社,2018:189-191.

这些要素的有机结合有助于将有声语言跨文化传播活动从播音员主持人的单向传播,转化为播音主持从业人员与海外受众的共同创作,以便更好地达到传播目的,实现跨文化的信息流动、认知评判和审美浸润。

从语言创作本身来看,有声语言分为内部语言的外化和文字语言的转化两大类。播音主持艺术创作是把文字或内心思考转化为有思想、有情感的有声语言的过程,属于有声语言表达的再创作。播音主持创作活动无论是对内传播还是跨文化传播,都离不开语音与发声、形式与内容、理解与感受、情感与语气的"整体和谐",是传播内容与语言创作的结合。

从语言传播过程来看,对播音主持传播活动的传者而言,用四声相间、音声和谐的有声语言来表达自己对客观事件的理解,仅是完成了传者层面的语言创作,当受众从传者有声语言表达中感受到内容、态度、美感等的时候,传受双方的语言创作才算真正完成。

由此可见,互融模式的核心诉求,离不开播音员主持人和海外受众之间的共同作用,其理想的传播效果是传者以有声语言传播活动传达出包括观念、思想、情感在内的全部内心经验,而受者则是在获取信息的同时实现听觉想象的创造和精神自由,最终传受双方在相互传播的过程中实现创作的视域融合。

因此,从受众出发,也成为互融模式最大的特点。互融模式构建的目的,不仅涉及传者怎么传的问题,更重要的是受众如何完成信息接收的问题,其逻辑链条可以简单而形象地表述为,通过播音主持传播创作活动,力图提升海外华人和外国友人对华语的关注、兴趣和应用能力,进而助力世界华语传播,助力中华文化推广。

(三) 文化心理融合使文化交流成为可能

对海外或在海外进行华语播音主持工作,表面上是有声语言传播活动,而从文化考察的角度看,该传播活动会面临文化心理融合的难题。

从文化心理视域来看,有声语言在人类文化心理形成过程中发挥着重要作用,一小部分口耳相传的语言被人们用文字记录下来,使文化心理得以固化和拓展,但大部分则消散于人类社会发展的物理时空之中,只有渗透于人们民族性格和民族精神中的文化沉积物才能显现出其心理的印记。① 鉴于此,跨文化的语言传播活动自然具有凝聚民族精神、传承中华文化的功能。

从语言本身看,语言的根本属性是人文性,语言传播的本质是人文精神的音声化。从"文化论""生存论"的角度去看待语言,语言积淀着文化的精华,反映着文化的厚度,折射着时代文化的高度,展示着个体及群体文化的广度与深度,昭示着民族文化未来发展的向度。②

在构建有声语言跨文化传播的互融模式过程中,离不开深层次的文化融合,其传播效果的实现非一朝一夕,而是一个由量变逐渐发展到质变的过程。从个体来讲,是语言学习日积月累而渐渐领悟语言魅力的过程;对传播的外部环境而言,则是传者提供了让更多海外人士通过语言深度解读中华文化的机会。

基于对上述三个层面的分析,构建有声语言跨文化传播互融模式,有助于融通新媒体背景下的传播语境,有助于优化双向的传播模式,有助于实现深层次的文化心理融合,其要旨是推进大众传播活动与文化交流活动的深度融合。

第二节　有声语言跨文化传播互融模式的实现路径

媒介、语言传播要素、文化心理三个关键层面的融合,使我们对播音主持活动在跨文化传播中的互融模式有了总体认知,即突出语言传播活动在文化传播中的重要作用,以华语传播为纽带,助力语言承载的人文精神、民族精神在更大范围内得到欣赏和认同,促进中华文化与世界其他文化在相互借鉴、相互融合中实现"各美其美、美美与共"。

---

① 李洪岩,柴璠.广播电视语言传播文化品位及审美趋势研究[M].北京:中国广播电视出版社,2007:75.
② 李凤辉.语言传播人文精神的阙失与重构[M].北京:中国传媒大学出版社,2006:2.

本节以具体的传播案例为切入点,剖析播音主持从业人员在普通话"音声化"中发挥的作用,使海外受众从专业的有声语言传播活动中,感受中华文化、人文精神,从而使受众在参与语言传播活动的过程中,通过语言了解中华文化,实现文化互育和审美互融。

一、尊重差异,融合视域——基于传播主体的主持艺术解析

就传播内容而言,海内外制作的节目经常会遇到共同的题材,但在制作过程中,海内外华语主持人的关注点、对内容的挖掘角度、节目呈现的风格等都会有差异。

就传播的目标而言,视域融合是理想状态,尊重差异则是策略性的传播准则。如何在尊重差异与融合视域之间找准平衡点,是海内外传者共同关注的问题。简单而言,差异使节目更好看,融合使节目传播目标更明确,拿捏两者分寸的能力反映了主持人驾驭的理念与能力水平。

以电视访谈节目为例进行分析。在电视访谈节目中,主持人和嘉宾的访谈构成了节目的主体,主持人在节目中发挥着主导作用,主持人并不是作为一个个体进行交谈,主持人的传播往往反映了节目组甚至是所代表媒体的视角和品位。[①] 在有声语言跨文化传播研究中,分析国内媒体与海外媒体访谈类节目中主持人对谈论话题的认识、对传播对象的理解,以及在传播过程中主持人表现出的不同风格,有助于更加清晰地认识海内外华语媒体节目制作的差别。

为了使国内外华语媒体访谈类节目更具比较性,我们以美国中文电视《纽约会客室》为蓝本,选取既参加过《纽约会客室》,又接受过国内媒体访谈类节目的5位嘉宾,分析其中主持环节的不同特点,详见表5.1。

---

① 熊征宇.电视访谈节目主持人传播能力解析[M].北京:中国广播电视出版社,2015:65.

表 5.1　《纽约会客室》与国内媒体访谈类节目对比表①

嘉宾	访谈节目	主持人	访谈题目
郎　朗	国外《纽约会客室》	谭　琳	创造音乐的世界
	国内《杨澜访谈录》	杨　澜	十年进取
李玉刚	国外《纽约会客室》	谭　琳	做一个守身如玉的艺术家
	国内《说出你的故事》	鲁　豫	美梦成真
傅希如	国外《纽约会客室》	谭　琳	文武老生之艺
	国内《戏苑百家》	白燕升	文武双全——傅希如
田　文	国外《纽约会客室》	谭　琳	中国的时代形象
	国内《文化先锋人物》	戴明丽	胶片记录世界　影像抒写情怀
杨　澜	国外《纽约会客室》	谭　琳	"正青春"走出国门

(一) 热点各异,热度类似——心理体验引共情

《纽约会客室》采访的嘉宾所在领域各异,但相较而言其更愿意选择国内的热点人物,用国内的热点拉升海外受众的关注程度。表格中所采访的人物都在国内接受过其他品牌栏目的采访。

因为每星期要做四期节目,《纽约会客室》访谈嘉宾的来源对节目制作来说是一个难点。《纽约会客室》通常比较关注国内各行各业人士在美国或者纽约的行程动态,向他们发出访谈邀请。这与国内访谈类节目直接预约嘉宾的时间、提前做好大量的访谈准备工作有所不同。《纽约会客室》采访的国内嘉宾因在美国停留的时间比较短,对主持人来讲往往有"可遇而不可求"的感觉,因此,主持人通常都比较珍惜与国内嘉宾进行访谈的机会。

正如《纽约会客室》的主持人谭琳在接受笔者采访时提到,"很多国内的嘉宾都是出差来美国,时间比较短,没有太多的时间去做小片,加之制作条件不允许,不可能安排一个编导组跟踪嘉宾几天。对主持人来说,只能通过网络获取嘉宾的一些资料,在主持人和嘉宾之间的对话中完成节目制作"②。这种制作方式,对主持人要求非常高,主持人面对不同嘉宾、不同话题要做

---

① 根据美国中文电视《纽约会客室》和国内相关媒体访谈类节目整理。
② 2019 年 4 月,笔者在纽约曼哈顿美国中文电视总部实地采访《纽约会客室》节目主持人谭琳。

大量的案前工作,在访谈中还要控制时间、把握节奏,尽可能多地获取信息,满足海外观众的需求。

从介绍国内嘉宾的出访缘由引入话题,是《纽约会客室》对国内嘉宾访谈的一个特点。对主持人而言,从嘉宾行程目的入手开展访谈,能够使嘉宾在访谈中尽快进入角色,达到比较好的制作效果。比如杨澜是利用她在美国哥伦比亚大学举办"正青春"论坛的空余时间参与了访谈制作;李玉刚是在纽约林肯中心演出结束后接受的访谈;傅希如是结束了新编京剧《王子复仇记》在美国纽约获奖演出后接受的访谈;田文是参加纽约电影节颁奖仪式后参与的节目制作。对访谈嘉宾而言,这种家常式的聊天,往往能使嘉宾以相对轻松的状态进入访谈角色。由于访谈嘉宾美国之行的目的大多是进行国际演出、参加颁奖仪式,或开展学术、文化交流活动,嘉宾本身处于一种轻松喜悦的心理状态之中,在这个时候制作节目,往往给嘉宾提供了与观众分享成功喜悦的机会,这种访谈心理也使节目在跨文化语境下唤醒了传受双方的美好心情,起到了良好的传播效果的作用。

(二) 角度不同,重在认同——求同存异达共识

这里的认同,尤其体现为对中华民族情感的认同。

访谈嘉宾取得的成就往往是《纽约会客室》的重点。对海外观众特别是侨二代、侨三代来说,其成长背景受到中华文化、所在国文化的共同影响,价值理念也受到多元文化的影响,对一些领域内取得成就与否的价值判断,往往更注重国际的影响力。基于此,以访谈嘉宾在国际上取得的成就作为访谈内容,更易于得到海外观众的认可。

对于"领域内取得的成就",国内访谈节目与海外华语媒体访谈节目关注的角度不尽相同。海外华语媒体关注嘉宾成就的展示,而国内访谈节目则关注嘉宾成功背后的努力。

以《纽约会客室》和《戏苑百家》对傅希如的访谈为例。

《纽约会客室》在采访傅希如时,是傅希如获得了2018年"亚洲最杰出艺人奖"(该奖由美华艺术协会与纽约文化局、林肯中心于1981年创立)之后。访谈中有这样一段对话:

傅希如:我是2016年在芝加哥的里斯剧院演出的《王子复仇记》,所以这次来纽约领奖和演出也算是第三次来美国演出。当然我对这次是最重视的,而且也是最兴奋的,毕竟奖项是有那么多前辈和大师都荣获过的。

谭琳:1981年开始颁奖到现在已经有30多位,包括非常著名的林昭亮先生,很多来过我们节目的嘉宾都获得过奖项,您也是获得了亚洲最杰出的奖项。

傅希如:我是非常惭愧!

主持人用三十分之一来表达"亚洲最杰出艺人奖"的含金量,言语之中充满了赞赏之情。在后续的访谈中,主持人几乎都是围绕着傅希如成就的取得展开访谈,从传统艺术的发展、戏曲传播的趋势、青年人对传统艺术的态度等方面,展示访谈嘉宾在戏曲行业中取得的成就。这种访谈的过程,实质是一种成就的展示、心得的分享。

在《戏苑百家》访谈节目中,主持人白燕升访谈傅希如时提到了第5届京剧大赛傅希如进入决赛的情景,白燕升主要是从傅希如从音乐剧转型到京剧的角度提问的。

白燕升:刚才在节目开始我说戏曲演员转型一定是有多方面原因的,但是我想最根本的(原因)恐怕是想改变一下生活的现状。因为戏曲相对来讲,在各种艺术门类当中还是一个较为辛苦的行当。一边是与蜚声世界的音乐家谭盾的合作机会,一边是传统的京剧大赛,你就那么看重这个大赛?

傅希如:我觉得大赛对我来说,不单单是我一个人的事情,它承载着我们全家,尤其是我父亲,还有我已经故去的义父,他们对我的期望,他们特别希望我能在大赛上崭露头角,能发挥出好的水平,取得好成绩。

主持人的关注点是探寻傅希如在京剧之路上走向成功的原因,比如白燕升在访谈中曾问道:"我想到了一个年轻人对于京剧,对于这门没落贵族艺术的一种理解,其实体现了一种坚守的尊贵。从这样一门没落的艺术发展过程当中,从自身的坚守中,怎么鼓励自己坚守下去?"这种提问方式属于原因式提问,反映了国内访谈节目的价值取向,即主持人和国内观众更希望听嘉宾讲述成功背后的故事。

不同关注点的对比,同样体现在《纽约会客室》和《杨澜访谈录》对郎朗的访谈中。

《纽约会客室》访谈郎朗时,主持人谭琳从几个方面进行提问:

> 郎朗您上次来的时候大家应该都记得,那是在2012年的伦敦奥运会期间,当时您是刚刚从伦敦回来。这一次又凑巧了,您刚刚从韩国的亚运会回来,因为郎朗是在韩国仁川举办的第17届亚运会开幕式上,唯一一位外籍表演嘉宾。
>
> 其实这已经是您第3次参加这种大型体育赛事的开幕式了,2008年的北京奥运会、2010年的广州亚运会,还有这一次。这一次和之前相比有没有什么不一样的感觉和体会?
>
> 获得联合国和平大使这个称谓,对您自己来说有哪些改变?

主持人在说到"唯一一位外籍表演嘉宾""已经是您第3次""获得联合国和平大使"等语句时,使海外观众增进了对郎朗的认识;进一步就"联合国和平大使"和"郎朗全国音乐梦"设置问题,郎朗的回答又体现出了他音乐家之外的其他社会形象,使谈话人物形象更加丰富、真实。

《杨澜访谈录》中杨澜对郎朗的采访,主题是"十年进取"。节目开始前有一段杨澜的旁白:

> 10年前我采访郎朗的时候,他的身边只陪伴着父亲一个人,而这一次,包括这些年来,无论是巡回演出还是参加各种重大的活动,郎朗的母亲更多地出现在公众的面前。一位是以狠著称的父亲,一位是默默无闻常年忍受着与爱子分离痛苦的母亲,他们两个人对于郎朗的成长究竟起到过什么样的作用?而他们的故事在过去的十年又发生了怎样的改变呢?

成长背后的故事是这期访谈节目的主基调,其中包括郎朗和父母之间的关系、父母对孩子学音乐的看法等。在节目的最后,杨澜问道:"我记得你在书里曾经写过,在你第一次接妈妈到美国来跟你团聚的时候,妈妈问了你一个问题,说郎朗你今天取得的成功是你想要的吗?我也想问你这个问题",并将访谈的落脚点放在"其实你也想改进或者是改革中国传统的钢琴教育方式,同时也让更多的孩子能够有机会接受一流的钢琴教学"。这种访谈方式,体现了国内观众对访谈类节目的观赏需求,而访谈中体现的关于家庭教育的理念、方式,往往也能引发观众的深入思考。

从国内和海外华语媒体的访谈节目关注点对比可以看出,对于嘉宾的成就,国内主持人是通过探寻原因,来发现成功的必然性和偶然性,从而引发观众的思考,引起观众的情感共鸣;而海外华语媒体的主持人则重在对成就的展示,更倾向于通过访谈让观众看到艺术、行业的发展动态。

对访谈嘉宾成就的不同关注点,也反映了面对成功,国内观众关注"为什么"和海外观众关注"是什么"的不同视角。国内鲁豫主持的《说出你的故事》在访谈李玉刚时,以李玉刚成功背后的情感故事为切入点,从父母、家庭、朋友的情感中设置悬念。而在《纽约会客室》的访谈中,主持人的关注点在男生女生的双腔唱法、李玉刚的服饰和发型等,用主持人的话说就是"我觉得所有人对你最感兴趣的,肯定除了您现在这样非常英俊玉树临风的外表,还有那种非常美艳的女装扮相"。国内主持人重"情"的访谈方式和海外华语媒体主持人重"事"的访谈方式,也从侧面反映了一种文化的不同变体,是中华文化异地再生的现实呈现。

(三)多元解读,指向明晰——多角度解读内容主体

概括来说,受众从节目中获取的基础信息是相同的,但深入思考则有差异,这种差异与不同的文化视角、不同的文化语境有关,但不论如何进行多元文化解读,最终指向都是各种文化的共性内核——在对比文化差异过程中求同。

《纽约会客室》作为海外华语媒体的访谈节目,对国内嘉宾的采访,主持人更关注嘉宾所代表领域和文化的国际影响力,进而给嘉宾提供多元的文

化视角来解读这种影响力,从而使海外观众在比较中深化对中国的认识。国内媒体则关注于行业和领域本身的发展规律。

比如《纽约会客室》对田文的访谈,主持人从《美在中国》系列形象片在国际上的认可入手,探寻该系列形象片成功的原因、讲述形象片制作的辛苦、国际化制作手法的应用,最终将落脚点放在西方对形象片的态度上。主持人在最后提出"西方年轻人到了中国之后发现,中国大城市的基础设施,还有中国自然呈现出来的景象,可能是在其他国家看不到的。虽然都是自然风光,但是中国有中国的特色和中国的美。作为一个影视制作人,您觉得中国要想讲好中国故事,最应该抓住的是什么?"主持人最后的提问,有助于海外观众对讲好中国故事展开进一步思考。

国内《文化先锋人物》主持人戴明丽在对田文进行采访时,从形象片本身的发展历程来设置问题,给观众展示了全景式的介绍。主持人问道:

> 我们看到您拍了很多这种形象片,可能在当时中国还没有,您是怎么让自己去开创先河的呢?那种美感或者是那种灵感从何而来呢?通过什么样的一种方式?
>
> 您拍的《美在广西》《美在宣城》,好像跟我们通常所看到的形象片的表现形式有一些不一样,这方面的灵感是从何而来的?

在与嘉宾的访谈中,主持人引导着嘉宾,让观众认识了形象片,知晓了形象片如何成为一个新的艺术门类,以及美感的展现方式,最终契合了"文化先锋"的节目主题。

又如《纽约会客室》在对傅希如的访谈中,主持人全程都围绕着京剧艺术对世界的影响力而展开。在访谈中,主持人提出一系列关于京剧发展、传播的问题:

> 您觉得对于京剧艺术本身在世界的传播来讲,它的意义是什么?
>
> 中国文化以西方的故事为载体,然后让西方观众更容易接受,或者是更容易领会到我们中国传统文化艺术的精髓之处。这些年

您也在致力于传统剧目的演出,包括传播。在您看来,如果在国外演出传统剧目的话,比如说和新编剧目相比,它会有一定的优势,还是说完全没有优势?

通过您的海外传播京剧的经验来看,您是不是觉得其实我们的京剧还是需要不停地去创新,或者说加入更多新的元素?

嘉宾对主持人所提问题的回答,让海外观众看到了全新的艺术——正在创新、走向世界、充满希望的京剧。访谈之外,以京剧为代表的传统文化如何走向国际市场,如何得到更多海外观众的认可,引发了观众的深入思考。

对比而言,《戏苑百家》中主持人的提问,则更多涉及京剧的专业知识。比如主持人白燕升问傅希如:

说到老生,戏很多了,您有没有自己特别喜欢的角色,或者说让自己唱戏忘情的这样一个角色?

对于京剧的华丽,还有京剧的现状,您说京剧就像一位没落的贵族,我很赞同,我想问问小傅你是怎么理解"没落的贵族"的?

白燕升在访谈问题之外,还邀请傅希如现场演唱了韵味十足的《南阳关》和如泣如诉的《鬼哭泣》。在《戏苑百家》的整个访谈中,主持人的提问更多涉及京剧自身发展的问题。

国内媒体与海外华语媒体对嘉宾文化内涵的不同展现方式,实质上是对国内观众和海外观众不同需求的满足。对海外观众而言,在异国他乡看到多样化的中国文化表现形式,观众更关心中国文化在海外的影响力,或者说这种文化在海外有没有生命力。比如《纽约会客室》对李玉刚的采访,主持人评价了李玉刚在林肯中心的演出非常了不起后,紧接着问道:"您在美国接下来有什么样的计划?因为我知道林肯中心这一次演出,应该只是您在美国的一个开始,对不对?"这一问题也引导着海外观众思考中国文化如何在国际上获得更多的认可。

(四)多样语态,统一心态——激活对话双方的共情点

《杨澜访谈录》特别节目在哥伦比亚大学录制期间,《杨澜访谈录》的主持人杨澜做客《纽约会客室》,《纽约会客室》主持人谭琳围绕《杨澜采访录》提出了许多问题,可以看作《纽约会客室》"采访"《杨澜访谈录》。国内访谈类节目主持人和海外华语媒体访谈类主持人之间的对话,让海外观众看到了不同语态、不同样态的主持风格。在访谈中,谭琳提的问题很具体,包括"当下的中国发展是怎样的"等希望获得具体描述的问题;而杨澜的回答相较而言更具整体性,给出的是整体阐述性答案。问答不同,语态不同,但都充满了对彼此的兴趣与好奇,其融合之处在于共情点被激活。

在节目开始时,谭琳表示:

> 美国中文电视的观众其实对杨老师是非常熟悉的,因为您的节目常年在我们美国中文电视播出,虽然您不常来纽约,但是我们的观众一周要见您两次。

谭琳的话使有声语言跨文化传播的研究更具现实意义。对海外观众而言,中国有影响力的播音员主持人,随着其节目在海外的播出,在海外观众中产生了一定的影响力。

访谈中,杨澜围绕走出国门的"正青春"论坛,与谭琳一起探讨了"交流"的作用,"提问"对独立思维的能力培养,《正青春》节目制作的缘由,节目播出后对海外华裔青年的影响,以及《杨澜访谈录》15年来的发展变化。

> **谭琳:**《杨澜访谈录》开播15年来,也是中国发生剧烈变化的十几年,国家形象、国力都在不断地提升和改变,我不知道这些改变有没有直接体现在您与国外采访嘉宾的交流或者碰撞当中。
>
> **杨澜:**这15年来,我感到非常骄傲的是,我和我的团队还是秉承了这样一种精神,我们希望用人物来反映历史的变迁,用访谈来记录时代的精神。

通过访谈,海外观众看到了中国访谈节目的发展变化。也正是这种记录时代的精神和拼命的作风,成就了《杨澜访谈录》的品质,包括访谈的品质、制作的品质,如同杨澜所说:"当所有都体现出一种品质的时候,你会慢慢受到尊敬""至今我非常享受做采访,我就觉得我会全神贯注地关注我对面的这个人,我对他充满兴趣,希望了解他更真实或者更多样性的一面,我会做很多的功课,去准备我的采访,如果能够找到火花碰撞的那种交流感觉,就觉得很有成就感,我一直乐此不疲。"

在谭琳和杨澜的互动交流中,双方就访谈类节目如何做出品质、如何引导受众、如何让观众受益等问题展开了充分的交流,使海外受众产生了对访谈类节目追求品质的共鸣。

节目最后的落脚点是如何向世界展示中国。

谭琳： 起初我们刚刚看到杨澜老师的时候,杨澜老师是把国外的这些风貌、风土人情、国外的世界带给中国观众。现在您是想尽办法让中国的,我们说文化产业也好,或者是中国各方面的发展也好,您是尽力地向世界展示。

杨澜： 我只是觉得这个世界需要看到中国的多面性。其实今天中国有非常强大的市场,这个市场既可能带来商业的机会,也可能带来文化和创意的机会。

访谈在"向世界展示中国和普通国外公众正确认识中国"中结束。这期节目不仅引导海外观众正确认识中国,也引发了关于如何认识中国的无限思考。

二、立足规范,融通审美——基于传播形式的语言艺术解析

经典作品的音声化已经成为当前适应传播媒介发展的有声语言传播形式,这种传播形式广泛存在于广播电视及有声语言传播活动之中。

有声语言表达水平存在于生存、规范、审美三重空间之中。[1] 有声语言

---

[1] 张颂.朗读美学:第2版[M].北京:中国传媒大学出版社,2010:2.

表达的生存空间满足基本生存需要,有声语言表达的规范空间有助于更充分地进行交流,有声语言表达的审美空间则有助于满足人们深层次的艺术追求和审美体验。基于经典诵读的跨文化传播,抛开生存空间不谈,绝大部分都处于从规范到审美的生长空间内。

(一)把握传播属性,将有声语言规范与审美功能相结合

从传播主体来看,传者在有声语言传播中将普通话与经典作品相融合,传者声音的音量、音色、语音清晰度、语速等听觉形象再现了文字作品的内容,有声语言的一音一调、一轻一重、一高一低都在传情达意,也都在体现着中华文化的美学风范。

从传播形式来看,广播电视节目中引导受众回归中华优秀传统文化常见的形式,是以有声语言传播来弘扬中华传统文化,朗读、诵读自然而然地受到节目制作者的重视,出现了《朗读者》《中国诗词大会》《见字如面》《为你读诗》等一批深受观众喜爱的语言文化类节目。对国外汉语学习者而言,在日常的语言学习或者二语习得的过程中,在诵读中感受中华传统经典诗文中的情味、意味和韵味,从而感受中华传统文化蕴含的魅力,成为提升其汉语水平的有效方式。与有声语言传播相关的朗读、诵读等语言表达形式,往往成为华人和其他外籍友人学习汉语并通过语言了解中国、了解中华文化的重要方式。

从传播受众来看,普通话作为表现情感的重要载体,本身对海外华侨华人就具有吸引力和凝聚力,他们在收听收看节目时,不仅获得了外界的信息,更获得了精神上的满足———一种源自内心深处的对中华文化的依赖。当这种心理的依赖寄托于语言表达的时候,便体现为接收符合华侨华人听觉心理和审美习惯的音声化经典。这也是许多海外华侨华人让侨二代、侨三代诵读中华文化经典作品的原因。与此同时,朗朗上口的诗词曲赋也激发了海外汉语学习者的兴趣。

在海外,朗读诵读实现了普通话与中华经典文学作品的融合,既符合受众听觉心理的审美,又实现了受众对语言和文化的融合,从而得到了更多海外受众的认可。这也为拥有有声语言传播专业能力的播音员主持人开辟了

传播中华文化的特殊路径。

(二)把握艺术属性,将有声语言规范与审美创作相结合

经典诵读中的有声语言创作,以文字语言为依据进行再创作,把文字语言转化为有目的、有思想、有感悟、有对象的有声语言。在此创作过程中,始终离不开对不对、准不准、美不美等不同层次的衡量标准。有声语言的创作过程,是将有声语言规范和审美要求相结合的过程。

朗读者将文字作品音声化,从创作角度深入理解文字背后的意思和情感,同时调动传受双方的审美感知,这不仅有利于受众深入体会文章的起承转合,品味作品丰厚的内蕴,还有助于受众直观感受作品的音韵美、节奏美和风格美。

对于国外汉语学习者而言,能够字正腔圆、语言流畅、感情饱满地朗诵中国古典诗文,成了一项衡量其语言水平的标准之一,因此,很多外国人参加"汉语桥"活动时愿意用朗诵这种形式来展现自己的汉语水平。

从语音发声的角度来讲,播音与主持艺术专业的训练方法有助于朗读者掌握语言表达技巧,使朗读语言具有规范性、情感性。从规范性来说,朗读时要尊重原作,但是声、韵、调、轻重格式、儿化、音变以及语句的声音样式,不能不讲究规范。① 从情感性来说,朗读由文字语言转化而来,比生活语言更准确、更生动、更具美感,朗读的过程中蕴含着把握文字语言、驾驭有声语言的深厚功力,这个功力恰是语言传播中最基础、最根本的功力②。朗读对语言的规范性和情感性要求,为播音员主持人在跨文化语境中发挥专业优势创造了条件,播音员主持人利用自己在语言规范方面的优势,提升外国留学生的朗读水平,使其在朗读中感受中华文化的魅力。

朗读中体现的韵律感、节奏感和气势感,以及对朗读"技巧性"的要求,让经过专业训练的播音主持从业人员、教师、学生成了外国人使用普通话诵读中华经典诗文最好的老师。所谓技巧性,就是说在诵读过程中一定要排

---

① 张颂.朗读学:第 2 版[M].北京:中国传媒大学出版社,2010:34.
② 张颂.朗读学:第 2 版[M].北京:中国传媒大学出版社,2010:4.

除简单的念字现象,而强调语言艺术再创作的实质。① 技巧性在诵读中的应用,不仅体现了语言的艺术性,还拓展了播音主持活动在跨文化语境中的作用,使外国汉语学习者能够通过播音主持的专业训练更好地体会汉语表达的韵律美和节奏感。

汉语在表达中注重感受和意韵,因此呈现出很强的韵律感和节奏感。在诵读中,诵读者能更为生动和贴切地感受到中国古典诗词中平仄起伏的韵律感和抑扬顿挫的节奏感。播音主持专业体现出的语言规范、科学的用声方法、情感表达的艺术,以及有声语言表达的创造性、音声性、规范性、情感性等,都成了播音主持在跨文化语境下提升国外汉语学习者的语言表达能力的基础条件。

(三) 把握文化属性,将有声语言规范与审美进行跨文化融合

有声语言表达是人文精神的音声化,面向海外传播时具有跨文化传播的特质。有声语言表达的审美特征、创作理念、艺术追求等,最终都纳入文化融合范畴内,具有鲜明的文化特征。

在跨文化语境中,经典诵读规范空间的重要意义在于使海外汉语学习者遵循语言表达艺术的规范,通过专业的训练方法,掌握汉语的语言特点,并表现为深层次学习汉语的愿望,体现出一种心理层面的跨文化适应,这是从语言交际的使用向中华文化认同的转变。这种认识上的深化,实际上是通过对汉语的使用,打开了理解中华文化内涵的大门。

诵读的规范空间联通着诵读的自由空间。在跨文化语境中,海外汉语学习者在欣赏节目的基础上,通常都会产生学习和展示诵读水平的心理愿望,这种学习和模仿的愿望体现了对规范性的认同。随着海外汉语学习者语言规范性的提升,诵读可选择的素材自由度越来越大,涉及的文字作品或者经典诗词的范围越来越广,体现了海外学习者的诵读创作在规范空间的基础上,逐渐向审美空间进发。

审美空间对于诵读来说属于艺术创作的范畴,需要诵读者对作品的感

---

① 张颂.朗读学:第2版[M].北京:中国传媒大学出版社,2010:7.

受力、理解力、表现力超越规范空间的要求，进入"整体和谐"的审美境界。对海外汉语学习者而言，审美空间已经从语言形式上的审美要素进入语言艺术创作层面，在理解力、感受力、表现力的基础上，通过诵读的韵律而体会文字作品的意蕴美。

在审美空间中，与相对静态和固化的文字相比，声音具有情感性和温度感。发音之初，必有情动，情感化入有声语言表达中，才会实现"情声和谐"。在理解字、词特定的情感意义后，海外汉语学习者自然会体会作品中人类共通的情感，而汉语的韵律美，又让感情与声音实现美感共鸣，从而进入诵读的审美空间，进而从诵读艺术中感受中华文化的精华，感悟中华民族和中国人民在修齐治平、知常达变、建功立业过程中培育并形成的基本思想、道德规范和人文精神，去体会中华民族的担当精神、爱国情怀、社会风尚、荣辱观念、价值标准和行为方式。

从语言艺术创作效果看，进入审美空间的诵读有助于诵读者将文字作品的"意境美"在有声语言表达中拓展为"韵律美"，使听者在视听享受中获得比自己阅读更深的理解、更具体的感受、更愉悦的审美享受。

从语言艺术规范性与审美性相结合的角度看，有声语言诵读活动能够促进语言与文化的融合。诵读的审美空间是"韵律美"与"意境美"的结合。在跨文化语境下，海外汉语学习者进行诵读活动，从语言审美讲，是通过有声语言活动来感受汉语的庄重美、含蓄美、融通美、质朴美，进而在审美享受中感知汉语在情感表达方面的独特作用，久而久之，在诵读中提升自己规范语言的表达水平。这个过程也变成了接纳中国文化思维、理解文字作品意境和韵味的过程，这更容易在一些人类社会共通的情感上引发共鸣，从而实现中华文化与世界文化在情感上的互融，有利于中华文化在世界范围内的传播。

三、善用其器，融汇文化——基于节目内容的汉语特点解析

回归到传播实践中，围绕着"音声化"的语言传播活动，我们可以梳理与之相关的一系列跨文化传播路径。

从这些路径中,我们发现,汉语在语音层面的审美特点,使普通话与文化相融密切联系在一起。播音主持与普通话之间的天然联系则使播音主持从业人员成为标准普通话的代表,这种关系既源自法律层面的规定(普通话水平测试大纲中特别提及播音员主持人应达到的级别),也来源于受众对播音员主持人职业身份的认同。基于播音主持专业的艺术性,有助于构建一种更加平和的、易于海外受众接受的文化传播模式。

(一)汉声汉韵,融汇民族特色

融的前提是了解,语言恰恰是通向这一目标的钥匙。

语言具有鲜明的民族性。对汉语而言,作为中华民族的共同语,民族性着重体现了民族特点、民族精神和民族心理。从汉语的语言特点看,汉语作为非形态语言,意象铺排、具象生动、字义精当、言简意赅、辞约义丰。[①] 从汉语的音韵特点看,汉语作为世界上最优美的语言之一,言简意赅、辞约义丰、具象生动、铺排灵通的巨大表现力,主要是因为韵律的作用。[②] 这种韵律不仅体现在文字作品中,更体现在有声语言表达中。从诗词曲赋到文言文、白话文,韵律往往反映了文学作品脍炙人口的程度,而在有声语言表达中,从宫商角徵羽到声韵调、语流音变、平仄关联等,都体现了汉语言文字音声化的特点。这些特点使汉语及普通话体现了与其他语言不同的人文内涵与特质。

比如,汉语的音韵特点,使海内外"经典诵读工程"成为促进语言与文化融合的重要方式之一。"普通话诵经典"是诠释中华优秀传统文化所蕴含的思想观念、人文精神、道德规范的重要方式,以有声语言的传播方式展现中华优秀传统文化的永久魅力和时代风采。在实施"经典诵读工程"中,播音员主持人积极投身其中,发挥播音主持专业对语言的规范作用和审美作用,在有声语言表达的艺术创作中,将中华传统文化和民族精神传向世界,将古圣先贤的思想、家国情怀与当下时代精神融合起来,使受众在欣赏有声语言艺术中,实现古与今的融合、文化与传播的融合。

---

① 李凤辉.语言传播人文精神的阙失与重构[M].北京:中国传媒大学出版社,2006:50.
② 张颂.朗读美学:第2版[M].北京:中国传媒大学出版社,2010:7.

再如,随着"一带一路"倡议的实施,普通话吸引了更多来自"一带一路"沿线国家的留学生加入播音主持专业学习之中。当外国留学生通过专业的学习和训练,能够"字正腔圆、呼吸无声、感而不入、语尾不坠、语势如潮、节奏明快、语流畅达"地表达汉语时,其在传媒领域特别是在华语传媒领域产生的影响力,超过了其在所在国母语传媒领域的影响力。拥有标准普通话传播能力的国外留学生,也提升了汉语的国际传播能力,在国际传播格局中形成新的"意见领袖"。他们通过发挥"双语"传播的优势,与我国打造的国际化传播旗舰媒体一起,成为向世界传播中国声音的重要力量。

因此,在跨文化语境中进行语言传播活动,实质是以音声化的方式传播人文精神,而以播音主持传播活动进行跨文化传播,则成了以普通话传播中华民族人文精神的特殊活动。

(二)音声记忆,融汇华人情感

在跨文化研究中,海外华文(语)媒体、华人社团、华文学校往往被称为华人社区"三件宝",从有声语言的音声记忆的角度来梳理语言和文化之间的相互作用,能够清晰地考察"宝"的含义。

有声语言的音声记忆要留存下来难度很大,这使得文化和审美的沉淀变得更为重要。关于普通话如何成为文化和审美的过程,有学者做过详细的阐释:

> 语言的时间性导致语言记忆的难度很大,而我们发现汉语的言语链在时间的链条上生成了空间性的审美维度即画面感。如果说中国诗歌的魅力在于汉字、表现手法、审美倾向三者的结合,那么,有声语言的魅力就在于汉语民族共同语言普通话、表达形式和审美理想的共建。普通话中音节是表意的最小语言单位,用声调来辨析字的异同,在音节内部元音清晰、响亮、饱满,同时普通话的表情功能细致、鲜明、丰富。这些都是西方语言表达与汉语普通话有声语言表达不能相提并论的现实依据。汉语和西方语言在语法结构上的差异,使得西方语言重视逻辑,汉语在表意的基础上重视

表情和意象。听觉中存在神奇的"第三只眼",这种感觉能力使听觉能够"看到"有声语言中的画面,这个想象的画面比视觉感知到的现实的图像更富于想象力的超越感。汉语有声语言的画面感使语言记忆成为审美活动,表现为审美感受的沉淀。①

因为汉语与西方语言在逻辑、语法、形态上的差异,所以汉语更注重感受和韵律,即听觉中的"第三只眼",进而具有传递信息、揭示感情、创造意象、表情达意的功能。中华文化在海外异地再生的时候,汉语对于维系华侨华人之间情感的作用也表现得尤为突出。

华文(语)媒体在开办初期的目的是在信息不发达的年代,给海外华侨华人提供生活生存的信息,帮助他们尽快地融入当地主流社会。而华语媒体的发展,则为海外华侨华人提供了以声音为媒介的情感依托,对海外华侨华人而言,打开广播电视,收听收看中国的消息,往往是一种精神慰藉。华人社团的作用,是形成了以汉语为主要交际语言的文化"圈子",而华文学校更是专业的汉语学校,它们通过教汉语来传播中华文化。

海外华人社区的"三件宝",无一例外地都在围绕着"汉语"传播中华文化,并通过汉语维系海外华侨华人的民族情感。这为播音主持传播活动在跨文化语境下以语言传播活动凝聚民族力量奠定了基础,通过语言传播活动在传者与受者之间的深层互动,巩固和拓展中华民族文化心理,实现语言和文化的互融。

(三)风格格调,融汇文化心理

对语言传播而言,传播的内容、本体、品位,都直接反映着人们的文化心理。在跨文化语境下,播音员主持人则通过内容、语言、品位等,影响着海外受众对中华文化的心理感知。

其一,从语言传播的内容讲,国内向海外播出的电视节目,一方面传递着中国消息、中国态度,包含着中国的文化价值取向;另一方面,央视中文国

---

① 李洪岩,柴璠.广播电视语言传播文化品位及审美趋势研究[M].北京:中国广播电视出版社,2007:73-74.

际频道从以新闻为主向以新闻与文化并重转变,将更具文化意味的生活环境、历史变迁、文化遗迹、自然风光展现给海外受众,其文化影响不言而喻。在语言传播活动中,汉语年、中国年、文化年、春节品牌活动等,几乎都是围绕着文化做文章,一系列的文化活动实质上反映了当代中国的审美取向和价值判断,便于海外受众在文化交流中了解中国文化"和而不同"的本质。

其二,从传播语言本体讲,不同的传播内容对应着不同的传播语态。新闻播音的端庄大气、历史文化节目的雄浑沉郁、综艺节目的轻快灵动,不仅反映着国内节目制作的审美取向,还影响着海外节目的传播语态。海外华语新闻播音追求的端庄大气的主持风格便是最好的说明。而语音准确规范、声音圆润动听、表达清晰流畅,则是有声语言传播活动共同追求的目标。

其三,从语言传播的品位讲,国内向海外播出的节目和海外华语媒体播出的节目,都以凝聚海外华侨华人为核心;广泛而深入的语言传播文化交流活动,是以传播中华文化为导向的;无论是传者还是受者,都体现着中华民族共同的审美理想和价值追求,从这个意义上说,播音主持有声语言传播活动为文化互融奠定了相同的文化心理基础。

综合来说,从语言文化交流的角度看,在跨文化传播活动中,播音主持传播活动将汉语语言规范、音色圆润、语流畅达的特点融入中国悠久文化、现实发展成就、丰富人文底蕴之中,使海外受众能够在欣赏节目的同时感受中国语言文化的魅力,体会普通话的音韵美、节奏美、旋律美、平仄美、流动美,进而感受中国文化的审美取向。

第三节 互融模式的构建难点与突破思路

融合就是一个从不停止、互相促进的渗透过程。[①] 在跨文化传播中,融合意味着技术上应突破障碍,文化上应彼此善待,而这要经历一个非常艰难的过程。

---

① 克莱默.全球化语境下的跨文化传播[M].刘杨,译.北京:清华大学出版社,2015:24.

一、传播技术发展迅猛,语言艺术需同步跟进

进入21世纪以来,中国新媒体得到迅速发展,在网络传播技术方面,宽带化、移动化、互动性等技术特征进一步得到强化;在网络内容发展方面,呈现出参与性、创造性、视频化等特征;在网络传播发展方面,热点迭出,博客传播、手机媒体、媒介融合、网络实名制等不断成为社会和研究界持续关注的焦点。[①] 2019年1月25日,新年首次中共中央政治局集体学习将"课堂"设在了媒体融合发展第一线,习近平总书记围绕"建设全媒体,推动媒体融合向纵深发展"主持学习时强调,推动媒体融合发展、建设全媒体成为我们面临的一项紧迫课题。要运用信息革命成果,推动媒体融合向纵深发展,做大做强主流舆论,巩固全党全国人民团结奋斗的共同思想基础,为实现"两个一百年"奋斗目标、实现中华民族伟大复兴的中国梦提供强大精神力量和舆论支持。[②] 媒介融合发展已经成为新时代媒体发展的最强音。

"视频流"化的转型趋势进一步拓宽了信息流动的国际传播平台,信息源的多元化使国内外受众获取信息的渠道不再是单一的传统广播电视媒体,受众自制的视频通过视频发布平台更容易地跨越国界传播到海外。正是传播内容制作平台的开放性,带来了广播电视节目的新变化。广播电视节目在制作过程中不但会面对来自国外同行带来的竞争压力,同时也不得不面对新媒体及其传播内容所带来的竞争压力。[③]

2019年1月30日、31日,东方卫视《看东方》、综合新闻频道《上海早晨》,成功将"两会"现场的记者连线画面通过5G传输到演播室播出。2019年央视春晚及相关节目首次基于5G技术进行4K超高清和VR直播,中国三大运营商与中央广播电视总台及华为公司携手,成功完成了春晚举办37年以来的首次5G网络4K超高清直播,也成了覆盖人群最广、人数最多的一

---

① 陈力丹,付玉辉.繁荣而活跃的网络传播研究:2006年我国网络传媒研究概述[J].当代传播,2007(1):4-8.
② 推动媒体融合向纵深发展 巩固全党全国人民共同思想基础[N/OL].人民日报,2019-01-26(2).
③ 段鹏.中国广播电视国际传播策略研究[M].北京:中国传媒大学出版社,2013:8.

次 5G 应用展示。

播音主持艺术的发展相较于 5G 技术的发展,尚未达到同步,其主持方式、叙事内容、语言风格等传播艺术的发展相对滞后。好在媒体融合不仅仅停留在技术层面,随着融媒时代的到来,作为广播电视节目中的重要一环和播出前沿的播音主持工作,如今已呈现出跨平台传播的特征,传统的广播电视媒介平台依然是播音主持工作的主要根据地,而新的互联网平台成为音视频播音主持活动新的生长地。① 随着音视频的蓬勃发展,华语主持传播已全天候、全方位地进入多介质、多渠道的平台。

接下来需要做的,就是播音主持创作工作应该适应新的技术传播语境,充分利用 5G 移动和互联网融合带来的跨国传播的便利条件,抓住"视频化"的发展机遇,加强和提升语言传播能力,更加重视受众日益提高的艺术性要求,从主流传播语态入手,以丰富的情感、高超的艺术修养讲好中国故事,传播中国声音。

二、文明互鉴需求强烈,经典音声化需全民参与

近年来,人们对文化交流的重视程度和传播理念都有了长足发展,从文化继承、文化传播、文化交流到文明互鉴,文化的传承与传播使命任重道远。相应地,讲好中国故事的前提是挖掘并学会讲故事,因此"经典诵读工程""全面参与"等倡议成为加强文化传播工作的战略性举措。

播音主持须在跨文化语境下提升文化含量并实现优质的音声转化,想要做到这点并不容易,语言传播工作者要从浩瀚的中华文化经典中选择适合音声化传播的文字作品,并将其审美理想在诵读中表达出来,实现与中国古人的对话以及与世界的对话,这种融合的影响力是巨大而深远的,但实现起来绝非一朝一夕的功夫。

从传者角度讲,需要真正掌握播音主持有声语言传播的音声化特质,熟

---

① 李洪岩.多维传播语境中播音主持的功能与拓展[J].现代传播(中国传媒大学学报),2013(8):87-90.

练掌握声韵调、吐字归音、共鸣运用、抑扬顿挫等发声技巧。

从传播途径上看,则需要拓宽播音主持有声语言传播渠道和节目创作形态,让更多喜欢中国文化、中国语言的人通过广播电视及新媒体的节目打开交流之门。

融合模式的实现路径提供了一些突破思路,其涵盖汉语国际推广、有声语言艺术创作、传播技术与艺术发展等多个领域,并需要与各个领域的工作有机结合。找准上述难点的突破口,将有助于有声语言跨文化传播活动在新一轮的国际传播竞争中有所收获,在将语言、传播、文化相结合的过程中,为海外受众提供感受中华文化的机会与平台。

互融模式的核心诉求,离不开播音员主持人和受众的共同作用,理想的传播效果是传者以有声语言传播活动传达出观念、思想、情感等内心体验,而受者则是在获取信息的同时实现听觉想象,最终传受双方在共同的语言传播创作中实现视域融合。它反映了播音主持有声语言助力文化传播的一系列路径。即使是相同题材,国内主持人与海外华语主持人的关注点、对内容的挖掘角度也会有不同,这反映了共性基础、融通情感基础之上的文化差异。在语言表达方式上,经典诵读的跨文化传播,不仅为播音员主持人开辟了以汉语有声语言魅力增强中华文化吸引力的特殊路径,还通过语言传播推进了语言规范与艺术审美、语言与文化的融合,进而推进了中华文化在世界范围内的传播。在文化传播方面,播音主持的艺术性有助于依托语言营造一种更加平和的、海外受众易于接受的氛围。

可以说,有声语言跨文化传播互融模式,基于接触,始于交流,成于认同,其传播效果的实现需要持续发力,久久为功。

第六章　有声语言跨文化传播互生模式及其实现路径

互生模式是有声语言跨文化传播模式的最后一环。如果说,互联重在产生联系,互动重在形成传播动态,互融重在彼此深度作用,那么,互生则重在产生新的事物或现象。事实上,有声语言跨文化传播活动催生了新的传受主体、新的节目形态、新的视角立场、新的风格特色等。因此,互生具有理论的拓展性和实践的现实性。

第一节　互生模式旨在推进媒体发展及文化交流进程

互生的内涵,一是新生,即播音主持活动基于国际环境、传媒技术的发展而产生新变化;二是共生,即语言传播与文化传播互相依存、互相促进。

这一观点的提出,一是基于播音主持活动并非孤立存在,它是整个广播电视及新媒体传播中的重要一环和关键前沿,大到社会语境变化,小到传播渠道变化,都会折射到播音主持活动的各组成部分中,包括语音面貌、交谈方式、风格特色等。二是基于我们对语言观的认识,语言不仅是交流的工具,还是文化的载体,因此语言既有工具属性又有文化属性。三是在跨文化传播过程中,因不同国家地区之间存在文化差异,而显得文化输出国的文化特征更为鲜明。

一、互生模式阐释

互生模式,即有声语言跨文化传播活动促成传播方式、语言风格等传播要素变化的方式,以及语言传播与文化传播互相依存互相促进的方式。这种新的变化,一方面体现在媒体的变化之中,对播音主持而言,要适应媒体的变化,拓展新的功能,形成新的语言风格,以获得更好的传播效果;另一方面,也体现在语言所承载的文化之中,多样化的语言传播活动助力文化传播。简言之,互生模式是实现播音主持活动与媒体共生、语言与文化共生的方式。

当下,跨文化传播的技术日新月异,新媒体与传统媒体既相互独立,又融合发展,多维传播语境已对传统广播电视受众进行了分流,传播技术、传播方式、传播理念相伴而生,广电媒体、互联网站、移动多媒体共生共存。[①] 播音主持作为各种传播方式中重要的一环,同样面临着多维传播语境,这也为播音主持传播活动提供了在跨文化语境下与技术互生的条件。

因此,有声语言跨文化传播互生模式的构建,体现了播音主持传播活动动态发展的概念,在互联、互动、互融、互生的基础上,播音主持活动有了更新的传播方式、话语方式、风格特色、传播功能、传播效果以及发展方向。从"四互"模式看,互生既是从互联到互动再到互融的终点,又是新的联结起点,这使有声语言跨文化传播活动呈现螺旋式上升态势,让语言传播成为中华文化海外传播的重要实现路径。

二、互生模式发展与共生的要素分析

在国际环境及媒介技术发展的双重作用下,与有声语言跨文化传播活动互生模式有关的要素越发清晰地呈现出来,大体上可以投射在传播要素、语言要素、文化要素三个方面。这三方面要素相互依存、相互发展,既为有

---

① 李洪岩.多维传播语境中播音主持的功能与拓展[J].现代传播(中国传媒大学学报),2013(8):87-90.

声语言跨文化传播活动提供了语境,又丰富了其本体构成和文化属性。

(一)新的传媒生态拓展了播音主持功能

传媒生态的新变化,推动了播音主持传播能力的提升。传媒生态从"先台后网"向"台网并重、先网后台"的转变,使播音主持传播信息、驾驭节目、提供意见、引导文化等基本功能有了新发展,主要体现在以下几个方面。

首先是传播渠道得以拓展。新传媒的发展促使传统媒体的播音主持活动适屏而"生"。2018 年,中央广播电视总台明确提出"台网并重、先网后台"的发展战略,改变了原来"电视为体、网络为用"的认识,实现了共享内容资源的平行分发。从传播方式讲,实现了传播渠道的拓展;从传播内容讲,更为多元的信息传播使播音主持的核心功能得到强化。

其次是信息传播功能得以强化。随着海外华语媒体的发展,特别是在海外华文媒体布局新媒体、App 之后,播音主持信息传播核心功能在原来传统媒体的基础上得到了强化。比如,泰国中央中文电视台《晚间新闻》完全以中国新闻为主,因为与央视联盟并且有新闻交换,央视每天都有大量新鲜的新闻素材提供给海外媒体,这无形中扩大了央视新闻在国际上的影响力,也强化了中国传播信息的功能。比如 2019 年 12 月 12 日,美国中文电视播出《中央经济工作会议:对外开放要更大范围、更宽领域、更深层次》,其消息来源为新华社。从网络传播的角度看,央视网以新闻为龙头,以视频为重点、以用户为中心的发展模式,使播音主持在新的传播生态下加强了信息传播、文化引导等功能。马来西亚《星洲日报》的百格网络平台、《中国报》的 CPTV、《欧洲时报》的视频专栏,都使原来海外华文媒体传播信息的功能在新媒体中得到了强化,获得了不同群体的认可。在合作机制方面,美国中文电视台、加拿大环球华语电视台、澳洲广播电台华语台以及马来西亚、新加坡的华语电视台纷纷加强与国内主要媒体的合作,建立华语广播电视媒体协作机制,丰富了不同文化背景下有声语言的传播途径,也培养了一批拥有新闻专业素养和标准普通话的媒体语言传播主体,客观上促进了有声语言的国际化传播。

最后是播音主持传播手段更加丰富。智媒时代衍生出新的传播手段,短视频的影响力逐步显现,使得播音主持传播功能得到加强。即时动态发布平台与电视节目相融合,出现了"过程即产品"的制作方式。比如,2018年央视体育频道和央视网共同推动前方报道产品《世界杯足迹》,央视前方报道团队利用即时动态发布平台,实时发布一线见闻和工作感言,实现了新媒体内容与电视节目融合播出的效果。笔者在采访中央广播电视总台中文国际频道主持人王洲时,王洲讲述了2019年世界园艺博览会期间"大屏"与"小屏"之间互动的亲身经历:"在世界园艺博览会开幕前,现场搭建了360度旋转的演播室。作为主播,我请嘉宾到演播室访谈,或者与探访记者互动做直接报道,这些将在整点新闻中播出。同时,我也会做小屏,拿着手机,介绍电视屏幕之外的演播室,随时记录演播室的情况,通过手机给观众一段一段地做解释,这些小视频会配合电视节目在央视网播出。"[①]

播音员主持人拿起手机录制电视屏幕之外的故事、节目的制作背景等内容,配合电视节目在网络等社交平台上播出,满足了不同层次、不同年龄阶段受众的收看需求。

(二)新的传播方式推动了播音主持的创新

新的传播方式带来了新的主持风格。以大屏小屏互动为例即可见一斑。

首先,主持人的节目风格更加大众化、平民化。2015年春晚与新媒体的互动,开启了传统电视节目走向跨屏互动的新纪元,跨屏互动通过电视屏与手机屏之间的交互作用,弥补了电视单向传播的缺点,也使受众从手机用户重新回归为电视观众,提升了观众的参与感。另外,从《中国诗词大会》第一季到第四季释放的传播红利来看,跨屏互动的效果显著。第一季,观众通过移动终端与场内选手"同步答题",还有"摇一摇"等环节,提升了观众的参与度;第二季,观众则可以通过手机看到全国有多少观众与自己一起答题,节目还通过新媒体设置了"看图猜诗词""中国人的回乡之旅——从春天开始我们读诗"等个性化的互动方式,提升节目与观众的互动效果;第三季,观众

---

① 2019年12月,笔者在北京中央广播电视总台采访中文国际频道节目主持人王洲。

不仅可以在手机屏幕上答题,还可以在电视大屏上看到答题互动的结果;第四季,在推出"我来秀照片"互动产品的同时,还将传播视角下沉到观众的诗词人生故事,带动参与上传照片的用户自发传播。从传统媒体与新媒体的互动可以看出,大众参与度的提升,促使主持人的节目风格发生着新变化。

其次,主持人意见融合功能更突出。以央视中文国际频道的《中国舆论场》为例,全球观众可以通过微信"摇一摇"获取节目线上虚拟观众席的入场券,演播室的大屏上显示虚拟观众席参与观众的微信头像,观众可以在演播室直播的过程中发表意见、提问、点赞等,节目实现了电视屏、互联网和手机屏三屏互动。《中国舆论场》不仅将新媒体和电视媒体联结起来,还形成了"网上网下"两个舆论场,使原本高大上的新闻传播更接地气。这种以网络大数据选取新闻话题、主持人在演播室与观众互动集合观点、邀请专家点评解读、最后结合话题引导观众的传播方式,使跨屏互动中的主持人将互动观点表达和提供意见的功能相融合。在整个过程中,主持人述评结合的语言风格比较轻松,更加符合了海外受众对新闻观点、新闻话题的喜好。

(三) 新的话语样式赋予了播音主持大众文化特征

新的传播手段增强了大众文化特征,更适合进行传播和海外推广。2019年,央视新闻新媒体中心推出短视频栏目《主播说联播》,将主流媒体的话语形态与短视频的网络话语形态相结合,实现了话语的日常化和平民化,并使得这种具有大众文化特征的主持方式延展到更多平台和栏目中。

《新闻联播》中严肃庄重的主播使用日常话语也是金句频出,正如主播康辉所说"该高大上时绝不低姿态,该接地气也绝不端架子",在2019年的中美贸易摩擦相关报道中有非常亮眼的表现。

相同地,海外媒体中的短视频也呈现出大众文化特征的主持风格。马来西亚《星洲日报》运营总监陈莉珍在接受笔者采访时表示,《星洲日报》自2014年开始做网络平台,后来建立了自己的小型演播室,定时推出一些视频作品,现在每天早晨9点半都会定期播出3—5分钟的《百格大事纪》或《百格呈报》,将报纸的头条新闻做成小视频播出;每天晚上7点半播出3—5分钟的《新闻大小事》。虽然是小视频新闻播报,但是它们对主播的要求并没有降低,首先是字正腔圆,其次要风格接地气。① 这种大众文化特征的播报风格也体现了海外华语媒体在扩大受众面和影响力方面的主持要求。

第二节 有声语言跨文化传播互生模式的实现路径

互生模式,旨在通过模式运行,在新事物新现象的产生中让播音主持助力中华文化传播。随着新的传播方式、话语样态的出现,全球化传播中有了对中国国际形象的新评价,有了适应世界华语传播的播音主持新形象,有了通过有声语言传播呈现出来的中华形象,也有了"汉语热"背景下语言传播的新路径。这有助于通过优化媒体传播活动、聚焦华侨华人、强化文化符号等塑造中华文化形象,体现播音主持传播活动与中华形象塑造之间的互生关系,助力更大范围的文化传播。

一、优化传播质量,适应华语传播语境

随着中国日益走近世界舞台中央,中国在国际社会中发挥着越来越重要的作用,播音主持活动在大众媒体中的作用,随着节目形式、语言形态的变化而变化。把满足受众需求、反映中国真实形象的节目更好地传播给受众,在扩大文化影响力方面发挥更加重要的作用,是新的传播形式下对有声语言跨文化传播提出的新要求。

(一)主动调整定位,明确文化属性

节目定位决定着主题内容、目标受众、话语方式等诸多方面。以央视中文国际频道为例,节目定位由"新闻"向"文化"的转变,体现了国际化传播更加注重中华文化的影响力,节目中的播音员主持人也在多样化的节目中展

---

① 2019年12月,笔者视频采访马来西亚《星洲日报》运营总监陈莉珍,重点了解《星洲日报》新媒体的运营情况。

现出新的、更适应文化传播的大众化风格。

首先,从诉诸听觉感知的语体角度看,语体是语言的各种体式和样态。在广播电视语言传播中,语体问题表现得非常明显,节目特点、语言风格、受众构成等方面都涉及这个问题。① 语言传递信息的过程也是语言表达的过程,在大众媒体对外传播的过程中,语言作为节目的一部分,其首要目的是符合海外观众的收听习惯,让观众听懂、爱听。对播音员主持人而言,其语言负载着海外受众急于了解、需要了解的信息,但考虑到海外华侨华人长期居住海外,受所在国主流文化语言风格、传播方式影响较大,为了使海外观众能够更好地理解节目播出的内容,播音主持语言需将若干信息有序排列、有效传达,在内部语言方面注意传播语言通俗化,而在外部语言上则体现为口语化。这种表达方式与国内新闻较多使用书面语的方式有所不同,却更符合华语媒体受众的接受习惯。新鲜朴实、明快洗练的语言使海外观众更易接受。因此,作为中国文化国际化传播的重要媒体,央视中文国际频道的语言风格,充分考虑了海外华侨华人的收听收看和表达习惯,在语言使用上,以通俗易懂、简单明快、逻辑清晰为主,这与美国中文电视对播音员主持人"好好说话、让人听清"②的要求相一致。

其次,从节目题材角度看,涉及衣食住行之类的生活节目更容易被大家所接受。比如,美食往往不受各类障碍的羁绊,美食类节目受到了海外华语媒体的追捧,海内外不少节目都把"吃"的问题打造成饮食文化主题,从而吸引了众多电视观众。央视中文国际频道的《美食中国》深受海外观众的喜欢;美国中文电视中美食类节目占比较高,有《亚洲色香味》《疯狂的冰箱》《美食地图》《洋厨房》《人气美食》等多个栏目,美食类节目也是美国中文电视比较成功的营销案例,制作形式也由原来的长视频向更适合新媒体传播的短视频转变;泰国中央中文电视台制作播出《中国菜馆》;《欧洲时报》新媒体则专门开设以美食为主的"食尚亚洲"微信。

---

① 李洪岩,柴璠.广播电视语言传播文化品位及审美趋势研究[M].北京:中国广播电视出版社,2007:83.
② "好好说话、让人听清"是笔者在采访美国中文电视《中文晚间播报》主持人孙滟华时,孙滟华对该节目的总结。

最后,从节目呈现方式角度看,访谈节目采用人与人之间的沟通方式,用小视角切入,呈现普通人眼中的世界,其人文观照的色彩较为浓厚。访谈类节目具有很好的文化引导功能,也是华语媒体比较重视的一类节目。特别是在跨文化语境下,海外华语媒体播出的访谈类节目,使海外华侨华人能够从节目主持人和嘉宾的对话中,找到熟悉的语言对话环境,了解当地的教育、医疗等政策变化对自己的影响,知晓中国的发展情况,节目在凝聚海外华侨华人的民族意识方面起到了重要作用。比如美国中文电视的访谈节目有《纽约会客室》《洛城会客室》等。泰国中央中文电视台的访谈类节目往往是用中泰双语播出的,如果受访者是泰国商业精英中的华裔和国内的商业精英,那么主持人则用汉语采访,播出的时候也用汉语播出,这也体现了泰国中央中文电视台传承中华文化的初心。

(二)区分栏目类型,力求风格多样

不同类型的栏目会体现出不同的语言表达特点。对华语媒体而言,需要适应新的传播形式,区分栏目类型,力求风格多样,便于受众区分和接受。

以央视中文国际频道为例,各类栏目始终以大众化的风格进行创作,以平民化的姿态关注普通人的生活,拉近了与海外华侨华人的距离。[①] 随着央视中文国际频道从以新闻为主向新闻和文化并重的转变,节目中多种语体相互渗透、相互组合,在节目的定义和划分上也就产生了复合式的语体标准。

其一,新闻节目风格严谨,语言规范。新闻节目播音风格字正腔圆、端庄大气、权威严谨。比如《今日关注》提出的"用最标准的普通话向全世界来播报新闻",既在跨国、跨文化的有声语言传播中代表国家语言形象,又在海外观众中树立起语言使用模仿的标杆,对央视中文国际频道的主持人来讲,这是基本的要求。《中国新闻》《今日关注》《今日亚洲》《今日环球》等新闻类节目都具有这种主持风格。笔者在采访《今日关注》(原《中国报道》)主持人王世林时,王世林对节目的新闻性和权威性进行了解读:

---

① 马超.华语电视媒体对外文化传播实践研究[J].教育传媒研究,2018(4):67-70.

很多研究中国的外国学者专家,是通过《中国报道》节目来了解中国政府对一些问题的观点的。为什么他们看中我们这一档节目?我觉得跟节目的操作模式有关系。第一是新闻性,这是我们的原则,时效一定要快、要有时效性。第二是权威性,对于国际问题我们都是请中国最顶尖的智库,或者是大学里面某一方面的专家来解读。这种权威性保证了我们对国际问题的看法,代表了一定的主流或者是政府的观点……再加上我们正面报道的原则。所以它成了很多外国人、外国专家,还有海外观众爱看的节目,成了高收入阶层、决策阶层、精英阶层非常喜欢的一档节目。①

从海外媒体的功能来看,新闻类节目都是媒体比较重视的版块,其制作形式或是通过央视和新华社获取新闻资源,或是根据新华社、央视的报道口径以及当地受众的喜好和需求制作新闻。虽然不同地区的华人受众对新闻关心的侧重点不同,但其栏目类型、表达特点等都对标中国国家级电视台,形成了既多样又统一的新闻播音主持风格。

比如,泰国中央中文电视台新闻类节目每天有三档,分别为《早间新闻》《午间新闻》和《晚间新闻》,节目中80%是中国新闻,20%是泰国新闻和一些国际重要的时事新闻,《晚间新闻》对中国新闻的报道达到90%以上。② 这种播出方式,强化了泰国中央中文电视台对中国新闻报道的权威性。《晚间新闻》用泰语、汉语和英语三语播出重要的消息,其中,汉语播音主持工作人员大都来自中国,其语言表达特点同样体现了明快新鲜的特点。

美国中文电视的《中文晚间播报》是其王牌节目,用华语报道当地发生的新闻,用华语传播主流社会的动态(包括各个地方颁布的重大决策、法案等),已经成为节目最鲜明的特点。比如,2020年4月播出的《纽约医生的抗疫日记:从前还回得去吗?》《旅客乘机时须戴口罩! 美国主要航空公司纷纷推新规》《疫情补贴知多少? 看看哪些你可以领!》等报道,既有新闻视角,又服务于当地华人,因而获得了一定的收视率。该台的播音员主持人大多来

---

① 2019年11月,笔者在北京中央广播电视总台采访中文国际频道主持人王世林。
② 2019年10月,笔者在泰国曼谷泰国中央中文电视台总部采访新闻主播马也。

自中国,语言表达风格也与中国一脉相承。

其二,文化类节目的主持人体现了有声语言在审美层面的要求,是主持人对不同节目内容的审美理解,并将对节目的审美理解体现在语言表达的重音、语气、节奏、韵味等方面,从而形成与文化传播相适应的、海外观众易于接受的大众化风格。在央视中文国际频道《国宝档案》《远方的家》《中华医药》《国家记忆》等节目中,主持人"稳重大方、亲切自然、轻松活泼"的主持风格更能令海外受众感受中国文化的魅力(详见表6.1[①])。

表6.1 央视中文国际频道部分文化类节目主持信息表

节目名称	节目特性	节目内容及主持人作用
国宝档案	历史揭秘类	主持人在演播室中讲述国宝的历史故事。作为文化类节目,主持人的语速自然比新闻类节目要慢,有助于故事娓娓道来,在讲述中将历史的厚重感凝练到语言之中;专家点评时以亲历者的身份参与到节目之中,配上示意图、地形图,观众能够在故事中更好地理解节目体现的文化内涵。
中华医药	健康养生类	既符合人类对健康、养生的共同追求,又展现了中华医药文化的博大精深,深受海外观众的喜爱。节目中主持人发挥嘉宾与海外观众之间"中介"和"桥梁"的作用,在亲切自然的语言表达中做好嘉宾答疑解惑的帮手、展示医药模型的助手,当好观众求知的代言人,在故事情境中通过讲解中医药知识体现文化性。
远方的家	自然旅游类	以主持人和当地旅游达人为搭配,通过互动体验来展现祖国的大好河山、人文景观、风土人情。主持人以饱满的热情和充沛的感情融入节目之中,真情流露出对自然、民俗、饮食的喜爱,轻松活泼的口语化表达体现了对自然之美、人文之美的欣赏,从而使海外华人看到故土家园,跟随主持人在体验互动中释放思乡情怀。
走遍中国	都市生活类	从纪实的角度向海外观众介绍中国发展的真实成就,节目围绕创新中国、人文中国,集中反映当代中国政治、经济、文化生活的方方面面。主持人语言风格快慢结合,错落有致,稳重大方,一方面帮助海外观众深入了解中国在改革发展中的建设成就,另一方面从发展成就中激发海外华侨华人的自豪感。

---

① 根据央视中文国际频道播出节目整理分析。

续表

节目名称	节目特性	节目内容及主持人作用
中华情	综艺文化类	将现代化的都市、历史文化名城与古典民俗风情、时尚动感歌舞结合起来,主持人介绍城市时规范严谨,串场时生动活泼,用语言来实现历史与现代的转换,让海外观众在现实与历史、民族与国际、古典与现代中享受文化艺术永恒的价值。
快乐汉语	汉语学习类	突出电视的文化教育功能。每期以一个汉字为例来讲解字的内涵,由内涵外延到相关的文化知识。主持人在节目中担任班主任,专家担任传道、授业、解惑的导师,6位同学则是来自不同国家的中学生。主持人活泼开朗、简明大方的语言风格,与生动幽默的节目形式共同形成了轻松愉悦的学习环境,寓教于乐的学习氛围提升了海外汉语学习者的学习兴趣,收到了较好的传播效果。

类似地,其他省市地方电视台制作的电视剧、娱乐类节目也都通过各自的国际频道,或与海外华语媒体合作的形式在海外播出。电视节目的国际化传播,伴随着极具辨识度的华语播音主持语言创作活动,向海外传递了中国的传统文化、悠久历史故事、当代发展成就、文化价值理念,正在形成新闻、综艺、文化等多领域的输出局面。

二、强化华人符号,聚拢华语文化圈层

华语媒体所在地区及所覆盖区域,无论是节目对象、节目内容、使用语言,还是角度观念,大都带有鲜明的华人符号特征。他们在进行跨文化传播过程中,强化了华人符号,凝聚了华语文化圈层。

(一)关注华人社区,服务华侨华人

海外华语媒体在开办初期,其宗旨大都是为华侨华人和新移民做一些服务,报道华人社区的消息,针对的受众主要是华人圈子。后来逐渐发展成为华侨华人发声、沟通华侨华人情感的媒体。

美国中文电视主持人谭琳表示:"一些主流媒体也会通过网站搜索的方式,来分享美国中文电视新闻报道的内容。对中国文化感兴趣的外国人也

会通过美国中文电视来寻找一些关于中国饮食文化、中国语言文化类的节目。"①

同时,打造华人熟悉、认可、信赖的主持人也是服务华侨华人的重要举措。播音员主持人作为电视节目的重要组成部分,海外华语媒体一般都会有专门从事播音主持工作的人员,另外还有一部分出镜记者。一些影响力比较大的华语媒体,也会对播音主持进行专门的区分,比如新闻主播、节目主持人等。

美国中文电视区分了不同类型的节目主持人,包括新闻主播、节目主持人和出镜记者。主持人的专业学历不一,年龄构成方面呈现年轻化趋势,专业以播音主持、新闻等传媒专业为主,主持人都有从事播音或新闻的工作经历。

马来西亚国家新闻社《华裔新闻》的主播比较多元化,一些制片人还身兼新闻主播的职位,有时也会采取外包的形式礼聘新闻主播来播出新闻。礼聘的新闻主播不属于电视台的雇员,其主要工作就是播出新闻的时候来电视台播报新闻,类似于特约新闻主播。NTV7则拥有自己的新闻节目主持人,其中有一位华语新闻主持人是马来西亚本国人。马来西亚的新闻主播80%是媒体系本科毕业,拥有较好的新闻专业素养;作为华语主播一般会在上岗前有半年左右的语音专业培训。②

(二)强化华语播音主持文化符号特征

华语媒体在海外除了传递信息之外,还发挥着传播中华文化、加强汉语国际推广的作用。

从文化传承功能角度分析,节目主持人也承担着文化传播大使的作用。美国中文电视节目设置的总体思路是用华语介绍中国信息和华人故事,体现了积极传播中华文化的媒体形象。其播出的节目旨在让侨二代、侨三代在海外非母语的环境中接触汉语,增强汉语使用能力。这背后的原因,是越

---

① 2019年4月,笔者在纽约曼哈顿美国中文电视总部实地采访《纽约会客室》节目主持人谭琳。
② 数据来源于2019年12月笔者对马来西亚《中文报》副总编辑甄子权和《星洲日报》运营总监陈莉珍的采访。

来越多的华侨华人认识到汉语在国际传播中的重要性,希望通过华语电视来了解自己祖籍国的文化、语言,这也是在跨文化语境中增强身份归属感的一种渠道。

包括教育类节目在内的很多节目也都承担着类似的功能。美国中文电视自己制作的综艺类竞赛节目《天生我才》,通过乐器组、舞蹈组、声乐组、达人组的比赛,促进了华侨华人之间的交流,也让美国本土观众感受到了中华传统文化的魅力。一些华裔小朋友通过观看、参加《天生我才》节目,慢慢开始说汉语、背诗词、学中文,起到了促进他们学习汉语的作用。华侨华人往往在观看节目时,也引导自己的孩子观看这类节目,孩子们看到同龄人会说中文、会背唐诗、会用中文说单口相声,激发了他们好好学习中文、说标准普通话的热情,在学习中潜移默化地接受中华文化的影响。节目中还专门设置了小主持人比赛,拥有播音主持专业知识的主持人会在比赛中教参赛的小朋友说普通话,进行仪表、台风等方面的辅导。

泰国中文电视台节目主持人体现的中国符号更加有特点。为满足泰国观众的需求,在泰国中央中文电视台播出的节目中,汉语主持人通常用泰语来主持节目。泰国中央中文电视台新闻主播马也表示:

> 作为中泰双语节目的主持人,用泰语来做节目主持,与在母语环境下做新闻播音主持的心态完全不一样。主持人在节目中要顾及传播文化,还要顾及语言,在节目播出过程中遇到观众在Facebook上的留言,还要从中国的角度及时进行答复,这种回复从某种意义上代表了中国的观点和态度。[①]

在跨文化语境中,面对双语主持的节目,汉语主持人坐在主播台上,就体现了中国符号,观众看到中国主持人,就感觉到了中国的影响力。在文化的传播上,主持人作为一种文化符号,本身就在潜移默化地影响着受众。主持人在节目中首要的任务是改变泰国观众对中国的看法,消除其他媒体对中国不客观、不真实的报道造成的负面影响,让泰国观众在中国新闻的报道

---

① 2019年10月,笔者在泰国曼谷泰国中央中文电视台总部采访新闻主播马也。

中,看到真实、客观、全面的中国形象。

马也讲到主持人的中国文化符号时举了一个例子:

> 在泰国中央中文电视台中,节目的中国主持人说泰语并不能让大家感知到中国文化符号,但当观众问他"学习汉语难不难?能不能教我说汉语?有没有空推荐一个学习汉语的中文班"时,主持人自然便成了观众眼中的中国文化符号。①

这说明观众通过节目接受了中国主持人的形象,也体现了观众对中国文化的接受和认可;受主持人的影响,观众会对中文、对汉语产生浓厚的兴趣。这些年学习汉语的泰国人越来越多,到中国旅游的泰国人也越来越多,也从一个侧面反映了汉语影响力的扩大。

在海外做华语的传播者,播音员主持人本身就体现了很强的文化性。他们或者通过语言传承文化,或者通过语言的传播让海外华侨华人有归属感,或者通过节目中展现的内容来传播文化的意境和内涵,或者就是单纯地发挥个人的作用,以自我的形象体现中国文化元素和符号。

(三) 促进华语文化圈和本土传媒圈之间的融合

在跨文化语境下,不同的节目形态都有不同的传播语态,而不同的传播语态在共同塑造着中华形象,这体现了语言与当地文化、播音主持与中华形象的共生。

海外华语媒体播出的节目一般有三种类型。

第一类是中国新闻报道。这类节目及时反映中国国内的消息,其来源一般为央视和新华社,传播口径基本与国内相同,比如美国中文电视中有大量来自央视和新华社的消息;在新闻报道中华语媒体还会关注到当地华人的消息及所在国出台的政策对华人的影响;有些还会报道一些所在国的新闻,主要是向华语受众播出,比如马来西亚的《新闻抢鲜报》和《华语新闻》等。

---

① 2019 年 10 月,笔者在泰国曼谷泰国中央中文电视台总部采访新闻主播马也。

第二类是海外华语媒体自己制作的品牌节目，比如美国中文电视的《纽约会客室》《安家纽约》，马来西亚 NTV7 的《活力加油站》《环球透视》《小心有诈》，泰国中央中文电视台的《华人故事会》《中国戏曲风采》等。

第三类则是从中国引进的电视剧、动画片、综艺娱乐节目等，如泰国中央中文电视台引进的安徽卫视的《男生女生向前冲》、美国中文电视引进的电视剧《遇见幸福》等。

就播音主持风格而言，它往往和节目的形态相关。以新闻播音为例，在我国，新闻播音最基本的要求是字正腔圆、语音规范，同时比较注重节目的质量和主持人的个人素养。而海外华语媒体对新闻主播和节目主持人在语音方面的要求往往不像国内节目那样高，新闻和其他节目的主持风格也比较随意。

比如，泰国中央中文电视台纯中文的节目比较少，中国播音与主持艺术专业毕业的学生在泰国并没有很强的刚性需求。加上泰国的大学里没有播音与主持艺术专业，主持只是艺术表演专业的一个分支，因此泰国中央中文电视台对主持人并没有严格的要求。泰国中央中文电视台的主持人马也在接受采访时，用"完全放飞自我"来形容自己主持节目的风格。虽然着装、化妆、发型比较严谨，但主持风格上完全与严谨无关，这也与泰国观众的收视习惯有很大关系。中国观众在看电视的时候，希望通过电视节目学到知识、得到启发，是一种"想要得到什么"的心理状态；但泰国观众在看电视的时候，是想把负能量都丢弃掉，属于"放松身心"的心理状态。[①]

在马来西亚华语媒体人陈贞团看来，当地华语新闻的播音员虽然用普通话进行新闻播报，但对语音方面确实没有特别高的要求。他认为，马来西亚主持人的语言很多时候无法达到像中国主持人那样的专业水平，很多华语播音主持的语音面貌都是在入职以后通过自己学习或者去跟专门的语音老师去纠正的。[②] 在 NTV7 和八度空间（马来西亚的华语电视频道），播音员和主持人可以在节目中比较自由地呈现自己的特点，包括手势、表情等一些

[①] 2019 年 10 月，笔者在泰国曼谷泰国中央中文电视台总部采访新闻主播马也。
[②] 2019 年 12 月，笔者视频采访原马来西亚 Media Prima 的华语新闻及时事组总监、英文星报媒体集团属下星报电视监制，现数码媒体商业咨询顾问陈贞团。

非语言表达,都体现出比较自主、自由的主持风格。在 NTV7 一些综艺类栏目中,比如《追踪档案》《食在好玩》《寻找天使》等,主持人通常由外景记者担任,主持人的风格更多地体现为记者的外景采访风格。

马来西亚 NTV7 的新闻主播杨丽莎在接受笔者采访时表示,中国新闻节目主持人非常专业,相比之下,马来西亚华语媒体中既懂时事新闻又能用普通话播新闻的非常少。马来西亚华语媒体的新闻主播在节目中通常发挥媒介作用,把有用的信息传递给观众,这就要求新闻主播以观众喜欢的风格去播报节目,通常的要求就是"简单明了,把话说清楚"。① 然而,新闻主播的形象并不是一成不变的,在马来西亚首要媒体集团八度空间频道的《学霸》节目中,作为主持人的杨丽莎则在节目中一改播报新闻时不疾不徐的文静形象,呈现出大方活泼的主持风格。正如节目中她自己对观众讲的:"主播是一种很文静的形象,如果你到户外去主持就要跳出文静的框框,体现活跃、活泼的主持风格。"

受众的差异性也决定了节目主持风格。泰国中央中文电视台的新闻类节目在插播 VCR 或者视频素材时,除非导播说"停",其余时间主持人都可以自由发挥。现场主持的风格也比较随意,通过"聊天"的形式播出新闻,这也是泰国中央中文电视台的一个特点。与泰国其他媒体喜欢采访有话题、有流量的明星不同,泰国中央中文电视台访谈类节目主要是对泰国华裔成功人士进行访谈,这也使节目拥有固定的观众群体,主持人一般都围绕着中国文化对成功人士的影响展开,语言风格比较轻松随意。

(四)发掘语言功能,力求文化认同

华语媒体以"汉语普通话"凝聚海外华侨华人,而多样化的节目则在普通话的基础上丰富了海外华侨华人对中华民族丰富文化的认同。有学者认为,海外华语媒体对海外华侨华人的民族文化认同建构所起的作用为塑造认知环境、提供解释框架、树立价值标准、涵养反思能力。②

---

① 2019 年 12 月,笔者视频采访马来西亚首要媒体集团 NTV7 的新闻主播杨丽莎。
② 丁和根.海外华语传播与中华民族文化认同的建构:兼论华文媒体的特殊作用与发展进路[J].新闻界,2017(9):73-80.

在塑造认知环境方面,如何引导海外受众准确、客观地认识发展中的中国,是海外华语媒体在国际传播中肩负的重要职责,也是构建民族文化认同的基础。比如,央视中文国际频道坚持"传承中华文明、服务全球华人"的宗旨,秉持"有大事,看四套"的新闻传播理念,将中国对国际事件的解读、对中国新闻的报道作为海外华侨华人掌握和了解中国情况的窗口,《今日关注》《中国新闻》《走遍中国》等栏目的主持人成了海外观众熟知的主持人,他们用标准的普通话,每天向海外观众传递国内外新闻消息,提供解读新闻的中国视角,全面地展现了中国形象,使海外观众脑海中的中国更加具体,进而增加了对民族文化的认同感。作为直接面对所在国华人群体的大众媒体,海外华语媒体除了从不同视角、不同渠道传播中华文化之外,在新闻报道、节目制作等方面,围绕当地主流社会的消息,反映华人社区动态、传递华人对所在国的态度。对于播音员主持人来说,适应不同媒体的特点,在华语媒体中服务好华侨华人,这是国内媒体力所不逮或力量薄弱之处,也恰恰是借助海外华语媒体延伸传播影响力之处,此延伸对国内媒体影响力而言是新的拓展。

在提供解释框架方面,央视中文国际频道以平民化的视角,从中国普通老百姓日常生活的变化反映社会的变迁,用人类共通的情感去讲述中国的人、中国的事。在《外国人在中国》《文化之旅》《中华情》等节目中,制作者和主持人更加注重人文关怀,将人、景、乐融入节目,展现了节目的国际化、民族化、大众化特征,从而满足了海外观众了解中国现状、感知生存状态、体悟传统文化的多元需求。而在海外华语媒体中,则更多地在节目中体现出的华人视角。比如在美国中文电视中,每年的9月份总会有几期节目集中报道"9·11"恐怖袭击之后的纪念活动,报道的视角一方面体现美国主流社会的纪念活动,另一方面则从服务华人的视角报道"9·11"事件中华人受到的影响。比如2014年9月11日,美国中文电视有两条与"9·11"相关的新闻,一条是《世贸遗址归零地举办"9·11"纪念活动》,介绍了美国主流社会当天在世贸遗址归零地举行纪念活动。另一条则是《"9·11"影响仍在 华埠经济复苏缓慢》,"9·11"事件给紧邻世贸大厦的华埠带来了沉重的打击,13年过去了,华埠社区的经济社会都发生了重大变化,如今的经济状况是否有所好转呢？围绕这个主题，美国中文电视专门派华人记者去华埠走访，形成了有分量的新闻报道，播出后在华人社会引起了较大反响。特别是主持人在新闻中真诚、平实的话语风格，以及对华埠社区尽快转型发展的期待让很多华人都深深地感受到不同文化氛围下，华语主持人在华人社区中发挥的凝聚作用。

在树立价值标准方面，央视中文国际频道坚持将文化传播作为海外传播的重要方面，制作了《远方的家》《华人世界》《文明之旅》《中华医药》《记住乡愁》《国宝档案》等一系列文化类节目。主持人或以讲故事的叙事方式，或以实地走访的互动体验，引导海外受众感知中华传统文化、领略文明古国的现代魅力，形成特定的情感倾向和价值观。央视中文国际频道创办以来虽几经改版，但文化内涵的传递却在逐渐加强，文化类节目从传统文化、历史古迹、中国成就等角度，完成了对历史的、现实的中国形象全方位的构建。如《记住乡愁》通过古镇、村落里的一个个历史故事、家庭现实生活，用背景解说、讲述和外景主持人采访的方式，挖掘传统的乡规民约、行帮规范、家风祖训，有效串联起散落的文化基因片段，探讨中华优秀传统文化以怎样的形式"活在当下"，以此唤醒海内外华人心中浓郁的乡愁情感；《走遍中国》则紧扣时代脉搏，讲述当代中国故事，突出了中国故事的国际化表达。

在涵养反思能力方面，央视中文国际频道始终围绕提升中国新闻信息、增强文化影响力、促进文化传播等方面影响海外受众。海外华侨华人在熟悉的母语环境中听中国的新闻、看中国的故事，在所在国主流文化的氛围中区别中华文化与主流文化，在节目主持人的引导下，正确看待国际事件，在反思中体会中华传统文化的精髓、中华文化带给世界的引领方向，从而正确处理主流文化与中华文化之间的关系，在"和而不同"的文化内涵中，更加积极地参与到所在国的经济、政治、文化生活中，在中华民族文化认同中促进世界各种文化的交流互鉴。

《今日关注》主持人王世林在接受笔者采访时，谈到了央视中文国际频道对海外华侨华人文化认同构建起到的作用：

作为一档华语的对外宣传类节目,它针对的是海外的华侨华人。海外的华侨华人在那个时代,他们心中的爱国情怀、爱国情结非常浓厚。他们有一句话叫"欲知家乡事,就看中央四",一有大事我们就直播……《中国报道》报道了中国的发展,也见证了中国的崛起。我们把这个过程,把整个内容传播出去,让海外的华侨华人一起见证,一起陪着祖国成长,增强了他们的民族自豪感,增强了他们对祖国发展的信心。更多的"海归"能够回到中国来,我觉得也跟我们节目的宣传有着密不可分的关系。①

在有声语言跨文化传播中,海外观众通过有声语言艺术创作塑造的中国形象、百姓生活、文化传承,增进了对中国的了解,加深了民族共同意识,构建了新时代海外华侨华人对中华文化的民族认同。借助传统媒体和新媒体平台,纠正有关媒体的恶意谣言,发挥舆论引导作用,将有助于在共同事件中,凝聚海外华侨华人的力量,从而为建构民族文化认同形成较好的社会环境。这也为实现中华民族伟大复兴的中国梦凝聚了精神力量,扩大了以普通话为代表的有声语言传播范围,使世界上更多的人通过央视中文国际频道看到了真实、客观、全面的中国形象,有效提升了中国的国际影响力。

三、寻找不同视角,助力中华形象塑造

(一) 节目立意与选题围绕华人群体展开

在新闻类节目中,央视中文国际频道从录播《中国报道》到直播《今日关注》,从《中国报道》"向世界报道中国,以中国人的视点报道世界"到《今日关注》"您所关心的正是我们所关注的",传播理念更加国际化。《今日关注》对国际事件的关注和解读,一方面体现了中国对国际事件的参与度不断提升;另一方面更多关注"一带一路"的发展、新型大国关系、构建人类命运共同体。这实质上是用不同视角塑造国际传播中的中国形象。

---

① 2019年11月,笔者在北京中央广播电视总台采访中文国际频道主持人王世林。

对访谈类节目而言,在跨文化背景下做好海外的访谈节目,难度要大于在国内做访谈节目。其中,邀请嘉宾是最大的难题。比如美国中文电视的《纽约会客室》,一星期要播出4期节目,每年需要在美国纽约邀请200余位有影响力的华人来做节目,这对节目组来说是比较困难的。但正是这种"难",体现着观众对访谈节目的需要,这也是《纽约会客室》成为王牌节目的主要原因之一。

访谈嘉宾广泛的来源构成和专业背景,建构了《纽约会客室》的华人形象。《纽约会客室》邀请的嘉宾全部为华人,教育、文学、音乐、美术、电影等与社会文化相关的领域均有所涉及,他们一般都是在国际上某一个专业领域有影响力的人物(详见表6.2)。

国际著名舞蹈家安诺、哥伦比亚大学教师学院中国教育研究中心主任程贺楠博士、中外文学文化关系专家纪建勋、雕塑艺术家谈思远、世界健美冠军王伟、第一个闯入纽约时装界的中国设计师韩枫、青年批评家管韶爽、中央美术学院教授章燕紫等,都曾做客《纽约会客室》。嘉宾在与主持人的对话中分享其成长经历、个人成就,实际上是以访谈的形式展现了华人在各个领域取得的成就,也体现了中华文化对世界多元文化的贡献。

表6.2 《纽约会客室》部分访谈嘉宾列表①

节目名称	采访嘉宾	身份或专业领域
心灵舞蹈	安诺	国际著名舞蹈家
杜威与中国近代教育	程贺楠	哥伦比亚大学教师学院中国教育研究中心主任
香蕉引发的思考	管韶爽	青年批评家
中国礼仪之争	纪建勋	中外文学文化关系专家
镜头看中国	肖全	被称为"中国最好的人像摄影师"
空灵之箜篌	月亮	箜篌演奏家
神与科学	田雅竹	《根本志》创始人
虚实之间	谈思远	雕塑艺术家
城市的别样景观	白梦帆	油画画家

① 根据美国中文电视播出访谈类节目《纽约会客室》整理分析。

续表

节目名称	采访嘉宾	身份或专业领域
健与美中成长	王伟	世界健美冠军
东方芭蕾	上海芭蕾舞团	芭蕾舞
修飞机的健身达人	梁远鹏	健身教练
谱写时代乐章	陈丹布	作曲家、钢琴演奏家、扬琴演奏家
纽约华语电影节	孙微纳	纽约华语电影节创始人之一
创作我的音乐	王萌	华语流行音乐作曲家
搭建欧亚艺术桥梁	徐栎栎	国际文化艺术项目策划人
大梦敦煌	兰州舞剧院	舞团
医药艺术	章燕紫	中央美术学院教授
融贯中西	韩枫	第一个闯入纽约时装界的中国设计师
漫谈美术教育	陈龙斌	书雕艺术家
女性艺术家的坚持	张改琴	中国书画艺术家
让世界了解中国音乐	俞峰	指挥家
舞蹈的深层次表达	张慧望	表演艺术家
如何令身心健康	朱封越	体能训练师
推动民乐发展	林晓沁	古筝演奏家/音乐策划人

(二) 节目内容勾画中国的时代形象

电视访谈节目在一定意义上履行了大众媒体对社会的影响和干预责任。[①] 无论是国内向海外传播的访谈节目,还是海外华语媒体自己制作的访谈节目,嘉宾都从各自领域出发,向观众展示了不同领域的发展成就,包括行业发展的动态、国际前沿的标准、世界对中华文化的态度等;也探讨了教育、艺术、文学等领域在当下的发展问题,实现了媒体的咨询、知识、审美等社会功能。节目在关怀和引导受众的同时,也构建着屏幕内外最真实的中华形象。

比如,央视中文国际频道的《华人世界》,将宏观视角和微观视角相结合,报道海外华侨华人的工作生活。宏观视角从政治、经济、文化、社会生活

---

① 熊征宇.电视访谈节目主持人传播能力解析[M].北京:中国广播影视出版社,2015:37.

等方面展示了当代华侨华人在世界各地的信息,反映了华侨华人在当地的生活状态,构建了较为全面的动态形象;微观视角则从饮食、华人商会、参与"一带一路"建设的工作人员入手,展现了中华的美食文化、华侨华人在海外拼搏奋斗的精神。比如,"一味一世界"以美食为题材,"'侨'这四十年"系列报道则反映改革开放以来华侨在海外的生产生活变化。视角虽小,但展现的内容丰富,特别是在异国他乡帮助其他国家和民族的人民改善生产生活条件做出的努力。节目通过一个个乐观向上、吃苦耐劳、积极奋斗、努力拼搏的形象,塑造了中华民族热爱祖国、团结统一、爱好和平、勤劳勇敢、自强不息的民族精神。无论是宏观视角的全球华人资讯,还是微观视角下华人在海外的经历,《华人世界》都真实地构建着媒体中的华人形象,既在全球化中展示中华文化,又通过一个个鲜活的、具体的个体来形成整体的中国形象,在国际传播中取得了较好的传播效果。

比如,"'侨'这四十年"系列报道主要是反映改革开放以来,海外华侨华人抓住国内对外开放的机遇、积极推进中国与其他国家的贸易合作、在海外创业打拼获得成功的故事。节目制作以主持人讲述海外华侨华人的成功故事为主,通过外景画面加访谈的形式来塑造人物形象。如2018年12月26日的节目,讲述了老挝中华总商会会长姚宾的故事。节目开始时,主持人用画外音介绍了姚宾在改革开放后,从广东到老挝做进出口贸易,逐渐成为当地颇具影响力华商的过程;然后记者采访姚宾,姚宾讲述了改革开放对他个人发展带来的机遇;接着主持人探寻姚宾成功的道路,姚宾讲述成功的路上如何解决一个又一个的问题,而这一切问题的解决、每一步的发展,都离不开中国改革开放带给企业发展的政策红利;节目最后,姚宾由衷地感谢改革开放的政策让海外华侨华人受益。

又如,"筑梦一带一路"系列报道,主要以参与"一带一路"建设的中国企业一线工作人员为素材,讲述他们参与"一带一路"建设的故事。故事中每一个人物可能都不起眼,但从他们身上,我们可以看到不平凡的中国精神。2018年11月9日的节目,讲述了中国地质工程有限公司工程师潘式敏的故事。潘式敏参与建设了卢旺达最高的农田水利大坝,在大坝建设过程中培养了很多卢旺达本地钢筋工、木工、瓦工、给排水工等技术人员,建成的水利工程受益群众达1000多人。在"筑梦一带一路"系列报道中,每一个人物背后都有自己的故事,他们带着自己的技术、专业特长,随着"走出去"参与"一带一路"建设的企业,在"一带一路"沿线国家的交通、水利、能源等领域奉献着自己的聪明才智,也为改善当地居民的生产生活条件贡献着自己的力量。

《华人世界》将他们的故事呈现到海内外观众的眼前,也通过一个个平凡的人物形象,构建起了"共商、共建、共享"理念中的中国形象。

还如,美国中文电视的品牌节目《纽约会客室》,以访谈对话的形式向观众构建着具体、鲜活的中国形象。

在《纽约会客室·中国舞蹈的国际化》中,访谈嘉宾是中国国家一级舞蹈编导王舸。王舸为了准备中国国家大剧院的一部特约剧目,特地去百老汇参观学习。主持人谭琳与王舸就中外艺术的交流进行了对话:

谭琳:您是为了明年在中国国家大剧院要上演的一部特约的剧目《天路》来做准备。因为您是舞蹈编导,为什么选择百老汇这种音乐剧,或者说是戏剧的这种表演形式来作为参考?

王舸:是这样的,我在国内做的舞剧,都是戏剧性很重的,和百老汇音乐剧的这种戏剧观念或者戏剧感受,我觉得是相通的,所以我来找寻我自己在国内、在我们自己做的一些东西里面不具备的,或者我觉得我自己在结构上更应该突破的东西。在这里我觉得有可能找到自己想要的东西,所以这次专门来好好地看一看。

谭琳:您这次来已经看了很多剧目了,看过之后感受如何?

王舸:我觉得真的很打动人,不管从它的整个结构、剧本、人物设置,还是它的情感点,都特别能抓住观众。演员饱满的情绪,100%或者200%的投入,观众的掌声,各种叫好,这完全是我在国内不会感受到的。每一部戏都有它自己的味道,虽然有百老汇这种城市化的东西,但每一部戏都有它抓住人的地方。我希望观众在我的剧里面看到希望、看到悲伤,看到他们自己想获取的东西。通过这次看剧,我觉得我们做得还不够极致,包括我自己。

王舸在访谈中表现出对百老汇剧目的欣赏和对自己创作的反思,反映了当下中国艺术领域创作的一种价值取向——"创造性地吸收借鉴国外优秀文化",这也是对中国传统优秀文化中"美人之美"的现实阐释。访谈中,主持人和王舸共同探讨了中西文化如何相互交流借鉴,以及对中国舞蹈创作的关注。整个访谈体现了中国对其他国家艺术形式的欣赏,表达了吸收借鉴国外优秀文化的态度,也有对自己艺术创作的思考,还有最终走向国际让世界人民共享中国舞蹈的理念。这些访谈内容,随着节目传递给海外观众,让观众从中国舞蹈走向世界的过程中,看到了懂得欣赏别人、善于兼收并蓄、勇于突破创新的中国形象。

《纽约会客室·民企的卫星征途》的访谈嘉宾是全图通位置网络有限公司的董事长张迪。张迪在访谈中多次提到了中国民企卫星的"第一"和"首颗"。

谭琳:我们知道,其实前几年中国逐步地放开,向民营企业放开了航空航天领域,其中也包括高门槛的卫星产业,您的公司当时成立的背景是什么样子的?您公司主要的业务范围是哪些呢?

张迪:在2015年放开航空领域之后,我们公司是中国的民营企业中第一家进入这个领域的,也是做位置网络的公司,向人类、向民众提供最好的位置服务。

谭琳:您的公司是借助了长征11号成功地发射了一颗小卫星,能不能跟我们讲一讲当时是一个什么样的场景?这颗小卫星有什么功能呢?

张迪:我们这颗卫星可以说是全球首颗共享卫星,因为航天这个领域,共享经济是相互依托而存在的。卫星一共有三类,分别是通信卫星、遥感卫星和导航卫星,我们这颗小卫星将通导遥一体化,把它集成化,做了全球首颗的通导遥共享卫星。

张迪话语中的"我们"彰显着对中国在航空航天领域取得的最新成果的自豪。贯穿整个访谈的思想是"以科技发展造福人类、以互促合作造福人类",张迪在访谈中多次提到造福人类,"民企之间的互相促进,会使卫星这个行业更快地造福人类""无论哪个国家把卫星生产好,造福人类是一个基础,也是一个方向""只要把卫星做好了,把卫星运营好了,给人类带来很好的服务和受益,我觉得任何国家都是可以合作的""在我们国家制造业精密仪器越来越好的前提下,生产出来更多、更好、更耐用、更好地为人类服务的商业卫星"。访谈节目围绕着"卫星"这个话题,体现了中国发展惠及世界人民、中国发展成果人民共享的内涵,使得人类命运共同体中的中国形象更加丰满。

这样的例子在《纽约会客室》中还有很多,整个节目由于邀请嘉宾涉猎的领域广,加之国际化传播的背景,在海外华语媒体中较为全面、真实地塑造了中国形象。

比如,纽约秋萌画廊的创始人付秋萌在《纽约会客室·画廊之作用》中展现中西方不同的艺术鉴赏品位,体现了中国在原有文化基础上,用和国际接轨的语言表达来促进艺术交流的华人形象。

翻译家、作家汪班在《纽约会客室·文学巨匠张爱玲与沈从文》中展现了一个作家对文学艺术不懈追求的精神。

中央美术学院教授、"欢乐春节·艺术中国汇"的总策划人余丁在《纽约会客室·中国艺术绽放纽约新春》中,从帝国大厦的灯光秀、哈德逊河的烟火晚会,到各种各样的艺术展览布展活动,将利用春节的契机把中国文化带到美国的细节讲得清清楚楚,体现了中国为促进文化交流互鉴、实现文明共享而做的努力。

可以说,一个嘉宾就是访谈节目中体现的一个中华文化符号,众多的符号集合起来,就构建了一个立体的中国形象,而访谈嘉宾与主持人之间心灵交流的对话,让立体的中国形象变得有血有肉,逐渐丰满。

(三)发挥主持人影响力,助力中华文化形象塑造

主持人在节目中承担跨文化传播的引领作用是塑造中华文化形象的关键。主持人通过提问、插话、认可、鼓励、支持、总结等方式,获取信息、引导文化、分享感受,体现了较强的影响力,助力了中华文化的海外传播。其与访谈嘉宾共同构成了海外媒体中的中华形象。

在海外华语媒体中,虽然不强调普通话的语音标准,但良好的普通话水平仍然会提升主持人的媒体形象。《纽约会客室》的主持人谭琳,既拥有良好的普通话语言水平,又有国内媒体的从业背景,她在节目中体现出的主持

风格又比较典雅大方,这些都为提升节目主持人的传播影响力奠定了扎实的基础。在节目制作中,主持人根据嘉宾的专业特长,引导嘉宾来探讨社会、人生问题,实现情感交流、文化传播,把主持人最想让观众听到的、嘉宾最想要表达给观众的内容一一呈现出来。

比如在《纽约会客室·中国艺术绽放纽约新春》节目中,访谈嘉宾是"欢乐春节·艺术中国汇"的总策划人余丁。"欢乐春节·艺术中国汇"从2015年开始在美国连续开展,利用活动将中国的春节文化带到了美国,包括帝国大厦的灯光秀、哈德逊河的烟火晚会、大都会的中美联合艺术展览等,吸引了许多华侨华人和纽约市民参加,让在美国的华侨华人能够在春节期间感受到"过年"的氛围,在当地有较强的影响力。在这期节目中,主持人围绕"欢乐春节·艺术中国汇"开展的各种活动提出了一系列问题。

谭琳:利用春节这样的一个契机把中国的文化带到美国,能不能跟我们介绍一下今年有哪些活动?跟往年相比今年又有什么样的亮点?

余丁:今年的活动其实跟往年一样。因为我们是一个系列活动,习惯上的套餐,第一个就是帝国大厦的灯光秀,从开始就是我们设计的。第二个就是哈德逊河的烟火晚会,比较特别的是,我们今年放烟火的那一天,正好又是情人节,所以它既是我们新年的烟火,又是情人节的烟火。

谭琳:今年与往年的灯光秀有哪些不同?

余丁:设计的主题不一样,我们每年都是根据生肖的意象来设计的,比如说第一年,在2015年我们设计的是羊年,然后是猴年,然后是鸡年,然后是狗年,所以每一年设计的烟火意象有羊、有猴、有鸡、有狗,都是不一样的。

谭琳:我们还有各种各样的艺术展览,您能不能再给我们介绍一下?

余丁:每一年这种展览都是中美艺术家之间的对话。今年在纽约室内设计学院的展览,是在纽约生活的华人艺术家的一个展览。我们总是习惯区分东西方、传统和当代，在艺术里也分国画和油画，或者说艺术的门类是有严格界限的。这是在传统意义上来说的。但是今天在这样一个全球化的艺术格局下，所有的艺术其实是一种跨界的融合，文化上也是如此。所以这就是我们做"艺术中国汇"的一种初衷，就是我们希望能够促进中国、美国不同文化的交流和融合。

在主持人与嘉宾的"一问一答"中，海外观众从节目中全面了解了"欢乐春节·艺术中国汇"各种活动的构思、艺术展览的特点、活动背后中国和美国在相关方面做出的努力。在主持人的带领下，海外观众再一次感受了"欢乐春节"活动的魅力，达到了非常好的文化传播效果。

从《纽约会客室》几期节目主持人的话语中，可以明显感知到节目有意识或无意识的文化比较心理，以及在文化比较中构建的中华形象(详见表6.3)。

表6.3 《纽约会客室》部分节目中主持人访谈话语助力中华文化形象塑造

嘉宾	领域	《纽约会客室》主持人访谈话语	对中华形象的塑造
田文	形象片导演、纪录片导演	大家把《美在雅安》划分在形象片当中，但是其实您在国际上拿的奖大多还是归在纪录片当中，您跟我们说说这个概念有什么不同？ 以《美在雅安》为例，您跟我们说说，作为导演您觉得它如此成功，原因是什么？ 这十年来您拍了那么多部"美在"系列，对于您来说，您最大的感触是什么？ 作为这种形象片类别的拍摄，您觉得它会不会有一定的章法？它的侧重点是什么？ 您说2002年开始拍形象片，其实只是一种创新的尝试，但是时至今日，其实就像我们现在看到的形象片，已经是中国文化走出国门的一种方式，同时也是把中国的美和中国的文化展现给世界的一种方式。现在全球的这种让我们中国文化走出国门的大环境下，您回过头来看，这种"美在"系列它有什么特殊的意义？对于您也好，对于这个城市也好，或者对于我们文化本身也好。 在您参加了那么多国际影展影节之后，您听到的反馈，最让您觉得印象深刻的是什么？	主持人与访谈嘉宾的对话，使海外观众通过形象片了解了中国自然景观、人文景致之美。从嘉宾的讲述中，感受到走出中国的形象片、纪录片在国际上的地位，以及国外观众、评委对形象片的认可，进而彰显了中国独特的诗情画意美、独有的民族美

续表

嘉宾	领域	《纽约会客室》主持人访谈话语	对中华形象的塑造
王舸	中国一级舞蹈编导	您刚刚提到东西方一个舞蹈语汇的问题，感觉我们中国的舞蹈是不是还是和西方的舞蹈，在舞蹈语汇方面有比较强烈的差异？ 虽然这些年看中国舞剧的外国观众越来越多了，但是好像我们要想在西方的舞台上去呈现我们本地文化，就像您说的，保留我们中国特有的语汇这样一个属性或者样式的舞蹈，让西方观众接受起来，似乎还需要一段时间。可能这些是像您这样的编舞导演应该去动脑筋的事情，如何让西方的观众能够很直接地用西方的方式来表达，但是传递的是我们中国文化的精髓，和我们的本质是一样的。 您为什么对这种民族性的东西如此关注？	主持人与嘉宾共同探讨了具有中国民族特色的舞蹈如何让西方观众接受的问题。访谈之外，走出中国的民族性文化如何获得更大范围的认可，也引发了海外观众的思考
晨文	北京博飞文化创始人	"本地化"和"国际化"这一组词其实是对立的。你们这个行业主要是翻译、配音，还有中外的文化交流、文化输出这一方面，它体现的这种本地化和国际化，大家应该怎么样去理解？ 这个工作挺细的，就是说它不单单是语言的直译，它还要去了解这个故事这个文化背后深层的含义，然后进行语言加工的时候，把这些深层的含义带进去，让本地观众也能够通过影片，来了解当地的文化，以及他们交流的细节。所以文化引进是很重要的一部分，让我们看到了原汁原味，或者说是比较正宗的外国文化产品。那文化走出去呢？因为这几年我们说得很多，如何让中国文化有效地走出去。	主持人与嘉宾从文化交流入手，共同就翻译、配音行业的"本地化"与"国际化"进行了交流，从而使海外观众看到为中国文化走出去而努力工作的一个群体，也看到了促进人类文明共同繁荣的大国形象
付秋萌	纽约秋萌画廊创始人	您刚刚有说到画廊的一个方向，主要还是专注和中国传统文化相关的，和中国哲学以及中国元素相关的艺术家的作品。为什么确定的是这样一个方向？ 您在做这个事情的时候，因为您和中国相关，您又是华裔女孩，所以我不知道您的受众群，更多是来自亚洲的，还是西方的藏家？ 您有讲到东西方艺术家、艺术之间的融合，以及在西方的学术界受尊崇的这种位置，也在不停地变化，其实这是一个历史发展的过程。但是从目前这个阶段来看，我们说东西方艺术语言的对话，因为我们一直都在讲比如话语权的问题，比如艺术地位的问题，我们经常会说，可能我们东方在世界的艺术格局里面，它处于一个比较弱势的状态。在你看来，根据你自己的工作经验，以及你在艺术圈的观察，你看到的这种较量也好，对话也好，它到底是一个什么样的情形？	主持人和嘉宾从扎根纽约的中国元素艺术品出发，探讨了艺术融合过程中的话语权、艺术地位等问题，使海外观众能够更加客观、准确地看待中国艺术品在世界收藏领域的地位，同时也反映了中国艺术品正在逐步得到西方审美的认可。艺术融合带来的市场价值也能引发观众的思考

续表

嘉宾	领域	《纽约会客室》主持人访谈话语	对中华形象的塑造
		我如果换一种问法,比如有很多人说西方的拍卖行也好,艺术品也好,在逐渐地走进东方,我们什么时候能看到东方的也走进西方,这是一种交流对话。就是我们的藏家在花大价钱买西方的一些可能在西方人看来不是那么值钱的东西,为什么我们中国人的东西很难被西方藏家以高价收购?这是不是一种文化的较量? 现在您会力推有中国元素的作品,或者我们中国的艺术家给您的西方顾客吗?	
甄巍	北京师范大学艺术与传媒学院副院长	我们说油画可能从媒介的角度来说,它还是一种比较传统的艺术表达形式。您说到数字媒体,我们想到的就是很炫的东西,比如说当代艺术里面经常会采用数字媒体创作的手法。 因为没有这种信息的交流,所以我总是感觉中国的艺术史在西方不那么被承认。是因为他们去探索地球的时候,探索世界的时候,他们没能够进入我们的内心深处去发现我们的美。但现在可能就是需要像您这样的学者专家,通过这种学术交流的形式,像我们中国的学者在语言沟通上没有问题,然后我们又有专业的学术背景、专业的艺术背景,我们可以通过这种访学交流的项目,把中国的艺术和文化用西方的语言向他们表达,让他们来传播。	在主持人与嘉宾的访谈中,嘉宾代表了积极与国际社会开展合作交流的中国形象,海外观众也在访谈中看到了中国学者更加包容、开放的文化艺术交流心态
许小洲 何珊云	浙江大学社科院院长 浙江大学教育学院副教授	两位这次到纽约来是参加联合国中文日的中国教育论坛,我知道两位都会在论坛上进行演讲,两位演讲的议题是关于中国教育的哪些方面呢? 中国现在经济的发展,其实是和中国的教育发展紧密相关的,对吧? 这一次交流想必会让其他的同行,或者是在联合国关注教育问题的这些人,来了解中国目前教育的一个现状以及未来发展的方向。许院长,您是在比较教育、高等教育,包括创业教育方面都是非常有研究的,我想还是先聊一聊高等教育,因为您之前介绍了那么多,感觉从量上和普及率上,中国的高等教育这些年发展得非常迅猛。和西方的高等教育相比,我们的优势有哪些,亟待改善的地方又在哪些方面?	主持人与两位嘉宾的访谈,使海外观众从教育的角度去理解中国经济发展的动因,并通过对中美高等教育的对比分析,客观地看待中国教育发展的现状。节目是从基础教育、高等教育、创业教育等方面展现了中国动态发展的教育体系

续表

嘉宾	领域	《纽约会客室》主持人访谈话语	对中华形象的塑造
		何教授您两次来美国访学。中国的高等教育发展有它自己的优势,但同时也有一些不足,那么您对于美国的高等教育应该是有不少了解的,通过这两次访学。在您看来,尤其您是研究课程设置的,中美两国的高等教育相比,它们的差距在哪里? 或者就从课程设置上来说,它们的差异有哪些? 　　对于中美教育,人们有一个惯性思维。比如说我们会觉得美国的高等教育比较有优势,中国的基础教育比较有优势,但是也有人有不同的观点,比如说哈佛大学的丘成桐教授,他好像在北京师范大学附中做过一个演讲,在演讲当中他就很明确地指出,有很多人都觉得中国孩子的数理化一定比美国同龄人好,他说其实不然。他说就拿哈佛大学作为例子,说既然能上哈佛的,不管中国、美国都是两国最优秀的学生。但是两国优秀的人才放在一起比,美国学生的基础教育其实是远超中国学生的,我不知道两位对于这个看法,你们俩持什么样的观点? 你们觉得中国的高等教育或者基础教育,它和美国相比到底是一个什么样的水平? 孰优孰劣还是说其实各有千秋? 　　您也是研究创新创业教育的,因为"创业教育"这个概念是 2000 年由欧盟首先提出来的,您是否能给我们阐释一下,创业教育它的一个核心理念是什么? 中国在这方面处于一个什么样的阶段?	

四、善用客观立场,珍视可贵声音

在有声语言跨文化传播中,海外华语媒体因身在海外,心系华人圈,相较于其他外媒来说,其立场更容易给人客观全面之感,表达的立场态度也更有说服力。所以,通过海外华语媒体发出信息、表达观点,无疑在抵制谣言、纠正视听、服务华人、凝聚力量方面具有天然的优势。

2020 年初,中国应对新型冠状病毒防疫工作期间,部分西方媒体对中国发生的新型冠状病毒有大量不实报道,一些西方媒体为种族主义推波助澜。美国有线电视新闻网(CNN)1 月 31 日报道称"随着新型冠状病毒感染的肺炎的传播,恐惧加剧了种族歧视和仇外心理"。《纽约时报》1 月 31 日的报道称,"反华情绪"伴随着疫情在多个国家出现,并刊登了一张十来个韩国抗议者举着"禁止中国游客入境"牌子的照片。法国《世界报》1月30日以《"留着你的病毒,肮脏的中国人!"冠状病毒在法国引起反亚裔的种族主义》为题发文,报道了亚洲人在法国受到"歧视性"言语和行为。意大利第一大报《晚邮报》1月30日发表报道,题为《中国街,小心病毒:远离中国人,口罩已耗尽》,在毫无证据的情况下暗示当地的中国街及华人商家有被感染的可能。这些都说明舆论环境对中国仍然存在不利因素。

与部分外媒的报道相比,海外华语媒体和华文新媒体对新型冠状病毒的报道、评论则较为客观,面对西方媒体的不实消息和排华言论,华语媒体予以发声纠正,并发挥服务华侨华人的作用,引导做好疫情应对工作。

美国中文电视对美国的疫情发展情况及时跟踪报道,播发《王东华谈新冠疫情:这不是世界末日,30种有效药物正研发》《新冠病毒治疗和疫苗报道提振华尔街》《律师解读:新冠病毒疫情 美中小企业雇主应注意哪些法律问题》等与疫情相关的正面信息,专门邀请华人法律专家对新型冠状病毒中小企业雇主拥有的法律责任和义务进行解读。

华文媒体新媒体也在媒体平台发声,做好华人应对疫情的相关工作。加拿大七天资讯网开辟相关专题,以《冠状肺炎病毒急剧扩张 新型礼仪防范》等原创或综合报道及时回应读者关心的问题;新西兰天维网以"疫情滚动更新"为栏头,通报疫情发展情况;新西兰《信报》亦通过转载权威消息源,及时提醒疫情发展势头;《欧洲时报》1月31日在首版以三分之一的篇幅刊登图文《武汉加油!向祖国一线的医护工作人员致敬》,并以《新冠肺炎定性国际暴疾》为题就世界卫生组织对新冠病毒的决定进行了客观报道;《欧洲时报》新媒体平台则在"欧时评论"发表《高度防范、尊重科学、团结应对、反对歧视》的评论,在"华人论坛"发表《我们都是武汉人!》,一方面谴责外媒不负责任的报道,另一方面积极组织华侨华人为祖国捐款捐物。

对于事关中国和华人的新闻,不同的媒体会有不同的报道视角,国内媒体、国外媒体、海外华语媒体可能都根据各自不同的播报要求去组织新闻;传统媒体与新媒体报道的角度、节目的形态、语言的风格也都会不一样。在跨文化语境下,同一事件的不同解读、不同报道,补充了海外播音主持的传播视角,真相在博弈中浮现,此为互生,也为共生。

五、关注汉语学习需求,扩大语言文化影响力

广播电视的全球化传播,在塑造客观、全面中国形象的同时,也呼应了随着中国综合国力提升带来的全球"汉语热",进而使汉语普通话在国际上具有一定影响力。这点,可以从越来越多的留学生来到中国学习汉语言文化得到印证。在"汉语热"和广播电视全球传播的共同影响下,也产生了新的语言传播形式,其中,海外普通话培训与测试中心的建立,为拥有标准普通话的播音主持从业人员、专业教师及学生提供了在跨文化语境下发挥专业特长的机会。

(一)聚焦汉语国际需求,创新语言服务载体

语言作为文化的载体,在其传播上呈现两种趋势,一种是语言的自然传播,另外一种是对某种语言有意识地进行传播。① 从有声语言跨文化传播的角度看,全球"汉语热"的兴起和海外华语媒体的发展,为普通话在海外传播奠定了基础;从受众角度看,无论是海外华侨华人还是喜欢汉语的外国人,通过广播电视收听收看节目都离不开播音主持的有声语言传播;从传播者身份讲,一些拥有播音主持背景的主持人活跃在海外华语媒体之中,有效提升了海外华语媒体的普通话水平;从传播渠道讲,华语媒体、华文媒体新媒体得到了快速发展,国内央媒和地方媒体也通过与海外媒体合作的方式不断加强国际传播,承载普通话的传播媒介覆盖范围在海外逐步扩大。这些都为普通话作为有价值的语言在海外更大范围内传播创造了条件。

2016年12月19日,教育部语言文字应用研究所(国家语委普通话与文字应用培训测试中心)和中国传媒大学就在海外合作开展普通话培训测试及相关活动签署合作框架协议。合作框架协议的签署,标志着继孔子学院之后,又一个由国家部委牵头创办的海外语言文化交流机构的诞生,这将更

---

① 郭熙.中国社会语言学:第2版[M].杭州:浙江大学出版社,2004:339.

好地满足海外汉语教师和海外汉语学习者的需求,丰富汉语国际教育的服务内涵,促进汉语国际推广,增进中国与世界各国的教育和语言文化交流合作。

目前海外有两所普通话培训测试中心,一所是2016年12月21日揭牌成立的世界首个中国国家普通话水平测试格罗宁根孔子学院培训测试中心,另外一所是2017年4月27日在美国纽约州立大学石溪分校揭牌成立的中国国家普通话水平测试海外培训测试中心。这两所海外普通话培训测试中心目前正在有序运行中。

从语言对文化的传承来看,海外普通话培训测试中心以汉语自身发音的美感为培训、测试内容,突出汉语"音美以感耳"的特点,让国外学习者渐渐从汉语听觉的音声美中提升汉语学习的热情,从而使语言在文化传播中起到"四两拨千斤""润物细无声"的作用。这既体现在全球范围内的"汉语热"背景下,国外汉语学习者对检验学习成效的要求;又突出语言传播、语言服务的特点,以培训与测试的方式提升说汉语的能力,更易于在世界范围得到语言传播机构的响应与支持。

(二)树立语言学习标杆,助力汉语国际传播

海外的普通话水平测试,给海外的汉语学习者树立了一个汉语言学习的标杆。荷兰格罗宁根孔子学院中方院长蒋佳惠2019年在接受搜狐国际在线记者采访时表示:

> 荷兰在过去几年里对于中文的重视程度一直在增加,学习中文的人越来越多,包括有更多华裔、华人群体带着他们的孩子(学习),或者是自己对中文有更高的追求,在此情况下,我们认为,对于教授中文的老师们来说,也最好有一个更明确的标杆。普通话测试(证书)在中国是一个比较权威的证书,那么我们也希望把它引入荷兰,让它……能够成为衡量荷兰中文学习者的一个标准。①

---

① 荷兰格罗宁根孔子学院率先推出普通话标准化测试 为海外中文学习者树立语言标杆[EB/OL].(2019-10-06)[2020-10-09]. https://www.sohu.com/a/345184617_115239.

测试是培训结果的一个体现,测试更重要的作用是通过培训提升国外汉语学习者、华侨华人的普通话水平。从国内普通话推广的实践看,刚开始推广普通话水平测试工作的时候,都是由语言学界的专家与播音主持学界、业界的专家,像北京广播学院(现中国传媒大学)的张颂老师、中央人民广播电台(现中央广播电视总台)的方明老师等,一起开展的。播音员主持人在普通话推广中起到了重要作用,其语言面貌体现着国家通用语言的标准,承担着向受众传播标准普通话的责任,也成了语言审美的典范。这种形式也为海外普通话培训与测试提供了借鉴,播音员主持人在海外普测中能够发挥更大的作用。

(三)发挥专业优势,提升专业吸引力

1996年,张颂先生在全国广播电视语言工作会议的发言中提到,因为北京广播学院的教师在语音、词汇、语法、语调上是最标准的"广播级"普通话,所以学标准的汉语到播音主持专业院校成为国外留学生的共识。

对播音专业的外国留学生而言,通过学习播音主持专业基础知识,掌握播音主持语言的规范性要求,培养其成为拥有双语能力的国际主持人,既能够在国际传播中发挥语言影响力,为中国文化的传播、中国形象的展示作出积极贡献;又能够在国外语言传播中起到良好的示范作用,吸引更多对中国文化、中国语言感兴趣的外国人学习普通话,进而了解中国文化。

从语言传播的角度,培养播音主持专业的外国留学生,亦是当下传播出现的新生现象。西方面孔东方语言的主持人,比如大山,在中国就很受欢迎。而一批学习播音主持专业的留学生毕业后,也在本国或中国从事新闻媒体工作,比如,来自美国的留学生赵恩世于中国传媒大学毕业后曾主持第六届"汉语桥"世界中学生中文比赛闭幕式;毕业于中国传媒大学的马来西亚留学生欧阳靓凌,毕业后回马来西亚教授播音主持课程,于2018年发起了首届马来西亚华语语音研讨交流会,交流会以"'音'差阳错,别再说错"为主旨,意在提升马来西亚大众对华语语音的认识,更好地掌握说好华语的技巧。这些实例,体现了播音主持专业在跨文化语境下影响力的拓展。

第三节　互生模式的构建难点与突破思路

模式的构建是对理想状态的模型化表达,其中含有展望和愿景的意味。互生,注重创新,注重新事物、新现象,包括新传播平台、新传播内容、新传播形式、新传播视角、新传播风格以及更优的传播效果等。互生模式的构建也将以这种理想发展和理想状态为基础,因此,其构建难度可想而知。

一、互生模式构建面临技术障碍与文化壁垒

在跨文化传播过程中,播音主持传播活动必然会遇到政治障碍、经济障碍、地理空间障碍、技术障碍、文化障碍等,这是不争的事实。模式构建的过程伴随着障碍清除的过程,抛开常规的跨文化交流障碍不谈,单就前面论述中所提及的与传播工作有关的内容而言,互生模式的构建就需要突破技术障碍与文化障碍等难关。

在有声语言跨文化传播的模式中,互生模式折射出了播音主持活动与传播媒介的互生、与中华形象塑造的关系问题。互生模式构建的难点之一,主要体现在媒介发展变化对播音主持提出的各种各样的挑战上。从大的传播环境来看,先网后台、台网联动的发展战略,对传统媒体中相对成熟的有声语言传播活动来说,有着完整化与碎片化、大众化与人际化、专业化与平民化等问题需要思考。如何适应新媒体发布渠道与方式要求,如何适应大小屏的调整与联动,如何适应长节目与短视频的差异表达要求,等等,这些对播音主持从业者提出了理论与实践相结合的思考和要求。

加之屏幕互动带来的新的传播方式,主持人不仅要坐在演播室播节目,还要拿起手中的手机、移动终端,记录传播工作中的点点滴滴,往常在电视大屏上看不到的主持风格、语言风格都有可能在小屏传播中应运而生。而新的播报方式,又改变着传统播音主持的话语样式。这些,都给有声语言跨文化传播的互生模式构建带来了难度和挑战。

二、发挥主体能动性,加强语言传播影响力

在传统媒体中,播音员主持人在国家级媒体平台以新闻主播的形式样态出现,代表着国家的媒体形象,其语言也一定是国家语言形象的代表,这是毋庸置疑的。除此之外,媒体在信息沟通、观点传达、情感交流乃至汉语国际推广方面也起着不可替代的作用。中央广播电视总台成立以来,增加了"央视快评"和"国际锐评",播什么样的内容,以什么样的态度播,都是国家意志的体现。比如针对中美贸易摩擦问题,播音员主持人的态度是义正词严的,这个态度是不能含糊的;而对于民生类的新闻,则需要更朴实、更接地气的态度,这个态度对播音员主持人在跨文化语境中既是重要的,又是需要有策略的。

(一)语言夯实认同基础,节目促进文化共识

从传媒本身性质讲,以有声语言对真实信息及时传播的工作是长期的、较为固定的传播形式,语言传播的特性决定了海内外华语媒体在凝聚海外华侨华人文化认同中具有重要作用。

而从媒体与文化认同的关系看,"传播语言和传播方式在形成共同性方面的确具有无可比拟的作用""共同语的使用只是形成认同的基础,在对事物的认知中形成共识才是建构认同的真正目标"[①]。比如,央视中文国际频道作为中国文化推广的大众传媒,在培养海外华侨华人的民族文化认同感方面具有重要意义。央视中文国际频道"最标准的普通话"形成了海外华侨华人打造认同性的基础,而多样化的节目则在共同性的基础上助力强化海外华侨华人对中华民族的文化认同。

海外华侨华人的文化认同不可避免地受到所在国主流文化的影响,"无论什么民族,只要生活在特定的国家政治生活的框架之内,其族群的文化就

---

① 丁和根.海外华语传播与中华民族文化认同的建构——兼论华文媒体的特殊作用与发展进路[J].新闻界,2017(9):73-80.

必然与这种政治框架相适应,因此文化认同就浸染了国家认同的成分"①。一方面,作为移民,他们有认可所在国主流文化的心理,另一方面又对中华文化有割舍不掉的情怀,这天然构建了中外文化交流、促进理解的桥梁,而媒体又构建了海外华侨华人与中国文化的纽带。相应地,海外华语媒体的传播功能基于语言的共通性和节目的本土性共同作用而得以发挥,他们在使用华语进行传播的过程中,起到了用语言打造认同基础,用节目及其内容促进文化共识构建的作用。

(二)优化主持形象,凸显文化符号

播音员主持人是海外观众熟悉且容易认可的文化符号。无论是哪一档的节目播出,广播电视语言传播工作者或用流利的语速播出新闻,或用严谨细致的语言介绍历史文化,或轻松活泼地带着海外观众自然旅游,只要播音员主持人出现在节目中,就代表了一种中国文化符号,这种文化符号比较容易获得海外观众对播音员主持人的认同。这种认同既是语言风格的认同,也是节目定位、文化传播的认同。

播音主持在海外受众中体现了中国文化的一个输出符号。什么样的节目会有什么样的语言,什么样的人会说什么样的话,这在受众心目中是有预期的。跨文化传播更需要关注受众多样化的构成,在求同存异中实现国际传播的目的。

海外华侨华人受众虽然在文化上与中华文化同根同源,但不可避免地受到所在国主流文化的影响,因此与国内观众相比,海外受众的异质性比较强。有学者分析了这种异质性,主要体现在以下四个方面:一是由于知识结构不同,第一代、第二代和第三代移民之间存在着代际差异;二是由于地域不同,中国台湾、香港、澳门地区以及其他国家和地区华侨华人之间存在着代际差异;三是由于成长环境不同,文化理念和种族认同上存在着差异;四是地域文化和语言习得上存在着差异。②受众的差异不仅决定了节目编排

---

① 韩震.论国家认同、民族认同及文化认同:一种基于历史哲学的分析与思考[J].北京师范大学学报,2010(1):106-113.
② 马超.华语电视媒体对外文化传播实践研究[J].教育传媒研究,2018(4):67-70.

上要考虑"内"与"外"的差别,在有声语言传播上也要充分考虑观众的接受能力。

《今日关注》的主持人王世林在谈到受众对主持人的影响时表示:

> 主持人要符合传播规律,新闻主持人和记者要符合新闻传播的规律。播音员主持人要更多地通过嘉宾来体现观点。这种影响,来自国际传播的要求,也符合海外受众对节目的要求。①

《今日关注》的定位是"每天都有新闻事件发生",海外受众所关心的就是播音员主持人所关注的。节目采用直播的形式,对每天最新鲜的资讯深入解读,体现了国际传播的独特优势,既符合国际定位,又通过主持人对重大国际事件表明了中国的态度和立场。这种观众的关注度与节目创作者、播出者之间的默契,使节目拥有了固定的观众群体。这也从一个侧面证明了主持人是受众用于辨识的栏目符号和中国符号。

(三)借助海外华语媒体,接力传播中国声音

中国节目海外热播,为有声语言跨文化传播互生模式的构建提供了思路。无论是出于对中国本土节目的文化特色更原汁原味的考虑,还是因为海外华语媒体节目生产量不足的现实,来自中国的新闻、综艺、文化节目及相关信息大量在海外播出。这说明中国节目的内容价值、表现形式、语言风格、品位格调等方面符合所在国观众的观赏需求。节目的海外播出有助于将中国播音主持的话语样式传向国外,有助于有声语言跨文化传播工作发挥更大的文化影响力。

在跨文化语境下,海外华语媒体播音主持呈现了双向传播的特点。面对不同的文化语境,播音员主持人的角色会发生一些变化,由过去单向的新闻播报,转向双向的信息传递。在传统的海外新闻中,当地媒体语言传播主体往往关注华人社区内部的新闻,对国内的新闻进行转述式的消息播送。但在国内媒体与海外华语媒体通过互联网建立新的合作机制下,华语媒体

---

① 2019年11月,笔者在中央广播电视总台采访中文国际频道主持人王世林。

语言传播主体不仅可以第一时间用海外受众易于接受的语言和方式传播真实、客观的中国声音，还可以借助海外华语电视媒体平台，向国内传播当地华侨华人的新闻和专题。国内媒体与海外华语媒体的合作新机制，在提升国内媒体的海外影响力的同时，也传递了海外传播语态，促进了有声语言的跨文化传播。在央视中文国际频道播出的《华人世界》节目中，经常会看到海外华语媒体提供的华侨华人的新闻报道，如2019年9月26日《华人世界》中关于"美国知名高校录取华裔学生"的新闻，消息即来源于美国中文电视。

无论是有效实现中华文化的国际性传播，还是凝聚海内外华人的民族认同，媒体都需要着力建构鲜活而具体的形象。海外华语媒体虽然以华语的形式进行传播，但在媒体属性上依然属于外媒。在有声语言跨文化传播互生模式的实现路径中，播音主持活动借助语言表达方式向国际社会传递着真实的中国形象。在此过程中，虽然海内外华语媒体播出的节目各有特点，但总体上呈现了较为客观的中国形象。

有声语言跨文化传播互生模式，展示了有声语言跨文化传播的生命力。在与传播媒介互生方面，播音主持活动总可以找到适应媒体发展的传播方式，大众传媒、手机媒体、社交平台，总有有声语言跨文化传播的影子。《主播说联播》让观众感受到了不一样的播音主持风格，也使海外观众看到了适应媒介发展的播音员主持人新的形象。播音员主持人在"大屏小屏"之间，在强化传统信息传播功能的同时，创新了传播形式，丰富了传播内容，体现出众多"新"面貌。在与语言及文化互生方面，播音员主持人通过一系列在海外播出的节目构建着中华形象。访谈节目中的交谈、纪实节目中的讲述、新闻节目中的播报，传播了中国的信息，反映了中国的视角，播音员主持人在与节目共生的同时，通过语言向世界展现着真实、全面的中华形象，让世界看到了中国，也让世界了解了中国。

第七章 有声语言跨文化传播的启示与展望

有声语言跨文化传播模式与路径研究,是在当下中国日益走近世界舞台中央、中外文化交流不断扩大的历史背景下,以播音主持从业人员和具体的播音主持语言传播活动为研究对象,进行的跨文化传播研究。本书在研究中构建的有声语言跨文化传播互联、互动、互融、互生的"四互"模式,各自相对完整,同时又互相关联。"四互"模式是对有声语言跨文化传播现有路径的梳理和凝练,试图为播音主持助力世界华语传播提供思路。

"联"为传播活动建立起一种相互联系的渠道。有声语言跨文化传播的互联模式,突出了当下中国国际地位提升带来的"汉语热"、世界不同文明交流互鉴带来的"中国热",该传播模式以播音主持从业人员为主体,以所有与播音主持相关的语言传播活动为媒介,以海外受众群体为目标。互联模式,让有声语言跨文化传播有了达成传播目标的可能,也使播音主持在跨文化语境下助力文化传播路径变得更为多元。

"动"使得传播活动从预想成为可能。有声语言跨文化传播的互动模式,反映了跨文化传受主体之间广泛联系、相互影响的互动行为。这种互动行为,随着交往活动的深入开展,呈现出传播范围不断扩大的趋势。从传播与空间相互关系中关于"空间即是权力"的观点出发,传播空间的不断扩大,说明了传播影响力的提升,而有声语言跨文化传播互动效果的达成,也促进了文化交流更深层次的发展。

"融"既是一种过程,又是一种结果。在有声语言跨文化传播互融模式中，突出播音主持有声语言传播活动在传播文化中的重要作用，以汉语普通话、表达形式、审美理想为传播要素，发挥播音员主持人语言传播的优势（声音动听、情感丰富、表达优美等），在跨文化语境下吸引和影响海外受众，使海外受众在一系列跨文化传播活动中提升表达水平、获得审美愉悦、感悟中华文化，从而助力语言承载的人文精神、民族精神在更大范围内得到欣赏和认同。这既反映了播音主持活动在跨文化语境下对其他文化的影响过程，又表现为受众对中华文化的适应和接纳的结果。

"生"是一种希望，也代表着创新。互生模式，反映了有声语言跨文化传播的可持续发展趋势，在新的国际环境、新的传媒生态、新的传播语境、新的传播方式、新的话语样式中，播音员主持人需要在优化媒体传播活动中提升传播质量，强化文化符号，凝聚华人力量，以多元的传播视角、多样的传播形式，营造文化共同体图景，助力中华形象的海外传播。

从时间维度看，有声语言跨文化传播反映了时代的发展，互联模式使各国各地区的传播要素联结在一起，呈现出传者与受者、传者与传者、节目与节目、节目与内容之间的多样互联，这种互联关系的存在，为有声语言跨文化传播奠定了前提和基础。而互动模式不仅反映了各国各地区媒体要素之间的互联关系，更反映了有声语言跨文化传播过程中增进彼此了解、拓展传播空间、加强文化交流与文明互鉴的具体过程，使有声语言承载的文化因子得到了更大范围的传播。互融模式在互动的基础上，更深层次地体现了播音员主持人通过有声语言传播活动，在跨文化语境下与新的文化传播环境、新的受众进行的"文化适应"调试，使汉语言所承载的文化在更大范围内得到欣赏和认同，实现不同文化的融合借鉴。互生模式在互联、互动、互融的基础上，体现了有声语言跨文化传播从多元文化到文化共同体的新趋势，既反映了播音主持活动从业主体适应新的媒体技术、节目形态的一种发展态势，也有助于在文化融合的更高层面展现新的中华形象，从更加多元的视角构建文化共同体，继而开启新传播技术、新传播语境下更高层次的互联。

从跨文化传播的空间维度看，有声语言跨文化传播的互联、互动、互融、互生并不完全是一个螺旋式上升的过程，每一个模式都各自完整，而模式之间的各传播要素又彼此关联，你中有我，我中有你。在新的传播语境、新的传播样态形成新的互联关系时,原有的节目形态、媒体技术以及传者和受者依然不断地进行着互动、互融、互生,在跨文化的交流互鉴中融合创新。

不仅如此,从单一的传播活动看,某一种模式亦可独立存在。比如,"文化中国·四海同春"活动自 2009 年启动以来,世界华侨华人以春节为契机,在农历新年共贺新春,有声语言跨文化传播的互动已不仅仅是传播要素之间的互动,其逐渐形成了以中华民族共同文化为核心的文化互动,不同国家、不同场域、不同媒体、不同的有声语言传播者,都围绕着同一文化主题开展互动交流,传受双方兴趣点、共情点的视域融合,使有声语言跨文化传播更具传播效力。

当然,本书研究还存在可拓展空间,在有声语言跨文化传播的路径选择上,受时间、地域等因素的影响,也只是对美国中文电视、《欧洲时报》、泰国中央中文电视台、马来西亚《中国报》《星洲日报》进行了考察,虽然研究对象涵盖了不同区域的海外传统华语媒体和新媒体,但这对研究有声语言跨文化传播的路径而言,仍有一定的局限性;对海外开展的线上线下等华语传播活动,也仅是从有影响力的《汉语桥》入手进行了分析,对正在形成海外影响力的"欢乐春节"等品牌活动尚未进行全面的考察和分析,这也使路径研究尚不够全面。后续的研究,将会沿着让世界更好了解中国的思路,在更多的对外文化交流活动中发现符合有声语言跨文化传播的实现路径。

一、有声语言跨文化传播助力中华文化传播

有声语言跨文化传播,离不开语言这个核心。语言对文化的承载作用,使语言在跨文化传播中与文化传播具有同步性。在跨文化语境下,语言传播与文化传播之间有一定的差异性,语言传播主要指语言中语音、词汇、语法的学习,属于语言学习的范畴,而文化传播则更多地包含一种文化所体现的价值观念,以及长久以来形成的风俗习惯、行为方式、表达习惯等。

通过有声语言跨文化传播互联、互动、互融、互生的"四互"模式,我们发现播音主持从业人员借助其专业身份和标准普通话的专业优势,在跨文化传播中有丰富的路径,可以用诵读的方式为国外汉语学习者打开理解中国

文化的窗户;可以通过播音主持专业的正音及情感表达训练,使国外汉语学习者从"会说"汉语提升为"说好"汉语;可以通过《汉语桥》等汉语文化推广的品牌活动,影响国外汉语学习者的学习态度,激励他们从语言学习走向理解文化;还可以借助专业优势培养掌握标准普通话的外国留学生,使他们成为国际传播重要的力量。

这每一条路径,都体现着语言对文化的传承作用。通过诵读提升普通话水平,能从朗读的"规范空间"迈向文化的"自由空间",从中国浩瀚的文学经典中体会中华文化的精髓,在与中国古人对话中寻求当代问题的解决答案;在传情达意的语言表达中,感受汉语韵律美、节奏美、含蓄美,从而理解中华文化中蕴含的婉转含蓄、意境幽深的表达方式;在观看来自五大洲汉语爱好者的竞技比赛中,感受中华民族爱好和平、和而不同的精神内涵;在国际传播格局中感受中国道路、中国模式对人类命运共同体做出的贡献。可以说,每一条有声语言跨文化传播路径的背后,都蕴含着对中华文化的传承。有声语言跨文化传播在潜移默化中影响着海外汉语学习者,使他们更好地认同中华文化。

在当下,有声语言跨文化传播面临着最具机遇性的时代。在互联、互动、互融、互生的"四互"模式下,也会有更多有声语言跨文化传播的路径逐步达到传播效果。比如,深入开展经典诵读工程,在此前内地大学生优秀朗诵作品澳门展演和内地与香港师生经典诵读展演的基础上,创新活动载体,依托国内外有影响力的齐越朗诵艺术节,开展"一带一路"重要节点城市普通话诵读工程,将海内外朗读诵读结合起来,将播音主持语言艺术表达和其他国家的艺术表演结合起来,发挥有声语言在交流思想、传递情感中的作用,打造中华经典诵读的品牌活动,以标准的中国好声音承载着中华文化,沿着"一带一路"的重要城市,走出一条带有民族文化记忆和标识、凝聚民族精神的经典诵读之路。

二、有声语言跨文化传播助力中华形象塑造

中华形象包括中国国家形象、中华民族形象。按照建构主义的观点,国

家形象既不是一个实体,也不是客观既定或先天预定的固有物,而是一国与他国在国际社会这个"广场"中通过交往互动而逐渐形成相互理解、相互接受、相互认同的关系,它具体表现为一个国家在国际社会中的"身份"或"角色"。所有国内因素及国家行为,只有被纳入国家间的社会交往互动之中,即与其他国家发生观念共享、确立相互认同关系,才能对该国国家形象的形成和建构产生作用。① 建构主义的观点,为有声语言跨文化传播中构建全面中华形象提供了一个研究视角。

在这方面,国内媒体与海外华语媒体已经有了一些实践。许多出现在节目中的华侨华人,虽然是一个个的个体,但集中起来出现在电视节目中,便向海外受众构建着一个中华群体的形象。

习近平总书记在十八届中央政治局第十二次集体学习时,分别从历史文化、国情特色、外交政策、本质特征四个角度阐释了我国国家形象的独特内涵:"塑造我国的国家形象,重点展示中国历史底蕴深厚、各民族多元一体、文化多样和谐的文明大国形象,政治清明、经济发展、文化繁荣、社会稳定、人民团结、山河秀美的东方大国形象,坚持和平发展、促进共同发展、维护国际公平正义、为人类作出贡献的负责任大国形象,对外更加开放、更加具有亲和力、充满希望、充满活力的社会主义大国形象。"播音主持在跨文化传播的过程中对国家形象的塑造,要用视听艺术手法去展现与不同民族、国家和地区引起碰撞和共鸣的人类共通的情感,在形象感知和情感共鸣中让广大受众了解真实的中国国家形象。在用视听手法去展现国家形象方面,要尊重传播习惯,针对不同地区、不同国家的受众心理需求和接受方式,制作不同的宣传片,使中国声音不仅"入耳",还能"入心"。

因此,在有声语言跨文化传播过程中,要去发现更多能够体现中华形象的传播路径,让播音员主持人在中华形象的构建上发挥作用。

从建构主义的观点讲,走出国门的中国企业最容易与工作地国家发生互动,也具备了构建中华形象的条件。从媒体的角度讲,不仅要加大对走出国门中国企业的品牌宣传,通过产品、服务树立企业形象,更要关注其中每

---

① 蒙象飞.中国国家形象与文化符号传播[M].北京:五洲传播出版社,2016:113-114.

一个具体的人,由具体的人形成一个个中华文化的形象合集。这对有声语言跨文化传播来讲,也是值得深耕的路径。一方面,播音主持专业人才可以通过参与企业在当地的形象宣传片、开展富有特色的中国语言文化传播活动,改变固有的中华形象;另一方面,"双语"联谊晚会可邀请当地媒体主持人共同主持晚会,通过文化交流活动增加与当地社区居民融合的机会。中国企业走出去,为世界做了那么多好事、那么多贡献,理应成为讲好中国故事最好的题材,也应该成为传播中国声音、传播标准普通话的最好平台。

三、发挥海外华语媒体的作用

海外华语媒体从本质上说,属于亚文化媒体;从性质上说,属于外媒的范畴。海外华语媒体在传递中国消息和华人社区新闻、服务华人社会、沟通华人情感中发挥的巨大作用,已成为客观事实,其在国际传播中发挥的作用也得到了大家充分的肯定。最为难得的是,从美国中文电视的节目看,出镜记者的普通话水平比前些年有明显提高,这既说明普通话随着中国国际地位的提高而受到海外华语媒体的重视,又反映了华语媒体中播音员主持人对提高自身普通话水平的主观要求。

海外华语传统媒体在自身稳固发展的同时,借助以互联网和手机为代表的移动终端,衍生出了网络传播、社会平台、App等新的传播类型,极大地拓宽了海外受众范围,从而使播音主持有了更多的传播语境。特别是随着近年来中国国际地位的提升,有声语言跨文化传播在海外华语媒体中体现出了新的特点。2018年3月1日,意大利首家24小时中文广播电台——意大利华夏之声广播电台在意大利米兰调频FM92.5、普拉托和佛罗伦萨调频FM107.9开播,另开设www.chinafm.es网站,建立微信群,实时更新节目单和内容,与听众互动交流。海外华文媒体新媒体也纷纷通过网站、社交平台提升自身影响力。

播音主持在海外华语媒体更加广阔的传播语境和多元的传播路径中,使得亚文化媒体得到主流媒体的关注,美国中文电视就因受到当地商业集团、主流媒体的关注走上了一条良性循环的道路。主流媒体对美国中文电视的报道内容的分享,也使得其影响力不断扩大,包括央视新闻也经常与美国中文电视交换新闻、消息。《欧洲时报》有网站、有社交媒体,还有视频,围绕着第 15 届世界华商大会走进欧洲走进英国,制作了《海外商业谈》的电视节目,观众跟随出镜记者采访世界各地的华商。《欧洲时报》在 Facebook 有大约 16 万粉丝,这一群体基本上都定期观看《欧洲时报》发布的音频视频节目,包括教授一些中餐的做法,和观众互动美食如何做得更好等。特别是 5G 和互联网融合带来了跨国传播的便利条件,"视频流"将进一步拓宽信息流动的国际传播平台。

海外华语媒体的兴盛发展和"视频流"的趋势,无疑给有声语言跨文化传播带来了更加丰富的传播路径。为此,我们需要提高海外华语媒体播音主持从业人员,包括新闻主播、主持人、出镜记者的普通话水平,通过国内外媒体联合培养、开设专门针对海外华语媒体播音主持从业人员的普通话正音培训班、利用线上学习平台开设专门语音培训课程等多种方式,提升海外华语媒体整体的播音主持水平。这将直接影响到海外汉语学习者的语音、语调,有利于在世界范围内形成统一的普通话传播格局,使海内外在"书同文"的基础上,实现全球华人"语同音"。

参考文献

一、著作类

1. 安然,崔淑慧.文化的对话:汉语文化与跨文化传播[M].北京:北京大学出版社,2010.
2. 毕一鸣.当代播音主持艺术概论[M].北京:中国传媒大学出版社,2015.
3. 陈京生.华语广播电视媒体语言研究[M].北京:中国传媒大学出版社,2009.
4. 陈青文.语言、媒介与文化认同:汉语的全球传播研究[M].上海:上海交通大学出版社,2013.
5. 陈宪奎,陈泽龙.从大众传播到自媒体[M].北京:中国社会科学出版社,2019.
6. 陈怡,吴长伟.国际传播能力研究:国家与媒体案例集[M].合肥:安徽大学出版社,2015.
7. 程曼丽.海外华文传媒研究[M].北京:新华出版社,2001.
8. 代树兰.电视访谈话语研究[M].北京:中国社会科学出版社,2009.
9. 丹纳.艺术哲学[M].傅雷,译.南京:江苏文艺出版社,2012.
10. 段鹏.中国广播电视国际传播策略研究[M].北京:中国传媒大学出版社,2013.
11. 弗卢.新媒体4.0[M].叶明睿,译.北京:人民日报出版社,2019.
12. 关世杰.跨文化交流学:提高涉外交流能力的学问[M].北京:北京大学出版社,1995.
13. 关世杰.中华文化国际影响力调查研究[M].北京:北京大学出版社,2016.
14. 侯东阳.国际传播学[M].广州:暨南大学出版社,2012.
15. 胡正荣,李继东,姬德强.国际传播蓝皮书[C].北京:社会科学文献出版社,2015.
16. 克莱默.全球化语境下的跨文化传播[M].刘杨,译.北京:清华大学出版社,2015.
17. 吴应辉,牟岭.汉语国际传播与国际汉语教学研究[M].北京:中央民族大学出版社,2011.
18. 李大玖.海外华文网络媒体:跨文化语境[M].北京:清华大学出版社,2009.

19. 李凤辉.语言传播人文精神的阙失与重构[M].北京:中国传媒大学出版社,2006.

20. 李洪岩,柴璠.广播电视语言传播文化品位及审美趋势研究[M].北京:中国广播电视出版社,2007.

21. 李钧,王日美.汉语国际教育:中华文化精神的源流、继承与传播[M].北京:北京语言大学出版社,2015.

22. 李庆本.跨文化阐释的多维模式[M].北京:北京大学出版社,2014.

23. 李晓华,胡正荣,冉丽.聚焦世界华语播音[M].北京:北京广播学院出版社,2004.

24. 李小林.如何讲好中国故事[M].北京:商务印书馆,2019.

25. 李宇.海外华语电视研究[M].北京:中国社会科学出版社,2011.

26. 李宇.中国电视国际化与对外传播[M].北京:中国传媒大学出版社,2010.

27. 李智.国际传播[M].北京:中国人民大学出版社,2020.

28. 刘琛,王丹丹,宋泽宁,等.海外华人华侨对中华文化的传承与传播[M].北京:北京大学出版社,2018.

29. 刘琴.主流媒体直播探索的理论诠释与实践解读[M].北京:中国书籍出版社,2019.

30. 刘行芳.新媒体概论[M].北京:中国传媒大学出版社,2015.

31. 吕艺生.大型晚会编导艺术[M].上海:上海音乐出版社,2004.

32. 麦克卢汉.媒介即按摩:麦克卢汉媒介效应一览[M].何道宽,译.北京:机械工业出版社,2016.

33. 蒙象飞.中国国家形象与文化符号传播[M].北京:五洲传播出版社,2016.

34. 屈哨兵.语言服务引论[M].北京:商务印书馆,2016.

35. 萨马迪.国际传播理论前沿[M].吴飞,黄超,译.北京:中国传媒大学出版社,2016.

36. 萨默瓦,波特,麦克丹尼尔.跨文化传播:第6版[M].闵惠泉,贺文发,徐培喜,等译.北京:中国人民大学出版社,2013.

37. 单波.跨文化传播的问题与可能性[M].武汉:武汉大学出版社,2010.

38. 单波,肖珺.文化冲突与跨文化传播[M].北京:社会科学文献出版社,2015.

39. 斯巴克斯.全球化、社会发展与大众媒体[M].刘舸,常怡如,译.北京:社会科学文献出版社,2009.

40. 孙巍.跨文化语用学视角下的言语行为[M].济南:山东大学出版社,2018.

41. 孙英春.跨文化传播学[M].北京:北京大学出版社,2015.

42. 孙英春.跨文化传播学导论[M].北京:北京大学出版社,2008.

43. 王庚年.国际传播:探索与构建[M].北京:中国国际广播出版社,2009.

44. 王维佳.媒体化时代:当代传播思想的反思与重构[M].北京:人民出版社,2019.

45. 吴瑛.中国声音的国际传播力研究[M].上海:上海交通大学出版社,2016.

46. 肖航,纪秀生,韩愈.软传播:华文媒体海外传播研究[M].北京:中国传媒大学出版社,2013.

47. 肖珺.新媒体跨文化传播的中国实践研究[M].北京:中国社会科学出版社,2018.

48. 熊征宇.电视访谈节目主持人传播能力解析[M].北京:中国广播影视出版社,2015.

49. 闫成胜.中国媒体对非洲传播研究[M].北京:学苑出版社,2018.

50. 杨刚毅.我们一起走过:CCTV-4成立20周年纪念[M].北京:人民出版社,2012.

51. 姚喜双.播音主持概论[M].北京:高等教育出版社,2012.

52. 臧具林,陈卫星.国家传播战略[M].北京:中国传媒大学出版社,2011.

53. 曾祥敏.新媒体背景下的电视分众化传播[M].北京:中国广播电视出版社,2010.

54. 曾志华.中国电视节目主持人文化影响力研究[M].北京:北京大学出版社,2009.

55. 詹金斯.融合文化:新媒体和旧媒体的冲突地带[M].杜永明,译.北京:商务印书馆,2012.

56. 张颂.播音创作基础:第3版[M].北京:中国传媒大学出版社,2011.

57. 张颂.播音语言通论:危机与对策:第3版[M].北京:中国传媒大学出版社,2012.

58. 张颂.播音主持艺术论[M].北京:中国传媒大学出版社,2008.

59. 张颂.朗读美学:第2版[M].北京:中国传媒大学出版社,2010.

60. 张颂.中国播音学[M].北京:北京广播学院出版社,2003.

61. 张维为.这就是中国:走向世界的中国力量[M].上海:上海人民出版社,2019.

62. 张志安.新媒体与舆论:十二个关键问题[M].北京:中国传媒大学出版社,2016.

63. 赵玉明,艾红红.中国广播电视史教程:第3版[M].北京:中国广播影视出版社,2019.

64. 周晓虹.现代社会心理学[M].上海:上海人民出版社,1997.

65. 周芸,崔梅.语言传播概论[M].北京:北京大学出版社,2015.

二、论文类

1. 蔡菁.华语电视在马来西亚的传播研究[D].杭州:浙江大学,2015.

2. 高国庆.播音员主持人语言影响力研究[D].太原:山西大学,2014.

3. 何晓燕.全球化语境下中国电视剧的跨文化传播研究[D].北京:中国艺术研究院,2012.

4. 姜燕.汉语口语美学研究[D].济南:山东师范大学,2011.

5. 鲁婷.华语网络电视对外传播研究[D].广州:暨南大学,2013.

6. 马云霞.语言在国际交往中的经济价值研究[D].武汉:武汉理工大学,2012.

7. 孙超.文化冲突背景下中华优秀传统文化认同问题研究[D].齐齐哈尔:齐齐哈尔大学,2017.

8. 孙祥飞.中国形象的跨文化传播路径研究[D].上海:复旦大学,2014.

9. 肖顺良.美国汉语传播研究[D].北京:中央民族大学,2015.

10. 杨艳蕾.媒介融合背景下语言文字的传播特点与审美阈研究[D].济南:山东师范大学,2012.

11. 杨颖.普通话水平测试培训课程研究[D].长沙:湖南师范大学,2013.

12. 郁玉萍.中国电视媒体对外传播能力研究[D].长沙:湖南大学,2011.

13. 张萌.中国对外输出电视剧的跨文化传播研究[D].重庆:西南政法大学,2016.

14. 张墨飞.汉英双语播音主持人才素质研究[D].北京:中国社会科学院,2016.

15. 张泗考.跨文化传播视域下中华文化走向世界战略研究[D].石家庄:河北师范大学,2016.

16. 张颖.论CCTV-4中文国际频道形象的建构与传播[D].北京:中央民族大学,2013.

17. 赵梦.中国演艺作品"走出去"若干问题研究[D].北京:北京舞蹈学院,2015.

18. 柴欣.中国传统文化的对外传播策略研究[J].视听,2015(9).

19. 陈昌凤.微媒体时代,华语传播的新纪元[J].新闻研究导刊,2012(11).

20. 陈国民,单波,肖珺,等.跨越东西方:在跨文化传播领域拓展对话的路径[J].跨文化传播研究,2020(2).

21. 陈吉德.全球化时代的文化冲突:释义与分析[J].人民论坛·学术前沿,2015(19).

22. 陈洁.受众关注的,就是节目要做的内容:近距离观察美国广播电视节目风向[J].视听界,2013(3).

23. 陈力丹.语言和非语言的跨文化传播[J].东南传播,2019(3).

24. 陈汝东.论全球话语体系建构:文化冲突与融合中的全球修辞视角[J].浙江大学学报(人文社会科学版),2015(3).

25. 陈旭光.改革开放四十年合拍片:文化冲突的张力与文化融合的指向[J].当代电影,2018(9).

26. 程耿金妍.跨文化电视传播中的伦理冲突:以近年美国电视节目主持人辱华事件为例[J].新闻战线,2016(10).

27. 关世杰.中国核心价值观的世界共享性初探[J].国际传播,2019(6).

28. 关世杰.中华文化国际影响力评估体系初探[J].对外传播,2015(1).

29. 关世杰.对外传播中的共享性中华核心价值观[J].人民论坛学术前沿,2012(15).

30. 郭熙.论华语研究与华文教育的衔接[J].语言文字应用,2018(2).

31. 哈嘉莹.语言的国际传播与构建国家形象:基于主体认知的分析视角[J].山东社会科学,2013(5).

32. 韩昭.传媒视角下播音与主持艺术要素探索[J].新闻研究导刊,2015(15).

33. 何洁.浅析建立海外普通话培训测试中心的意义[J].传播力研究,2017(5).

34. 黄谋琛.冲突与融合:全球化时代的文化境遇[J].学习论坛,2013(3).

35. 姜瑞林.全球化背景下中西主流文化间的冲突、交融与升华[J].河北大学学报(哲学社会科学版),2015(5).

36. 匡文波.媒介融合背景下主流媒体移动短视频传播策略研究——以"央视新闻"抖音号短视频传播为例[J].新闻论坛,2019(6).

37. 李宝贵.习近平关于语言传播的重要论述及其对汉语国际传播的启示研究[J].东北师大学报,2019(4).

38. 李冰玉,孙英春.跨文化传播的视觉化趋势与中国出版"走出去"的实践场域[J].现代传播(中国传媒大学学报),2020(1).

39. 李昌,刘纯怡.中国文化对外传播力研究述评[J].昆明理工大学学报(社会科学版),2018(2).

40. 李昌文.全媒体时代的传播语言研究[J].现代传播(中国传媒大学学报),2012(12).

41. 李洪岩.多维传播语境中播音主持的功能与拓展[J].现代传播(中国传媒大学学报),2013(8).

42. 李加莉,单波.跨文化传播学中文化适应研究的路径与问题[J].南京社会科学,2012(9).

43. 李炜,郭智雯.跨文化传播视域中的语言文化类节目[J].华中学术,2018(1).

44. 李勇强.华人形象的媒介建构及文化认同:《华人世界》栏目十年论[J].中国电视,2016(8).

45. 李宇.海外华语电视的发展现状与转型策略[J].广电聚焦,2017(12).

46. 李宇.传统电视台在网络电视时代的创新路径:以美国主要电视台为例[J].电视研究,2015(9).

47. 林小榆.新世纪以来播音主持学术研究态势分析[J].湛江师范学院学报,2011(5).

48. 刘峰,任庆帅.浅析美国电视在新媒体时代的创新发展方式[J].电视研究,2013(12).

49. 刘阳.中国跨文化传播研究述评[J].当代传播,2010(1).

50. 屈哨兵.语言服务的概念系统[J].语言文字应用,2012(1).

51. 阮立,韩潇潇,王莹.美国华语电视发展状况研究[J].对外传播,2018(9).

52. 阮立.美国华语电视经营发展研究[J].戏剧之家,2018(32).

53. 单波,冯济海.2015年西方跨文化传播研究:问题与方法[J].文化与传播,2016(1).

54. 单波,刘欣雅.边缘人经验与跨文化传播研究[J].新闻与传播研究,2014(6).

55. 单波.从新体用观的角度构建中国传播学的反思性[J].国际新闻界,2018(2).

56. 单波.多元文化冲突世界里的跨文化传播:燕斯·奥尔伍德教授访谈录[J].文化软实力研究,2017(2).

57. 单波.论国家形象跨文化转向的可能性[J].兰州大学学报(社会科学版),2017(5).

58. 单波.面向跨文化关系:报道他者的可能性[J].新闻与写作,2020(3).

59. 单波.西方传播学理论是如何与马克思主义发生联系的?[J].新闻大学,2016(3).

60. 单波.中西方的相遇与中西比较[J].全球传媒学刊,2015(4).

61. 单波,林莉.中国对外报道的"方法—目的"之惑:基于新华社对外报道的历史考察[J].现代传播(中国传媒大学学报),2019(10).

62. 单波,孙宇心.跨文化传播研究的新视角与新趋势[J].南昌大学学报(人文社会科学版),2017(10).

63. 单波,张洋.记者角色的地方性实践与记者比较范式的跨文化重构[J].新闻与传播研究,2020(4).

64. 邵彤,隋鑫.跨文化传播视域下的文化冲突与融合[J].社会科学辑刊,2013(3).

65. 苏延烨."一带一路"背景下的汉语国际传播[J].新闻战线,2018(6).

66. 孙海龙.多元的"在场"与"缺席":移动短视频传播时代的身体实践[J].视听界,2019(11).

67. 孙英春.重构国际合作与深化的知识框架[J].浙江学刊,2020(3).

68. 孙英春.国际社会化与"人类共同体":走向"多向互动"的合作机制[J].浙江学刊,2019(3).

69. 孙英春.跨文化传播的对话空间[J].浙江学刊,2017(2).

70. 孙英春.传统、软实力与中国文化的"全球视域"[J].浙江学刊,2016(2).

71. 谭力,黄昭艳.唤醒、发掘、传达:中华经典文学作品的有声语言传播研究[J].戏剧之家,2016(22).

72. 唐梓然.播音主持语言艺术评析[J].汉字文化,2018(9).

73. 汤丝敏.短视频传播环境下的朗诵审美技巧:基于情境主义国际理论的指导[J].新媒体研究,2019(18).

74. 涂凌波.网络视频传播再反思:伦理主体、伦理失范与传播伦理的重构[J].新闻与写作,2019(12).

75. 王阿蒙.拓展创意思维 赋能视听语言:短视频创作若干问题探讨[J].传媒评论,2019(10).

76. 王博宁.传媒视野下播音主持艺术的要素探讨[J].传播力研究,2018(16).

77. 王怀东.《人民日报海外版》对中国文化的传播[J].青年记者,2017(14).

78. 王莹.国际传播背景下美国华语电视节目研究[J].戏剧之家,2019(16).

79. 吴俐萍,池薇.跨界、联合、独立:美国传统电视媒体的新媒体转型模式研究[J].新媒体研究,2017(15).

80. 吴佩珍.播音主持艺术要素初探[J].新闻传播,2015(3).

81. 杨绪明,廖扬敏,贾力耘.全球语境下中国语言形象构建刍议[J].广西师范学院学报(哲学社会科学版),2014(3).

82. 袁文欣.中国企业"走出去"面临的文化冲突与融合:中原油田的探索经验[J].人民论坛,2018(27).

83. 章宏,邵凌玮.新媒体环境下海外华文报纸新闻生产现状探析:以《欧洲时报》为研究对象[J].国际传播,2019(4).

84. 张梓轩,汤嫣,王海.动态社交语言对表意功能的革新:探析"移动短视频社交应用"赋予新闻传播的新空间[J].中国编辑,2015(5).

85. 赵云泽.华语传播的话语整合与意象重构:以CCTV-4《华人世界》为研究对象[J].国际新闻界,2008(4).

附录1　中央广播电视总台驻联合国记者站杨春采访实录(节选)

采访:王亚囡
嘉宾:中央广播电视总台驻联合国记者站记者杨春先生
时间:2019年4月
地点:美国纽约联合国总部

采访:和主持人相比,当好一名出镜记者应该更难。您当时是怎么做到这样一个转变的?

嘉宾:我觉得首先是一个个人化和个性化的选择。我从来没觉得自己是一个标准的播音主持艺术学院的学生,或者我们当时叫播音系的学生。现在还有专门叫艺考生的说法,我是从来没有准备的,我只是高考之前几个月才知道有这么一个专业,所以抱着试一试的想法去了,只是普通话说得还不错。

我觉得我是天生有一些自己独立想法的人,最后可能总是不安分,总是爱看一些乱七八糟的书,慢慢可能自己的知识结构、体系、想法、行为就不知不觉地偏离了主航道。当时有一个主持人大赛,我就去了,在参加主持人大赛的过程中,《新闻调查》正好也缺人,就去了《新闻调查》试镜。

《新闻调查》这个节目现在可能很多人已经不了解了,但是我觉得《新闻调查》它的了不起之处,在于它在那个时候的新闻语态,它真正重新定义了调查性报道,或者是它忠实地引进了一个西方的概念,而且严格地身体力行地执行调查性报道的整个概念和操作流程。我在这个过程中受到了严格的训练,手段上的、技术上的训练,特别是那种意识上的、新闻意识上的训练。

采访:当时《新闻调查》播出之后,很多观众的反响就是觉得央视的节目比以前更有思想、更理性了。您怎么看?

嘉宾:对,确实有一些观众能够感受到,这也是《新闻调查》所追求的,虽然不是经常能够达到这种目标,但确实是一直为之努力的。更加理性,更加有思想性,后来《东方时空》异军突起。我们希望在这种深度广度上来做开掘,能不能达到不太知道,但是尽量去努力。

采访:离开《新闻调查》之后,您到了央视的开罗记者站,负责中东和非洲的一些新闻报道,应该说这是一个很大的转型,因为从当时国内的情形来说,中东和非洲的地区形势远比国内要复杂得多,您当时为什么会有这样的一种选择?

嘉宾:这是一个很个人化的选择,也不具可比性,也没有人让我怎么样做。人的天性如此吧,我从小就想看看这个世界是怎么样的,人一旦有了这种最原始的冲动、最基本的想法,它总是在驱使着你。《新闻调查》已经干了这么多年,调查性报道也就做到那个份儿上了。我已经知道中国是什么样的,那我就去看看这个世界。那这个世界什么地方最有冲突,什么地方以一种剧烈的形式来表现?可能就是中东地区。那个时候记者站还非常少,开罗站不仅负责整个中东,它甚至还负责整个非洲记者站,后来南非才有记者站。很长一段时间,就是开罗、中东和非洲,我要跑很多的国家和地区。

采访:我从网上看到一些视频,我觉得您在中东和非洲的采访是很有挑战性的,或者说我觉得是很有危险性的,这个和我之前提到国内的那种调查类的采访的危险性,完全不是一个概念,要么是爆炸,要么是埃博拉疫情,要么就是国际关系的矛盾聚集点,这个和国内的报道是完全不一样的。所以我想问的是,您在面对这样一些危险信息的时候,采取的是一种什么样的处理态度?

嘉宾:其实越危险才越证明它有新闻价值。我每次一看到这种现场,我真的会很兴奋。一个合格的记者,我相信他看到这种新闻,第一时间是要兴奋起来,他有那种甚至是荷尔蒙的冲动要冲过去,没有这种冲动你就做不好。但是一个好的记者又要同时具备多种能力,千万个信息进来,那时候叫处理器,现在叫 AI 系统,你要有同时处理多路信息的能力。第一我要兴奋起来,兴奋起来不是单纯的那种兴奋,就是我要处于一种迎战状态,同时我要处理很多信息,比如说穆尔西下台了,开罗接下来会怎么样;军方的态度是怎么样;老百姓的态度会怎么样;哪几个地点有可能爆发冲突,我自己得判断冲突的规模会有多大,这次冲突和意外会有什么不同;我应该在哪个现场出现;我要用什么样的态势、身体的行为来表现……

同时我还要联系直播点,找到我的摄像设备,所有的东西都不能遗漏,因为这种突然出发很可能就会忘带一样东西,到了现场是致命的。我要不要戴头盔,要不要穿上防弹背心,我是不喜欢戴那些东西的人,但是你不能说以自己的身体和生命为代价。我要去评估我是把它放在车里,还是我随时要穿上,把它当作一个道具来表现,因为它也是新闻的一部分,我要告诉观众这地方很危险。

采访:您当主持人和出镜记者的这些年,去过很多国家,您有没有和当地的一些华语媒体合作过?您觉得和它们在合作的过程当中,比如说对同一个事件的报道,它们在着力点和选择上面跟我们有什么不同?

嘉宾:我们肯定是合作过。比如在纽约你会经常倚仗它们,无论是有意的还是无意的,现在这种自媒体也很多,可以从中获得一些消息源。电视我觉得不可避免地要通过别的媒体或消息源,这是很正常的,有消息之后你自己再去加工和报道。但是不能完全倚仗这些华语媒体。

采访:不能倚仗?

嘉宾:当然不能倚仗,或者说你要有自己的判断,因为它们的那种新闻素养和新闻追求是完全不一样的,我老说它们在某种意义上还是不专业的。我今天上午刚想到一个词,就是世界华语媒体传媒也好,用中国人的视角看世界也好,我们什么时候能够从世界的角度看中国,这种交流就更健康一些了。

采访:您觉得它们有发挥什么样的作用吗?比如说以纽约为例,就是纽约的民众,当然包括很多的华人,他们获取信息的来源是国内的央媒,还是当地的华语媒体?

嘉宾：总的来说，我觉得华语媒体在媒体的功能上还是停留在服务型，特别是在纽约，它们大量提供这样的信息，关于报税、报账、律师、生活服务、学习型、娱乐型等。很多华人他是一辈子都不懂英文的，或者英文粗通而已，很多华人他们还停留在这个阶段。

采访：我觉得随着中国国力的提升，它的国际影响力也在慢慢扩大，您觉得您在外这么多年，华语传媒有没有转变？它是很多年都保持一样，还是它也在不断地发展？

嘉宾：在发展，但是还没有跳出这个圈，就是说这种华语媒体，它背后依托的还是中国，这是肯定的，我们的影响力第一是与日俱增，第二还是影响有限，这两个现实必须得认识到。

采访：您走过了这么多的国家，在您的眼中，媒体和国家形象之间，是一个什么样的关系？

嘉宾：我的感觉还是我们这么多年一直在做"走出去工程"，在做外宣，老要提"外宣"这个词，后来是国际传播，等等。其实我们传统上的对外传播和国际传播是两个概念，向度和维度都不一样。我还接触过一些老外，我们常常觉得自己的故事讲得不够好，老外也认为，"你们中国的电影电视也好，媒体人员也好，你们故事讲得不够好，我们西方观众不接受，不容易接受。或者说你们的故事讲得不够专业。你们讲好了我们肯定就爱看。"一开始我也稍微困惑了一下，后来我发现这种千百年来造成的文化的差异，是不容易理解的，中西方文化差异非常大。

附录2　美国纽约州立大学石溪分校采访实录(节选)

采访:王亚囡
嘉宾:美国纽约州立大学石溪分校副校长助理叶妍女士
时间:2019年4月
地点:美国纽约州立大学石溪分校中国中心

采访:您能介绍一下美国纽约州立大学石溪分校目前中文学习的情况吗?

嘉宾:美国纽约州立大学石溪分校今年一共招了40个学生。我们也是每周都上课,主要就是以交流为主。但是我这个课的特色跟之前两个老师上的课不同,因为他们就是拿着常态的教材上,我的课是十周,都是学生感兴趣的,或者说是与中国文化相关的。比如他们特别感兴趣中国学生名字怎么发音,他们好多毕业典礼上发音都念不准,他们就对这个特有兴趣。还有比如说去中国出差的时候,要用的一些简单的对话什么的。还有他们挺感兴趣现在中国年轻人有什么,他们喜欢玩什么,有什么流行文化。还有中国家庭,我上周刚讲的,就是中国家庭的家庭理念是什么样子的,谁做主,让孩子们听谁的,然后就是家长们比较关心孩子的成绩什么的,还有中国教育制度这一类。

采访:这个还挺实用的。

嘉宾:对,因为他们平时上班就中午的时间来,要是这周没空,他下一周来也不会落下课程,因为每周的话题是不一样的。

采访:他们现在会很注重发音吗?

嘉宾:我的课就非常强调发音,但是他们太没有基础了,所以得先让他们不断练习。

采访:您现在教的这个班大概是 40 个同学,这些汉语学习者的构成比例是怎样的呢,比如说西人多一些,还是亚洲人多一些,还是咱们华裔多一些呢?

嘉宾:对,我招了 40 个同学。现在的话我觉得还是美国人多一些,华裔比较少,华裔可能就两三个,亚裔也有那么几个。

采访:您觉得现在我们普通话的推广,最大的困难在哪?

嘉宾:我觉得是外国人尤其是美国人,当然了,现在学汉语的美国人确实挺多的,但是我觉得可能在欧洲,或者在东南亚国家学汉语更热,或者汉语的地位更高一些。首先就是美国人他要先对中国感兴趣,对中国文化感兴趣,然后才想学中文。其实美国人,他们除了学英语以外,可能说第二门外语的意愿不强,也没有像欧洲人那么愿意学外语,或者说那么愿意了解其他国家的文化。我觉得兴趣比较重要。他可能在媒体上看到越来越多关于中国的报道,或者是关于中国的故事,就可能改变了他们原来的想法。越了解的话,可能就越有兴趣,他们就想知道更多。

采访:我还想问一下咱们这些学生,他们对于有声语言表达的重视程度怎么样?因为我们这个专业会很注重表达,比如说发音,他们会不会对这个东西比较重视?换一个角度,比如说我学英文的时候,我也希望能够说得很标准,然后也希望是语音很标准的老师来教我。咱们这边的学生,他们有没有对这方面比较重视?

嘉宾:我觉得他们重视,但是因为他们基础为零,所以他们没法兼顾,他得先学会然后你再去纠正,因为你也没有办法一直揪着他,他可能就觉得不好意思了,或者他就觉得有压力了,但是他更喜欢跟他的同桌说,所以你要是老揪着他,第一他可能领悟不过来、反应不过来,第二可能效果也不是特别好。我有一个学生他是个华裔,其实他中文说得挺好,但是他也来,我当时还挺奇怪,我说你为什么来?他说我的朋友说我发音不行,太不标准了,因为他们家是上海的,他会说上海话,或者有上海口音,所以他还是愿意来学习。

采访:之前我觉得咱们关于语言这方面的活动会比较多。

嘉宾:孔子学院那边比较多,有教中国功夫的,有唱中国歌的,还有几个小的文化展示桌子,国画、书法、剪纸,好像还有汉服室,就是让大家试汉服的。除了教功夫和中国歌是我们这次新创的,剩下那几个文化展示基本每次都是我们跟中国中心一起办文化活动的时候展示的。我们每年有春晚,那年的春晚有一个女孩,她的中文挺好的,虽然没有参加"汉语桥"那些学生那么好,但也算是挺不错的了。后来因为国家汉办有奖学金项目,就把她给推荐去了,她现在去厦门大学还是去中南财经上学了,她就是走国家汉办奖学金项目去国内上学的。

采访:咱们举办这样的活动对于中国形象的塑造,是不是会有一些作用?如果有的话您觉得是什么样的一个作用?

嘉宾:起码在这些活动上所展示的中国的样子,或者是中国的一些文化活动,我觉得都还挺正面的。一般来说这种文化活动类的,我觉得也都是他们比较能够接受的一种形式,不像我天天坐在课堂里学特别难的汉语。就孔院来说,孔院每年春晚、中秋这些都是跟中国学生,或者中国中心一起举办的。还有一个当地的活动,就在石溪隔壁的一个小镇,是个海边的小镇,它们每年9月有一个龙舟节,就好多组队赛龙舟的,孔院每年都赞助这个活动,我们还可以在那儿推广一下我们的项目。

采访:现在咱们石溪和国内高校开展有哪些文化交流活动呢?

嘉宾:石溪跟中国30多个大学建立了交流合作,包括中国传媒大学。之前还做一些3+1或者是2+1那种学位合作的项目。当然分好几类了,第一个最常做的就是两个学校之间的互访,或者说是一些老师、学生的来访和互访。还有一些石溪分校比较强的专业,就跟国内一些有兴趣合作的学校,建立某个专业类的合作。

附录3　美国中文电视采访实录(节选)

采访:王亚囡

嘉宾1:新闻主编田甜女士

嘉宾2:《中文晚间播报》主持人孙滟华女士

时间:2019年4月

地点:美国纽约法拉盛,美国中文电视新闻频道

采访:美国中文电视目前播出节目是什么样的?

嘉宾1:我们现在有两个播出平台,一个是63.3,这个是数字有线频道,就是要用数字天线来接收的。这个平台是一周七天,共播出24小时。另一个是73台有线台,比如说是周一到周四,早晨7点钟到凌晨1点钟,周五、六、日是早晨7点到晚上11点。我们也有网络的,我们中文网基本上是同步播出我们的节目。

采访:美国中文电视覆盖哪些区域?

嘉宾1:我们算是全美的。从网络媒体角度来说,有网站、有App,还有YouTube、Facebook等,所以可以说是全美平台。但是光从电视播出来说还是北美;从电视角度来说,大概覆盖面有百万,可以覆盖上百万的电视观众。

采访:这个排播咱们通常怎么进行?

嘉宾1:一般新闻可能是放在黄金时间,我们开台今年应该也快30年了,29年历史,一直是新闻立台,很多新闻都是自己制作自己拍摄的,所以新闻一般是在黄金时间,也就是晚上10点钟左右,然后围绕这个黄金时间来发

散。其他时间播出我们自己制作的一些王牌谈话节目、访谈节目等,然后还有动画片。其实所有的电视节目它都有非常严格的规定,比如说有这么厚一本书,所有的要求里面规定得非常详细。比如说半个小时的节目,它要求时长不能少于 25 分钟;一个小时的节目,节目时长不能少于多少。

采访:我之前看到咱们有一张节目播出表。我看到有很多国内的节目会在这边播放,比如《一站到底》《快乐大本营》,有很多档不同类型的节目,咱们是基于一个什么样的考虑,会把这样的一些节目放在咱们台里播放,让这边的观众看呢?

嘉宾1:美国的黄金档是晚上 8 点到 11 点,就是收视率最高的这个黄金时段。像《综合新闻》,是我们的王牌节目,收视率是最高的,忠实观众是最多的。为什么放在 10 点?因为很多人白天很辛苦很忙,到晚上 10 点,基本上所有的人都有时间能够坐下来看了。9 点我们播放电视剧,大家比较喜欢。在电视剧之前一般有一部分我们自制的节目,也是我们力推的。大约从晚上 7 点半开始,我们排的是各种综艺节目,因为年轻观众会比较喜欢综艺节目,我们也希望各个年龄层、各个背景的人都喜欢。

晚上 7 点是短新闻,新闻是放在 10 点的,不像中国国内好像一般放在七八点,因为对于美国的移民来说,等到他们下班回到家,可以看电视就是 10 点左右,所以我们将近 30 年来一直以这个收视习惯为主。

采访:咱们台一共有多少个主持人?

嘉宾1:我们台的话,目前是分不同类型的主持,比如新闻主播、节目类型的主播,大概是分成两种。新闻主播的话,它是有播报(新闻播报),有记者,记者也分为播报记者和出镜记者,大概是这两种形式。

采访:咱们针对的主要人群有哪些呢?

嘉宾1:是以华语为主的人群。其实我们刚开始可能更多针对新移民,就是刚来到这儿的人。那是在我们创台的时候,现在慢慢地我们更多的不是针对新移民了,我们针对的是在这儿居住的移民,他们会遇到一些问题,比如说受到歧视了,或者一些文化差异,他们需要发出自己的声音。慢慢地我们会更多关注这方面的人群,甚至更年轻的人群。

采访:我还想问一下,咱们在报道一些比较大的活动和事件的时候,会和西方的媒体一样到现场去吗?

嘉宾1:会,其实这是我们每天都会进行的事情,我们是有全美记者站的,纽约、洛杉矶、旧金山、华盛顿、波士顿、休斯敦、芝加哥,这些地方都有我们的记者站。每个地方的记者都会关注华人社区,同时也关注主流社会,我们更多的是华语传播,但是我们并不是只报道华人,而是要报道主流社会,然后用华语的声音把这些新闻传播出去。比如说白宫发布会,记者就要去进行这个内容报道。旧金山等各个地方的市府、州府如果有很重大的决策、法案等,记者也会重点去报道,因为华人也关心这些东西。另外还有比如中国的一些新闻,因为我们是美国媒体,我们并不是中国媒体,但是我们关注的华人群体关注祖籍国,比如说中国的"两会"、十九大,中国重大的变革会议,我们也会回到中国,以外媒记者的身份去采访、拍摄。

采访:比如说咱们在报道国内事件的时候,咱们的角度会和国内一样吗?

嘉宾1:比如"两会",我们会选取我们自己观众想知道的、我们这边的人想知道的,比如说中国雄安的发展变化,或者说它吸引人才的政策。我们会更多地报道美国当地人想要知道的中国的一些发展变化,比如说中国消费形式的改变、经济发展等,因为有很多人可能考虑是回国还是留在这儿发展。基本情况就是这样。

采访:咱们播出的节目里边比较有影响力的,除了咱们的新闻,还有什么?

嘉宾1:还有饮食,就是美食节目,美食节目是一个以经营为主的节目,因为我们电视台要活下去,做节目的时候不能光想着传播,还要想着如何去营销,美食节目是我们营销比较成功的一个案例。这个节目也在不断地改变,之前它有两个主播,一个中文主播,一个美国主播,两个人以双语的形式走入餐馆进行播出。

还有《天生我才》,它是以青少年为主要受众的节目,是全年性的节目。之前我们还有一个《美国大学声》的节目,它不光是针对中国留学生,凡是在美国校园里的人都可以参加,是各个族裔都来参赛的一个节目。

还有一个《达人有观点》,比如说"章莹颖事件""刘强东事件",这些事件发生之后请一些律师来解读法律,让律师进行观点的表达。它是以新闻为主延伸的一种节目形式。

还有一个节目叫《一刻》,就是 moment,一刻正好 15 分钟,也是一个新闻话题。比如我们最近在做关于大麻的节目,大麻这个事件全美都很关注,华人怎么去看大麻事件。也就是说,这个节目就是新闻深度报道。

采访:刚才说咱们一共有多少个主持人?

嘉宾1:我们新闻组全职主播有 3 位。另外我们的记者主播,应该说全美每一位记者都要承担记者主播的责任,要进行连线现场报道,甚至要到主播台参与一些主播台的工作。纽约我们有三个记者站,这是其中一个地方,还有曼哈顿、布鲁克林,在纽约大概有 10 个记者,加上其他全美记者一共 20 个。20 个的话,也不是每个人都适合出镜,但是基本上要求每个人在上岗之前,都要有出镜的能力,或者说要经过出镜的培训。有 2 位是播音专业毕业的,其他的好像都是新闻相关专业毕业的。

采访:对于塑造,现在我们谈提升软实力,关于塑造中国形象,我只是从主持人这个角度来讲,主持人是一个门面,咱们台的主持人对于塑造中国形象是一个积极的态度吗?

嘉宾1:应该说从内容和形式上我们都会积极传播中华文化,我们采访的很多内容是这边的人,甚至很多是美国人,他是怎么爱中国的文化,他怎么热爱中国的饮食、文字、文化等,我们以这种形式来报道,当地人很喜欢。比如中国的故宫展品到美国来,我们就会报道,我们就说这个东西多么好,以这种形式来展现中国形象。

采访:这些主持人的语言状况是什么样?因为在国内我们播音主持专业的,普通话水平必须达到一甲,咱们招聘会有这样的要求吗?

嘉宾1:我们刚开始会关注他是不是播音毕业的,但现在我们更想要的是好好说话的人,而且对他的英语程度要求越来越高,这也是我们现在对主播的要求。因为主播他是灵魂人物,现在我们主播更多的是以念稿的形式,中间穿插一两个小部分,由其他的记者播报来把这个故事讲完整。总体来说主播可以说错话,可以读错一个名字,但是他要说"对不起,我读错了",我们就是越来越需要这样的主播。

采访:有另外一个问题,比如说报道中国的事件,或者跟中国相关的消息,新闻稿是我们自己写,还是会参考央视的新闻稿?

嘉宾1:我们自采的内容,都是我们自己采自己回来写的。其他我们可能都会参考,可能不止参考一家。另外一些内容,比如说巴黎圣母院着火了,你不在现场,你必须参考很多媒体。我们会有固定参考的一些媒体,中国也是,我们可能看很多中新社、央视新闻,还有其他一些媒体,央视的媒体,综合把这个稿子完成。但是我们也有相关的一些就是合作购买的版权单位,比如说CNN,我们不能随便采用人家的视频,必须有版权,所以我们相当于和它是一个合作关系,然后购买它的东西。

采访:因为现在处于电视媒体和新媒体融合的这样一个阶段,这对我们主持人也提出了更高的要求,所以咱们电视台对于主持人下一步的发展,会有一个什么样的期望?

嘉宾1:你说到点子上了,这也是我们现在发展的一个瓶颈。现在我们的主持人可能力量不强,大家不喜欢只会念稿的人、没有表情的人、不会笑的人,这样他可能很快就被淘汰。但是我们的记者,质量蛮高的,因为我们只招研究生学历的,然后我们对于什么学校毕业的要求也蛮高的。他们经过一段时间的磨合出镜,他们就可以胜任主播,也许他们说话没那么标准,但是我们就要用这种有瑕疵的人做主播,大家可能更喜欢有个性有特点的人。

采访:您觉得在国内的主持和在国外的主持最大的不同是什么?

嘉宾2:最大的不同我觉得国内的更专业一些,包括硬件软件,这边更多要靠自己,很多东西需要自己去琢磨一下,怎么适应这边的设备、灯光。这边对播音主持的吐字要求并不太高,只要说出来大家能明白就行。但是国内需要有播音员主持人上岗证,电视台在业务上的要求非常严格,主播必须字正腔圆,而且范儿要特别正。如果真的拿出国内的范儿来播这边的新闻,好像不太入流。我现在对自己的要求就是必须把话讲清楚讲明白,其他吐字归音什么的,业务要求没有国内那么严格,国内一个字都不能错,咬字一定要字正腔圆,错了是绝对不行的,尤其是直播,这边没有那么严格的要求,我觉得这是最主要的不同。但是宗旨是话一定要说清楚。

采访：在国内咱们很多这种新闻类的主持人，他都会有一个传播的导向，或者说是起到一个符号的作用，您觉得在海外的中文电视台播音主持人起到一个什么样的作用？

嘉宾2：我觉得还是起到一个传播我们文化的作用。我在播的时候，想成镜头前面有观众，要有那种极强的交流感。不管是主持也好，播音也好，交流感是特别重要的，要把我们这个新闻的主旨给传播出去，表达尽量清楚。我仍然觉得要字正腔圆一点。虽然说不像国内要求得那么高，我还是觉得要正一些。

采访：您觉得您给电视机前的观众呈现的是什么样的形象？

嘉宾2：亲切，这个可以吗？我觉得就是要亲切、要自然，要让他们看到美国中文电视，看到我这个形象，就有回家的感觉。不要有那种生疏感，不要觉得跟他们有距离，要让他们感觉像亲人一样，这是真的。

采访：您播过这么多的稿件，您自己觉得比如说一件相同的事件，国内的报道和咱们这边的报道有什么不同？

嘉宾2：国内那真是不苟言笑，不能笑，然后节奏要快一些。我在这边播，我觉得受众都是中老年人，相对慢一些，一定要让他们听得懂。再一个还是要亲切点，不要那么板着脸。时政新闻播的时候要播清楚了，哪怕是播慢一些，这都特别重要。社区新闻我觉得语速稍微快一些，字跟字之间的联系稍微紧密一些，但是要亲切。我就觉得把这件事情说给你听，你能听明白了，就不要太在乎我的音准不准，气息稳不稳了。

采访：我们谈到备稿，国内的备稿就是六步，咱们现在在海外是不是也一样？

嘉宾2：我不知道别人怎么样，我仍然是这样。

嘉宾1：因为她是科班出身的，所以才会这样，其他人可能就不懂这个东西。

嘉宾2：拿到稿件之后一定要看，句与句之间的联系是什么。然后你要弄明白，有些东西和技巧可以弱化，但是一定要明白里面的意思是什么。另外就是说，我在备稿的时候政论的节目稍微正一些，像一些其他的，比如说出了什么绯闻，我觉得在声音当中稍微调侃一点也没有什么不对，没有什么不好的。我觉得新闻也要带感情进去,你自己都没有感动,别人怎么能听得懂,你只有感动了,你播音才有起伏,才有那种情感的碰撞。备稿非常重要,而且这些字音正音还是要注意点。这也是弘扬中华文化,与标准的普通话不能差得太远。

采访:现在咱们正好处于新媒体和传统媒体融合的一个时期,很多的电视台包括国内,我们是觉得电视媒体可能有点在慢慢走下坡路。所以我们现在就紧跟着把新媒体做起来,您觉得主持人在这样一个时期,应该有什么样的过渡呢?我们专门以海外来讲。

嘉宾2:还是从内容上来讲,应该更加地贴近老百姓,就是这些民众的生活,很细小的东西都应该去感受到。节目的内容方面,更加抛弃那些高高在上的东西。比如说那些新闻,我经常想新闻可不可以稍微地多说一下,调侃一下,然后让民众听起来理解程度更高。

嘉宾1:我们要求好好说话,说大白话。

嘉宾2:对,我就在想能不能更贴近一点。比如说,我们从外在形象上包括穿衣裳,能不能不要那么死板,能够再娱乐一点,或者声音位置再放下一点,然后再宽一些,语气再轻松一点,就是真的要学一些新媒体的东西进来,会更快乐、愉悦一些。

附录4　美国中文电视《纽约会客室》主持人谭琳采访实录(节选)

采访:王亚囡
嘉宾:《纽约会客室》主持人谭琳女士
时间:2019年4月
地点:美国纽约法拉盛,美国中文电视总部

采访:您在国内也主持过很多节目,现在来了海外之后,您觉得在选题、策划、制作等方面,有什么不一样的地方?

嘉宾:其实原来我对于节目制作介入不是很深,但是有一些节目我是要参加的,比如说采访类的节目,我是要参加小组讨论的,然后大家集思广益。来了这边之后,反正基本上所有事情都是要自己去想。而且由于这边大环境的原因,我们不可能一个节目组有十几、二十个编导,其实节目大部分都是我自己来做,怎么样问、怎么样说,都是我来。

采访:这边我觉得可能也是整个环境,会逼得主持人变成一个全能型的人才?

嘉宾:对,因为你没有那么多资源,毕竟在海外你要作为一个电视台去生存,不是那么容易。首先你是小众,另外也没有那么多专业人才。因为这边人力物力都很贵,而且还有什么工作签证等方面的问题,所以导致了它整个的规模都是比较浓缩的。

采访:主持人多吗?

嘉宾：当时我们只有一档新闻节目，可能最多的时候也就是四个人轮班。我们一个晚上是两个主播，周末是一个。

采访：咱们这些新闻的来源呢？

嘉宾：新闻来源，国内的当然就是中央台的素材。美国的、国际新闻，我们用的是AP（美联社），当地的新闻是我们自己记者来采编。

采访：使用的语言呢？

嘉宾：都是用中文。

采访：咱们这边的受众怎么样？

嘉宾：我们的受众基本上还是华裔观众。但是也有一些相关行业的人，比如说我当时在上学的时候，我有一个同学，他是在NBC工作，当时在课上他就把我认出来了，然后他问我是不是华文台的主播，他说他关注我们节目是因为他是做媒体的。虽然他不懂语言，但是他看节目的画面大概能够知道发生了什么事情。其实我之前没有意识到，但是后来发现它就是一个窗口，对于很多美国人来说，他不一定要知道你的语言，但是看到节目的画面，他大概可以知道你在讲什么事情，可以看到节目展现出的中国人的风貌。所以它在很大一个程度上起到了一个窗口的作用，当地人至少有这个渠道去了解。我觉得我们的受众应该主要还是华裔，但是现在越来越多的美国人在学中文，所以他们也是我们的一部分受众。在中国，我们现在有一些固定的观众群，就是因为我们的网站在中国是可以打开的。所以有一些中国的观众，他们想要了解美国的事情或纽约的事情，我们肯定就是一个最好的窗口。

采访：华裔受众之中，侨一代、侨二代哪个人群更多一些？

嘉宾：我觉得可能还是侨一代比较多一些，因为现在年轻人看电视的其实很少。我们很早就开始做网络，至少在我刚进台的时候，我们就有美国中文网和我们这个电视，比如说新闻，我们是每天电视播了之后会上网，所以我们在网上有一部分年轻的观众。电视观众可能还是原来在中国生活过，后来来到美国，因为他们这种特殊的身份，因为他们毕竟不是在这边长大的，他们既希望看到美国的情况，同时又和中国有很深的联系，就有了关注两边的需求，所以他们就会很关注我们的节目。

采访：下面我想了解一下咱们台的一些基本情况。咱们台大概是什么时间创立的？

嘉宾：1990年。

采访：创立之后它有没有一些比较大的改版，或者说从您到这儿之后有没有大的改版？

嘉宾：之前我听说我们台最开始可能只有一个小时的时间，然后慢慢才做成了全天的。我来的时候好像只有3到4个小时，就是晚间的这个时段，是7点到11点，当时它还不是一个全天的频道。后来慢慢地，我们就把白天的时间段也买了下来，但还不是24小时。到了2012年，就是我开始做这个节目的时候，台里开始提倡要根据纽约当地的特色，更多地做一些自制的节目，于是开了我这个访谈节目。另外还有一个房地产的节目，后来陆陆续续又做了美食节目。还做了一些比赛，比如说《美国大学声》，这个去年影响蛮大的，全美有六七十所高校的学生从全美各地飞过来参加比赛。

我们现在还在做的就是《天生我才》。《天生我才》主要是展示小朋友的才艺，也有很多外国的小朋友参加，这个才艺是分类的。去年他们增加了朗诵，我给他们做过一次评委。还有乐器组、舞蹈组、声乐组，还有达人组，比如武术。这档节目算是真人秀。

采访：像这样的比赛会涉及一些语言类的吗？比如说中文演讲、朗诵这样的内容？

嘉宾：对，会涉及，在达人组他们就会有人朗诵，然后有人讲单口相声，基本上都是用中文。其实作为华语媒体来说，除了传递信息，还要传播中国的文化和语言，让大家在国外有环境能够通过母语接触到信息。同时也让侨二代、侨三代有这样的条件，通过电视节目来增强他们的中文能力。然后再加上这样的比赛项目的话，小朋友就会很努力，比如说学中文，包括念中国的诗，去年基本上都是唐诗宋词之类的。

采访：咱们的节目定位和节目宗旨主要是什么？

嘉宾：我们栏目是2012年创办的，大概就是伦敦奥运会期间，当时做这个节目是希望通过对各行各业嘉宾的采访，包括他们的经历来展示与华人相关的文化，包括华人的观点、生活、经历，这是我们当时做这个节目最主要的一个目的。尤其是我们的嘉宾，主要是从文化、艺术、人文方面去选，话题范围也特别广。我觉得我们的特点可能还是以纽约为视角,因为它是一个非常国际化的都市,然后涵盖各种文化。不管怎么样,我们都是把中国文化作为一个基本,让大家去思考中国与世界的关系、华人与世界的关系,大概就是这样的。

采访:咱们这个频道的受众大多是华人,等于说从侨二代开始,他们没有来过中国,但是他们又从小跟父母说中国话,所以他们会不会选择通过看咱们的节目,来重新认识中国,重新有一种身份的认知?

嘉宾:我没做调查,我也不敢说《天生我才》这个节目,参加的都是小朋友。有些小朋友他是不会说中文的,有些小孩他最开始基本上只说英语,他能听懂中文但是不会说。通过我们这个节目慢慢地他就开始说了,甚至我们从去年开始起用了当地的小朋友来做主持人。有一些能够用中文主持,有一些中文说不好,他就用英文主持。但是他自己会说他要好好学中文,希望以后能成为双语主持,他希望自己既能够说中文,又能够说英文。我们在今年的比赛中增加了主持人版块,就是小主持人的一个选拔,被选上的前几名会去主持其他版块的节目,所以这个也是促进他们学中文、用中文的一个很好的办法。而且现在我们都说学语言,多一门语言就多了一个渠道,也就多了一扇窗户去了解不同的文化。尤其是对于华裔小朋友来说,对于自己祖籍国的文化,更是需要有这样的渠道去了解。

现在家长的意识和原来也不一样了,原来可能我们那个时候的移民条件不太好,都是做很底层的工作,也没有钱,所以他们进入这个社会之后,想的是他们如何融入主流,如何让小孩子能够尽快地说英文,而且他们学好了英文还可以帮家里,因为父母不太会。现在的新移民,包括很多通过留学留下来的人,他们的收入、社会阶层有了一个明显的提高,大家都意识到语言的重要性,尤其是有很多人在工作当中,可能已经享受到了这样的福利,或者说这样的益处。比如说他在找工作的时候,现在有些大公司就觉得你有双语能力,公司就会要你。如果说你既会中文又会英文,那公司为什么要一个只会英文的呢?因为现在都是国际贸易,你不知道在什么时候就能够用得到中文,所以,现在年轻的父母非常重视语言。而且现在在纽约,基本上所有的学校都会有中文课,如果你想修的话,基本上都可以修。

附录4 美国中文电视《纽约会客室》主持人谭琳采访实录（节选）

采访：还真是，我觉得他们在参加这个节目的过程中，还有导师培训。在学习的过程中可能润物细无声地，就把中国的文化注入他们脑海里边了。

嘉宾：对，而且对于其他参赛的，或者是观看这个节目的朋友，也有这种影响，因为有很多小朋友会看同龄人之间的表现，看这些比较有意思，就是大家的特长，我们这个节目在小朋友当中是非常受欢迎的，家长也觉得非常好，就会让孩子看这一类的节目。孩子们看到同样是在美国长大的孩子能说中文，能念唐诗，能用中文说单口相声，就觉得很酷，可能就会激励他们"我也要好好说中文"。所以肯定是有潜移默化的影响的，因为他们毕竟是同龄人。

采访：随着融媒体环境的变迁，传统媒体也是慢慢在往下走。咱们美国中文电视有没有根据媒体的大环境，相应地做一些改变？

嘉宾：我们领导大概在两年前就定出了这样的思路做媒体融合，所以基本上很多节目会有网络版。我们会专门为网络来剪一些两三分钟的小片子，然后会改变形式，和一些节目套拍，用自拍杆的形式，就是让青少年比较爱看，网络传播更容易满足青少年他们的需求，而且我们有一些节目只在网上播出。

采访：比如说呢？

嘉宾：我们有一些家装类的节目，还有一个时政类的节目《一刻》也是只在网上播出。还有《达人有观点》，就是请各行各业的专业人士，比如会计师给你讲讲最近报税该怎样报，类似于这样的小视频是专门针对网络做的，我们在电视平台上并不播。

采访：我还有一个问题，比如说中国时政类的新闻，咱们报道的角度和国内报道的角度会有什么不同？

嘉宾：说实话我们报道国内的新闻，基本上是按中央台的稿子，只是在称谓上面，或者在有些题材的选择上面，可能会稍微谨慎一些。但是基本上我们国内的新闻，还是按照国内的口径标准去播。

采访：在报道同一个事件的时候，咱们的角度会不会和其他当地的媒体是一样的？

嘉宾：我觉得要看情况，比如说前段时间发生了一件事，是华裔和非裔社区商店争论的事情。非裔的女性跑到我们华人开的这家店铺,结果她就挑毛病,不想付钱,然后与店员发生了争执,非裔女性先推的华裔店员,这个店员就拿着笤帚打了她,当时这个事闹得非常大。幸好是有监控录像拍出来是谁先动的手,不过非裔的民众几百人就集结起来,在这家店门口抗议,使得这家店根本没有办法营业,所以当时两个族群关系就显得会比较紧张。这个时候我们作为媒体,首先肯定要把手上有的能够反映并不是华人先动手的资料进行客观报道,然后我们去找到非裔社区的领头人,采访他们,并且问他们愿不愿意跟华裔社区的领头人沟通。他们坐在一起开了个会,整个过程,我们进行了现场直播,等于我们在这个事件当中充当了一个桥梁和调解者的角色。所以在这种情况下,对我们来说,当然要替我们自己的华裔民众来发声。不然的话,我们存在的意义是什么。

采访:我之前问您国内主持和美国主持在选题方面有什么不一样,另外我想问一下主持风格有什么不一样?

嘉宾:对于我来说,其实没有太多的模式,包括到了这边。我之前一直做娱乐、时尚那一类的,但是到了这边,我一上来要播新闻,其实在最开始的时候,我也不知道应该做成什么样子,是凭我自己的感觉在做。我还记得在我刚来半年的时候,有观众给我留言,他就跟我讲让我不要老是笑。我当时就在想是怎么回事。后来在我们电视论坛里面,我给他回复了一封很长很长的信。我就跟他讲我的一些观点,大家都觉得播新闻时主播不应该笑,但是我说如果我播的是一件让人很欢快的事情,我为什么不能笑?如果在我播很悲伤的事情时我也在笑,那是我的问题。然后我从不同的方面阐述了自己的观点,我说其实作为一个主持人是没有模式的,我也不需要去看别人是怎么样的,我只要觉得我做得好就可以了。那位观众最后说,他觉得我还挺有想法的,他也表示了认同。我不能说是什么风格,但是我觉得我还真是挺喜欢笑的,如果不是特别悲伤的新闻,我会以一种微笑的状态,不是那么严肃。做完新闻之后,我又来到这个节目,我们这个节目最大的一个特点是不剪辑,27分钟基本上就是实况录播,所以最开始这个对我来说是一个非常大的挑战。

采访:对主持人要求也很高。

嘉宾:非常高,我不但要掌握时间,还要掌握我的话题,同时我还要及时

附录4　美国中文电视《纽约会客室》主持人谭琳采访实录（节选）

地对他的回答作出反应,因为要跟他对话。这个不是说你问一个问题他答一个问题,中间可以剪辑,还会有一些什么小片来串场,这个节目没有穿插,所有东西都是一气呵成。这么多年下来,我就觉得对自己来说收获很大。其实最开始老板提出这样的要求,是他希望我们的节目呈现出美国脱口秀的风格。可能有几个方面的原因,首先就是美国这边的节目,除了《60分钟》这样的节目外,做小片的其实很少,像我们国内比如说半个小时的节目,素材要录两个小时,然后剪剪剪。其次就是我们没有这样的人可以做这样的事情,这个需要编导,还要花很多的人力物力在上面。因为两个小时的素材剪成半个小时的节目,剪什么留什么,很伤脑筋。

另外,我们很多嘉宾都是他们出差来到这边,时间很短,你也没有太多的时间去做什么小片,只能在网上找一点二手资料。这对我们来说就是捡人家剩下的,没有什么太大意思。毕竟条件不允许,我们不可能派一个编导组跟他几天,然后拍一些生活片段什么的,我们什么都没有,就是靠聊,就是做大量的案前工作,你要对一个人非常了解。幸好我原来在国内做采访的时候,养成了一个很好的习惯,我习惯去借助嘉宾所有的信息,只要我能看见的。

采访：咱们《纽约会客室》一周大概几期？是有固定的时间吗？

嘉宾：四期。星期一到星期四,晚上11点播出,第二天中午12点重播。

采访：咱们这些主持人他们的语言状况是什么样的？

嘉宾：我们现在播新闻的主播原来是上海台的主播,另外一个主持人是从广院毕业的,他是学英文播音的。我们地产节目是原来福建台的主持人,也是学播音主持的。主持人基本上都是专业的,至少都是一乙以上的普通话水平。我们有两个男主播,其中一个男主播,他不是学播音主持专业的,但是声音不错,所以他选择了这个行业。还有一个是学外交的,好像是外交学院毕业的。

采访：比如说西方的观众,他想要通过咱们的节目来了解中国,但是因为语言不通,可能就看不懂。如果由西方的主持人来介绍中国的话,是不是他们更容易接受一些？

嘉宾：原则上是这样。我们之前有西方的主持人,也有一档像我这样的采访类节目,一周播一期,英文采访中国的艺术家或者是华人。你用他们的语言大家肯定更爱看,但是问题就是受众培养需要很长的时间,如果没有那么多人关注的话,还是很难。

采访:刚才说扩大影响力方面,在新媒体播出的渠道上面会不会有一些创新?

嘉宾:我们就是在 YouTube 上面有自己的频道,有自己的直播室,比如说苹果发布会,也有一些我们的记者在现场。除此之外还有公众号之类的。

采访:您觉得咱们美国中文电视对于塑造中国形象,有没有起到一个很大的作用?

嘉宾:一定是起到很大作用的,尤其是在纽约当地,特别是很多华侨华人,比如说有一些更早来的,1949 年之前来的,或者是五六十年代从台湾来的华人,他们并不知道中国的变化、中国现在是什么样子。通过我们的电视节目,他们就能够很清晰地看到中国方方面面的变化,比如,我们的节目单上其实很多都是中国其他兄弟台做的节目,所以他们就能够通过这些节目了解中国。

采访:您觉得下一步顺应时代的发展也好,或者更好地发展也好,华语媒体还需要从哪些方面予以加强?

嘉宾:这个很难说,但是我能够感觉到,其实在我来美国中文电视的这段时间,我们经历过一个高峰期,是在 2010 年到 2015 年,这 5 年发展是特别好的。有几个原因,很大一个原因是来这边的华人越来越多,观众多了,影响力自然就大了。但是近几年因为社交媒体的发展,很多媒体都出现了这样的问题,包括美国的主流媒体也是,电视在慢慢失去它的权威性。像我们这样的一个媒体机构,最重要的还是在内容上面。你要跟自媒体,或者跟社交媒体竞争,优势就是体现你的专业性。我始终认为有那么多中国人在海外,华语媒体是有必要存在的。这肯定会很难,但是这部分人也需要精神食粮,光看关于中国的新闻,已经不能够满足他们的需求,尤其是在纽约生活的中国人,如果他们本身英文就不好,如果没有人告诉他们纽约发生了什么,他们在面对什么样的政策,或者是遇到什么样的挑战,他们永远就被隔在了文化的外面。

附录5 《欧洲时报》采访实录(节选)

采访: 王亚囡
嘉宾: 《欧洲时报》驻英国分社主编李强先生
时间: 2019年7月
地点: 英国伦敦,《欧洲时报》驻英国分社

采访: 咱们平时会报道哪些方面的东西,针对的受众主要是哪些,您能大概介绍一下吗?

嘉宾: 《欧洲时报》是整个欧洲最大的华文媒体,总部在巴黎,成立的时间也比较早了,我们1983年就创刊了。在法国那边,我们的业务还是比较宽泛的,首先在媒体领域基本上所有的媒体形式我们都有,有日报、周报,有中文的杂志,有法文的杂志,有中文的网站,有Facebook、Twitter、微信、微博,另外在法国那边有3个App,还有视频团队。所以除了音频,基本上所有的媒体形态都有。法国那边除了媒体业务,我们还有一家1000多个学生的中文学校。我们还有一家文化中心、一家出版社和旅行社,这是法国的业务。集团那边从2011年开始在全欧洲布点,在英国这边做了一个英国分社。英国分社目前有6个部门,主要业务有一份全英免费发行的周报,是中文的,然后有一个微信公众号。

采访: 中文的?

嘉宾: 对,中文的。微信公众号大约有50万粉丝了,这也是中文的。另外我们还有一个文化中心,主要是做国内来推介推广的一些活动。我们还

有市场部,现在还有一个视频部,主要是做一些视频的产品,我们也跟新华社有些合作,这是英国分社的情况。其实其他国家的业务跟英国非常相似,我们2012年做了中东欧版,2013年在德国的法兰克福做了德国版,2014年在意大利的罗马做了意大利版,2017年在西班牙的马德里做了西班牙版,基本上完成了整个欧洲的一个布局。

我们的受众,最早其实还是当地的华人。但是现在随着新媒体的不断发展,我们也在对目标受众做一些调整,除了覆盖当地的华人,还覆盖了欧洲当地对英国或者对中国感兴趣的一些外籍人士。我们有英文、德文、法文的网站,还有德文和法文的月刊。

我们是针对全世界范围之内对欧洲感兴趣的华人群体。比如,在英国我们有英国的微信公众号,在法国有法国的,在德国有德国的,其他国家也都有。我们主要介绍英国的一些基本情况,比如介绍英超,介绍英国的时尚和英剧。

采访:咱们的视频是通过什么方式来展现的呢?

嘉宾:视频我们目前主要还是通过第三方平台,在英国这边主要是通过YouTube,在国内比如说腾讯视频、爱奇艺。

采访:它是以这种节目的形式展现还是其他形式?

嘉宾:我们最早的时候做了一些专题,比如说在英国的一些人物专访,后来我们在英国这边做了一些英文的视频,包括在英国去探访一些味道比较特别的,或者比较有意思的中国小吃,相当于节目。

采访:这些节目会有主持人或者是出镜记者吗?

嘉宾:现在会有。我们现在做了一个节目,主要是围绕着第15届世界华商大会做的,这个活动你可以上网搜一下,这是世界华商大会第一次走进欧洲走进英国。结合这个大会我们做了一档叫作《海外商业谈》的电视节目,是有出镜记者、出镜主持人的。对英国的一些中国美食节目,也是有主持人的。

采访:咱们平时会不会举办一些面向公众的活动?

嘉宾:其实是蛮多的,一年大大小小我们自己参与的,或者是我们来主办的活动应该有几十场,70%是针对华人,另外30%可能是用英文的形式在做。

采访：现在海外就像"汉语桥"这一类活动比较盛行，除此之外还有没有专门针对华语的类似的活动？

嘉宾：以前每年在英国的"汉语桥"，包括它们的现场直播、新闻稿的撰写都是我们在做，已经合作了很多年。除了"汉语桥"以外，在英国一年也有几场类似的比如说选华语歌手的活动。还有一些其他类型的活动，也都是在传播中国文化，包括中国美食节类似的活动。我们自己也做了英国华侨华人迎新会，今年是第二届，去年做的是第一届，都是类似的这种传播，以传播文化为主。当然如果一些国内的活动过来，我们也会帮它们做很多的推广和落地。

采访：咱们这边因为现在新媒体的发展趋势越来越融媒体化了，所以以后会考虑更多的音视频产品吗？

嘉宾：我们现在就已经在布局了，这个事情我们已经做了有几年了，至少有两三年。虽然在海外整体来讲，华文媒体在观念和意识上可能比国内要慢一些，我相信国内竞争会更激烈，但是我们也是有提前布局的，我们现在就整体地把音频往视频方面转。我们作为海外华文媒体，尤其是作为《欧洲时报》来讲，就是对接中欧的一个桥梁，所以，一方面我们希望国内的群体更好地了解欧洲，另一方面我们也希望在国外的一些华人，甚至是一些外国人，对中国的文化、中国的情况更了解，所以我们现在两个方面都在做。

采访：您在海外这么多年，看了很多国内和海外的节目，国内和海外媒体主持人您觉得他们有什么不同吗？

嘉宾：我觉得其实本身这也是中西方的文化差异，因为西方主持人比较倾向于提问，问一些比较刁钻的问题，这也是西方媒体的一个特点。国内的媒体很多主持人更加谦和一点，我觉得这是中西文化的一个区别。

采访：您觉得按照华语媒体发展的趋势来讲，我刚才也提到其实我们的华语受众会越来越多，为了顺应这个发展，下一步咱们还需要在哪些方面做一些加强？

嘉宾：首先我觉得还是要看受众的诉求，无论是在国内的读者，还是海外的读者，对内容方面有什么诉求，而且有些诉求是我们在英国具备比较好的地理条件，可以做到的，这点可能是最重要的。其次就是媒体的整体发展趋势，之前大家可能是看文字、听音频，现在是看视频更多。这种情况下可能在媒体的传播形式上我们也要做调整，基本上就是这两个要素。

采访：根据目前所了解的情况，咱们有一些音视频节目是专门针对海外受众的。有没有一大批这样的人，他们会固定地收看咱们的节目，来了解中国的历史，或者说学一些中文？

嘉宾：有，肯定有的，比如说我们的 Facebook 大概有 16 万粉丝，这部分群体基本上都是定期地收听收看我们的音频视频节目。我们推介很多在英国很好吃的中餐，包括教他们一些中餐的做法。看下面的评论就知道，其实很多人会从里边学习如何做中餐，甚至说去餐馆做一些尝试之类的。

采访：如果我们想通过媒体进行一个华语传播，您有什么建议吗？

嘉宾：合作的形式应该很多。如果从媒体的形式出发肯定还是考虑做节目或做产品。节目也不排除有一些汉语教学的产品出来，另外如果纯产品的话，可以考虑做一些 App 或者平台，这都是可以的。以英国为例，现在希望学习中文的群体越来越多，这是一个事实。我手机里就有上百个中文讲得很好的外国人，我指的是微信里边。在十几年前这是不可能的。

采访：我现在做华语传播路径的调研。媒体是一个很好很直接的传播方式，但是英国和其他国家不同的是，它没有一个当地的媒体在，如果有本土的或者像美国中文电视有着几十年历史的媒体在，它会有一大批，就是第一批的侨民会成为固定的受众。您觉得还有没有更好的，能够持续地推广华语媒体的方式？

嘉宾：前段时间我跟这边一位一直在做汉语教学的朋友聊天，他也在想这个问题。大家都在想，能不能随着技术的发展，有一些更有效的方式实现中文交流。传统的方式，我之前也去搜过，我觉得还是挺难的，汉语本身对于外国人来讲，学起来就挺困难。如果教得不好的话，他们就会慢慢丧失兴趣。

采访：您觉得英国的民众，他们对于华语传播的活动持一个什么样的态度？

嘉宾：英国的民众肯定不是铁板一块，但是他们可能有不同的想法。总会有一定的群体是对中文、对中国文化感兴趣的。这部分群体的话，我粗略地认为可能是那些经常去中国餐馆吃中餐的,经常去中国诊所看中医的,偶尔去中国旅游过的,或者身边有中国朋友的群体,他们对中国文化更容易接受。但是还是有一部分群体,在他们生活中就没有任何中国的朋友,也很少接触中国文化,他们对中国的认识可能还停留在几十年前,不过这种情况越来越少。

我经常举这个例子,2003年我来英国的时候,我的同班同学(英国人)问我们主席是不是还是毛主席。所以说他们对中国情况完全不了解。但实际上2003年的中国已经完全不一样了,这种情况在2008年奥运会之后,发生了一个比较大的变化,大家通过电视看到原来中国发展得这么好。然后接下来就是世界的次贷危机,然后次债危机,一系列危机之后大量的中国企业也好,或者是中国游客也好,到海外来进行大量的购买、合作,这种情况下,越来越多的外国人对中国感兴趣。主要是在商业方面外国人对中国有了些了解,其他方面我觉得还是有很多的工作要去做。

采访:您觉得媒体比如说报纸,它在华语传播方面,起到了一个什么样的作用?很多人对中国的认识还不是很客观,我觉得咱们华文、华语媒体的存在,能够让世界客观地认识中国,您觉得它们起到了哪些积极的作用呢?

嘉宾:作用肯定是有的,我们也算是发出一种声音。这种情况下可能会影响一些人,但是具体作用有多大,我们其实也说不好。因为看我们的受众群体可能已经对我们的价值观认可了;如果完全不认可我们的价值观,那么他们可能会选择不看了。这两种可能都有。

附录 6　马来西亚 NTV7 新闻主播采访实录(节选)

采访:王亚囡

嘉宾:马来西亚 NTV7 新闻主播杨丽莎女士

时间:2019 年 12 月

方式:视频采访

采访:我想先请您整体介绍一下咱们电视台的情况,您可以先从宏观层面说一下,比如说马来西亚现在大概都有哪些华语电视台、电台,它们现在发展的状况是什么样的?

嘉宾:在马来西亚,华语电视台主要有四个,八度空间、NTV7、国营的 TV2,还有另外一个付费电视台。其实说真的,马来西亚电视台发展到现在真的是比较难,因为受到网络媒体的冲击,现在可能我们要改变方向。我们现在做电视新闻,同时还要做网络直播,做 Facebook,还有 YouTube 直播。我们会尝试多用网络方面的新东西。

采访:咱们电视台的受众是什么人呢?

嘉宾:受众之前都是局限于马来西亚的华人,但是自从我们做了 Facebook Life 之后,很多海外的都可以看到,这是我们做得比较 OK 的。因为其实很多在海外念书的马来西亚人,他们都很想知道祖家怎么样了,很想知道马来西亚的发展,就是说大家其实真的很关心国家大事。

采访:咱们电视台主要都由哪些栏目构成?

嘉宾：栏目基本上有一个小时的新闻。我们分成四段，第一段是国内，第二段也是国内，第三段是国际，最后一段是娱乐、家庭。中间如果有什么重大事件，就要插播。我们这里有两个中文新闻电视台，八度空间有两个时段，第一个时段是中午 12 点 30 分，第二个时段是晚上 8 点。我负责 NTV7 华语新闻，NTV7 的华语新闻只有一个时段是下午 5 点。在八度空间我负责制作、编辑；如果在 NTV7，我是主播，负责播报新闻，同时也负责编辑。

采访：像在中国的话，我们会分得比较细，比如说时政新闻，或者是民生新闻和娱乐新闻，会由不同的人播报，我们很少在一档新闻节目当中囊括 3 个大块的。我们新闻类的播报感觉您应该见过，它比较庄重、正统。像您在一档新闻节目里面，同时兼具时政、民生、娱乐，播报的状态会有所改变吗？

嘉宾：会相差很远，比如说有时候我在报经济新闻的时候，突然间插播一个重大事件，比如说空难事故，可能我的心情方面就要调整一下，包括表情方面。接下来可能接到娱乐新闻的时候，心情又要调整。这些东西我觉得可能是跟中国媒体不一样的地方，就是说你们会做得比较专业。我们是时间上没有办法，而且我们的人力也不足，在中国可能因为你们人才很多。在这里我要找一个懂新闻、懂时事，而且还会讲华语的人很少，所以变成我们要一个人分身，一人分饰多角就有一定的限制，我们没有办法发挥到最大，我们只能尽力。

采访：国际新闻的来源一般是哪里？

嘉宾：我们公司签了 4 个，一个是路透社，一个是 AFP，一个是 CCTV，还有一个 ASPN。中国的资料，我们就是播放 CCTV 的画面，其他的如果有什么需要补充的，我们就上网找资料。

采访：如果是播报中国的新闻，来源是中央电视台，咱们等于和中央电视台有一个协议是吗？

嘉宾：对，是这样的，那些画面我们也是要找比较精准的，现在网络的东西太泛滥了，有假新闻。在我们国家，上个月才在国会通过《反假新闻条例》，任何人在上面讲假话都是要坐牢的，还要罚款，大家现在都抓得很紧，尤其是媒体。

采访：八度空间是一个纯华语的电视台，对吗？

嘉宾：对，八度空间是纯华语。

采访：我想问问您，在一些传统节日，比如说像我们春节会有春晚这样的活动，在这样的活动当中，主持人一般都是用什么语言呢？

嘉宾：中文。我们会换上应节的服装，然后整个总公司也会布置一番，就是说带起那个味道。我们有很多这种活动，叫什么舞狮跳桩比赛，这些都是全国性的，有些甚至是国际性的，而且连水墨画都有。电视台华语新闻的话，我们每一次过年都会做一个专题，比如说哪一些年菜是特色年菜，哪一些活动是已经慢慢淡化的中华文化。

采访：像在中国我们会有播音主持这个专业，专门培养播音员主持人的专业，我不知道马来西亚有没有这样的专业？

嘉宾：马来西亚大学有很多都是教大众传播，我觉得有几家还不错。八度空间有一个"主播培训营"，我们会让那些对主播感兴趣的大学生报名参加，然后他们会过来面试，我们会在里面选出100位还不错的学生，对他们进行3天的训练，让他们参观一下，也让他们坐上主播台尝试看是什么样子，最后会给他们一个证书。它是一个很好的平台，给更多人认识主播这个行业的机会，每一年都有。

采访：我还想问问您，您觉得主持人在节目当中应该起到什么样的作用？比如说您觉得主持人在播报当中，对观众理解新闻，或者是获取信息，会起到一个什么样的作用呢？

嘉宾：有人认为主持人或者是主播的话，你是一个媒介，是中间人，是把信息传达给那么多的观众，所以要很文绉绉，就是用很美的字眼，但是对我来说不用，我要简单明了。因为观众不光听还要看，这是同一时间进行的事情，主持人要简单明了，不然的话别人很难去分析去接收。所以对我来说，当然我们扮演的角色就是要快狠准，而且要保证听众和观众得到的信息，是我们想要表达的东西，不要用那些太难理解的话语。

采访：您除了做新闻播报之外，会不会主持一些华语的晚会，或者是一些活动之类的？

嘉宾：有主持，好几场都是中文的，我们这里姓氏晚宴，就是姓氏的，都会去主持，百家姓有不同姓氏的晚宴，我都会去主持。还会接一些广告，都有的。

采访：我还想问一下整体的，比如说看咱们电视台的是马来西亚人多，还是当地的华裔比较多？

嘉宾：要看具体情况。因为我们有4个电视台，所以有不一样的观众群，八度空间的受众一定是华人很多，所以我们才会华人收视率第一，然后NTV7的华语新闻排第二。我们还有一个是第三电视，它的新闻的观众就是马来西亚人最多。

采访：八度空间两个新闻的主持人都是华人吗？

嘉宾：都是华人。

采访：所以像您这样本身是马来西亚人，然后又播报华语新闻的比较少，是吗？

嘉宾：据我所知，目前只有我一位。

附录7　马来西亚数码媒体商业咨询顾问陈贞团采访实录(节选)

采访:王亚囡

嘉宾:马来西亚 Media Prima 的华语新闻及时事组总监、英文星报媒体集团下属星报电视监制,现数码媒体商业咨询顾问陈贞团先生

时间:2019 年 12 月

方式:视频采访

采访:您对马来西亚整个的华语媒体市场,是比较了解的,所以想请您跟我介绍一下整体的情况是什么样的。

嘉宾:马来西亚的华裔人口,我们都说是 700 万人。马来西亚国家基本上分为两个部分,就是西马来西亚和东马来西亚。马来西亚的英文是很普遍的,我们会有很多英文的节目,华裔的节目也有。马来西亚有好几个所谓集团式的,就是上市公司的媒体集团,最大的就是首要媒体。首要媒体下面有 4 家电视台,也就是 4 个频道。4 个频道有 3 个广播电台。在这 4 个频道里面,目前来说是 NTV7 和八度空间有中文节目。这两个电视台本身有华语新闻,也有一些华语本土的节目。

在马来西亚还有国家广播公司,全名是"马来西亚广播电台及电视台"。目前这个国家广播机构每天有两节的华裔新闻,午间新闻是 20 分钟,从 12 点到 12 点 20 分。另外一个是在晚上 8 点到 8 点 30 分。在它的第二频道每天有两节的华语新闻,每一节是半个小时。

附录7　马来西亚数码媒体商业咨询顾问陈贞囝采访实录（节选）

还有马来西亚国家新闻社，它类似于新华社的地位，每天有半个小时的华语新闻，叫作《马新社华语新闻》。

从2020年开始，对马来西亚华语新闻或华语节目来说，形式很严峻，因为马来西亚最大的电视媒体集团，就是首要媒体，它在2019年12月16日正式宣布裁员三分之二，造成了刚才我提到的那几个中文资讯节目举步维艰。这些节目在马来西亚华人社群里面，有很大的号召力，也有不错的收视率，八度空间的《华语新闻》是马来西亚收视率最高的华语节目。在2019年的大裁员中，有一个记者被裁退，所以目前只剩下8个人，原本的配额是16个人。

采访：播报新闻怎么样？

嘉宾：八度空间的新闻主播是以特约方式，或者是外包方式。它跟新闻主播签订合约，新闻主播的工作就是在当天播报新闻的时候来报新闻。这8个人里面，有一些制片人他本身也是身兼新闻主播的职位，所以基本上大部分的新闻主播以外包的形式，就是礼聘新闻主播来播报新闻。而在NTV7或者是在国家广播电台及电视台，新闻主播都是自己的雇员。《华语新闻》和《马新社华语新闻》采用特约新闻主播，它们也有一些是自己的雇员身兼主播，就是制片人身兼新闻主播。

马来西亚的电视广播，受新媒体的冲击很大，受众群体现在多通过网络来获取新闻，大家不会等到晚上8点等着看电视新闻，所以就造成它们的收视率在下降。再加上马来西亚的中文报纸也全部迈向数字化，它们本身自己的数字采访都有。在重大新闻的时候，它们通过Facebook做直播，它们有自己新闻类的节目，也有清谈节目。在马来西亚，我们是叫新闻主播，你们习惯用主持人，他们大部分是新闻本科，或者是媒体系本科毕业的。

采访：我是专门学播音主持这个专业的，可能会花比如说4年的时间系统地学习怎么做好一个主持人。像他们应该都不是学播音主持专业的，他们在上岗之前是否会接受一些培训？

嘉宾：在马来西亚，他们的培训机会是比较少的，他们可能须经过半年的语音培训。马来西亚大学有新闻系、大众传播系，他们是没有语音培训这一科的。他们学习的是如何写一个新闻，如何制作一个新闻专题。而有一些私营机构，提供华文语音的培训，就是华语正音的培训。所以如果马来西亚人想获得相关方面的知识，他们会选择到中国传媒大学。我以前招过你们中国传媒大学的几位学姐，每天早上她们都要练声，很专业。在马来西亚没有这一类的专业。

马来西亚主持人的语音很多时候是无法达到国内认可的专业水平的。他们上岗以后，还要通过内部请专业的语音老师来培训半年，或者他们自己去外面跟语音老师学习。

采访：您跟国内的联系比较多，应该看到我们的新闻播报，包括我们的新闻类型都会分得比较细，民生、时政，其实播报的风格是完全不同的。您觉得从风格上来讲，国内的主持人和马来西亚的新闻主播，有什么不同？

嘉宾：马来西亚的国营电视台基本上就是刚才我讲的马新社和RDM，它们比较类似于英国BBC的风格，是很正经八百的那种。而在NTV7和八度空间，它们会倾向采用比较自由的方式来播报。

采访：像在中国的话，主持人是一个非常重要的角色，他是一个象征也是一个符号，甚至于他在某种程度上能够起到一些导向的作用，所以说主持人在我们国内来说是相当重要的一个角色。在马来西亚这边，节目主持人起到一个什么样的作用？主持人的语言，或者是风格或者是其他的一些东西，会不会对受众产生一些影响？

嘉宾：会的。一些主持人会因他个人的风格吸引到他自己的受众。比如有些人就特别爱看某主持人播报新闻，这个主持人特别有个人魅力，他的个人魅力来自他的风格、他播报新闻的呈现方式。像《华语新闻》的主持人叶健锋，就是比较著名的华语节目的主持人。

采访：您可以跟我讲一讲都有哪些线下的华语传播活动吗？比如说春晚，春晚肯定是需要主持人的，比如说还有像孔院它们经常组织的"汉语桥"活动。我不知道马来西亚这边会不会有一些朗诵或者演讲之类的有声语言传播活动。

嘉宾：马来西亚所谓的演讲或者是朗诵，都是在小学阶段或者中学阶段。上了大学，基本上就是辩论比赛了。辩论是以大专院校为单位的所谓的国际赛，它可能邀请国内一些大学或者其他一些国家的大学，来办辩论比赛，不过这类比赛大多是民办的。

采访:现在我们经常谈到人工智能、5G、8K,随着这些技术的发展,咱们整个台里面会做出一些什么样的调整呢?

嘉宾:刚才我讲的最大的媒体集团——首要媒体,它到目前使用的还不是高清,最主要的原因是它没有财力去使用高清。还没有能力使用高清的电视媒体集团,如果你要它的领导人去想人工智能、5G、8K这样的问题,也太难为他了,因为巧妇难为无米之炊。

附录8 马来西亚《星洲日报》采访实录（节选）

采访：王亚囡
嘉宾：马来西亚《星洲日报》运营总监陈莉珍女士
时间：2019年12月
方式：视频采访

采访：首先我想问一下，咱们《星洲日报》大概是从什么时候开始转向新媒体的？

嘉宾：如果说就是从纸版跳出来做网络的话，《星洲日报》早在2000年的时候就开始有自己的网站了。在2012年左右，在Facebook这些平台开设了我们的账号，2014年我们开始做一个网络平台，叫作百格。我们建立了一个小型的演播室，定时推出一些视频作品。大概就是这样子，一直做到现在。

采访：咱们演播室现在都有哪些节目？

嘉宾：我们每天早上，会有两档新闻播报类的节目，我们叫它《百格大事纪》或者《百格呈报》，呈报就是在说一些报纸的头条，关注一些新闻大小事。晚上是《新闻大小事》的播报。我们也做直播，我们的演播室里面其实也有直播，每个星期三晚上会邀请一些嘉宾来做一些时事的讨论、访谈。

采访：咱们现在新闻播报每天早晨的时间段，大概是什么时候？是固定的时间吗？

嘉宾：每天早晨9点半《百格呈报》，每次3—5分钟；晚上7点30分《新闻大小事》，也是3—5分钟。

采访：主持人呢？是咱们自己的主持人还是会外聘？

嘉宾：自己的主持人。

采访：我看现在咱们大概有4档节目，早晨的新闻、晚上的新闻、财经报道，还有周三的访谈，您能跟我讲一下，这些节目当中主持人的来源是什么？他们之前都是学什么专业的？咱们自己的主持人他只做主持人，还是也做记者？

嘉宾：他们都是广播系毕业的，或者是新闻系毕业的，甚至有一些是中文系毕业的。我们现在只有3个人在做。之前还有一些，他们离职了，去了电视台或者是到新加坡的电视台了。现在留下来的主播或者主持人只有3个。我们还有一些报纸那边的记者，大多是政治类的记者。当我们要做访谈节目的时候，他们每周都会定期来做一些主持。

采访：在中国的话，主持人在从业之前会有一个比较系统的训练。咱们的这些主持人，他们在上岗之前也会有相应的培训吗？

嘉宾：毕竟我们是做纸媒的嘛，在成立百格之前，第一批的主持人都是受过培训的，是为期3个月的播报培训，其中包含语音，主持需要注意的一些事项，如何撰写主持稿，等等。之后的培训都是因材施教。如果他刚刚入职，我们刚好有一些培训项目，也可以让他们参加。不过很多时候其实都是找一些对主持这方面有兴趣的人，进行一两个月的内部培训，觉得可以推出去了，他们就开始播报了。

采访：对他们语音方面会有特殊的要求吗，尤其是普通话语音这方面？

嘉宾：我们没有那么严格。但肯定主持人他不能读错字，这个是肯定的。所谓的没有那么严格，播报的时候我们也要求字正腔圆，就方方正正地报新闻。

采访：每天早晨和晚上播出的新闻，它的新闻类型是一样的吗？

嘉宾：一样，但是早上的呈报，类似那种呈现报纸的头条，晚上就真的只是播报而已。新闻播报用的是普通话，因为《星洲日报》的读者其实会要求我们使用普通话，如果说我们用方言的话，他们可能会挑毛病，会投诉。

采访：刚才谈到咱们的节目，观众对节目会有反馈吗？观众的反馈怎么样？

嘉宾：其实我们欢迎观众直接提问，例如说我们做那些清谈节目，或者是那些访谈、论坛节目，采用的是直播的形式，我们都会让嘉宾直接回答观众的一些疑问。这样子的节目制作方式就会发生一些状况，可能我们节目本来打算做一个小时，如果说观众觉得意犹未尽，那么我们会继续做下去，可能延长到一个半小时。例如 2018 年马来西亚的大选，我们在 YouTube 上面做了八九个小时的直播，邀请嘉宾跟观众一起讨论一些问题。刚才谈到我们有一些英文的节目，主要是因为在马来西亚有一些政治人物，他不会说中文。我们制作了节目之后就会配上中文字幕，这也是一种方式，以此来促进不同马来西亚社群或者是不同语言社群的交流。

采访：咱们会不会有一些线下的活动？

嘉宾：会的，但是可能形式有点不同，比如我们有个论坛节目叫《百格大家讲》，它会有户外版。做户外版的时候，我们会去不同的地方办讲座等类似的活动，会请我们的观众来现场一起参与。我们做论坛节目的时候其实有超多中国观众。

采访：您要是报道中国国内发生的事件，新闻的来源是中央电视台、新华社，还是会自采呢？

嘉宾：没有自采吧，都是新华社，如果是中国新闻的话。

采访：您能给我介绍一下《星洲日报》现在新媒体的传播特点和影响力吗？

嘉宾：《星洲日报》过去几十年来，都是一份以政经文教为主的报纸。在新媒体上面，也延续了这个特色，我们主要做时政节目。我觉得影响力方面可能就是公信力吧，所以我们在新媒体这一块也延续着一致的风格。

附录9　泰国中央中文电视台采访实录（节选）

采访：王亚囡
嘉宾：泰国中央中文电视台新闻主播马也先生
时间：2019年10月
地点：泰国曼谷，泰国中央中文电视台总部

采访：您能说说泰国中央中文电视台在文化传播方面的作用吗？

嘉宾：我简单给你介绍一下，比如说节目方面，我们其实没有做中文节目，虽然没有做中文，但是我们跟中国有很大的关系。比如说我们的美食栏目叫《中餐来》，这是用泰语在做，我们三位主持人其中有两位是中国人，一位是泰国人。相当于以泰国和中国两国人的视角，带领大家来品尝全泰国的美食，主要以中餐为主。同时我们还有一个中医跟泰医的节目叫作《中泰医道》，我们会邀请泰国比较厉害的中医师。比如说用泰国古法来治疗，有点像咱们中医的那种传统古法治疗的方式，就相当于介绍中医跟泰医有什么相同和不同，这个节目还挺多人在看。

我们旗下有电视购物频道，你说跟其他台的电视购物频道有什么区别吗？最大的区别是我们中国的产品会多一些，现在中国的产品种类可多了，这就是我们的亮点。所以我们用泰语来做整个节目，但是整个内容核心是跟中国有关的，这可能算是一个特色。我在电视台工作这么长时间，最大的一点感想是中国文化传播，我觉得其实跟语言无关，就是说中国文化核心放

在那儿，它的表现形式和输出形式可以做很多样。如果来到泰国只讲中文的话，它的受众可能就从100%变成了0.01%。

刚才讲的主要是想说本地化很重要，中国文化传播，这就是我们一直在做的一件事情。我们在传播过程当中，特别注重本地化，但是又不会放弃中国文化这个核心，一直在坚持。就算是我们把国内的，比如说湖南卫视的一些节目引进到泰国，我们一定要把它本地化，变成泰语版。能配音的我们尽量配音，因为当地用户的收视习惯，他们喜欢听。

采访：听？

嘉宾：对，不像中国人喜欢看字幕，已经习惯字幕了，泰国人最喜欢听，接下来他们的第二个收视习惯才是看字幕，这跟中国观众不一样，所以在本地化过程当中，我们会特别把配音放在第一位。实在不行的，我们才会配字幕。

采访：这种方式我还是第一次听说。

嘉宾：因为跟这边收视习惯有很大关系。当你不习惯看字幕的时候就必须得听。可能跟他们受文化教育程度也有关系，像曼谷就基本没什么问题，字幕也行，配音也行，因为曼谷观众受教育的程度比较高，像其他的70多个地区，受文化教育程度参差不齐，配音比较好一些。我们刚才讲的自制节目，以中国文化为核心，但是是用泰语在做节目；又讲到了我们的合拍和一些引进的电视台节目。接下来我们还有一个"钻石独播剧场"，全部都播中国的电影电视剧。

采访：这个也是配音？

嘉宾：对，一定是配音，但字幕是中文。因为配音首先符合大家的收视习惯，电影电视剧时长会比较长，为了方便大家观看，尤其是白天的时段，很多人都是开着电视然后在干自己的事情，这个时候听会比较重要，所以以听感为第一要素。接下来为什么配中文字幕呢？因为我们还是有一定基础的华人观众，他们可能会想看，这也算是一个特色吧，其他泰国的电视台都没有这样去做，包括东南亚也是。

采访：大家通过什么方式看呢？

嘉宾：一般我们有卫星电视台，我们的频道可以在卫星电视台上收看，比如说外埠的,它们可以通过两种渠道,卫星和有线。我们不直接向观众收费,但有些地方的有线频道是向客户收费的,各地有各地的标准。

采访:咱们新闻类的节目是播本地的新闻,还是会把中国的新闻也拿过来播?

嘉宾:这也是我们的一个特色,可以这么讲也是我们的一个金牌。泰国其他电视台一定关注本地,比如说80%的新闻是本地新闻,剩下20%甚至不到10%的新闻是国际新闻。但我们是完全倒过来的,我们80%是中国新闻,20%是泰国和一些国际重要的时事。我们有三档节目,分别为《早间新闻》《午间新闻》和《晚间新闻》。《晚间新闻》完全就是以中国新闻为主,剩下10%是泰国和国际新闻,特别少。说句实话,你要看泰国新闻,像手机随便一拿,就可以看到很多了,没必要专门来找我们台看。但是你要找一条比较新的,而且比较有权威的中国新闻,只有在我们台可以看得到。原因很简单,因为我们跟央视是新闻联盟,我们有新闻置换。央视每天一定会给我们提供大量最新鲜的新闻素材,我们只要把它本地化译成泰语就行。

采访:我们所有的来源都是来自央视这边?

嘉宾:对,尤其是视频。如果是稿子的话,我们跟新华社也有联系,稿子其实都互用了,但视频材料一定是央视的。有一部分的国际新闻和泰语新闻是我们自采的。

采访:咱们这三档节目的播出时段呢?

嘉宾:《早间新闻》播出的时段是8点30分到9点。内容大概80%的中国新闻,剩下20%的是泰国新闻和国际新闻。《午间新闻》是从12点开始到12点30分。差不多60%的中国新闻,剩下部分泰国新闻大概占30%,国际新闻不到10%。因为中午观看的受众,很多都是准备吃饭的上班族,或者一家人在一起,他们可能比较关注当地发生的事情。《晚间新闻》就像我刚才讲的80%甚至90%都是中国新闻,剩下的部分就是泰国和国际新闻。

采访:这三档节目的受众主要是当地的吗?

嘉宾:对,完全是当地人。

采访:他们会对中国的新闻感兴趣吗?

嘉宾:我们在做这个节目的时候,跟央视聊过这个问题,比如说时政方面的新闻一定会有,但是我们在这半小时的时段里,尽量不超过两条。接下来主要是观众特别爱看的节目,比如中国的高科技、新技术的发展,不管是动车也好,科技也好,观众就想看,因为这是国际的趋势,是由中国引领的。所以他们想看科技的,接下来就是人文、社会生活,基本上这三大类。比如当天我们跟央视说,如果有科技的全部都丢过来给我们,不要客气。人文、生活类的也有,我们当然也不会全部都用央视的素材,我们也有国内的一些合作媒体,它们可能挖得比较深,像社会之类的素材。

采访:等于咱们的新闻是一个综合类的,就不像中国国内时政新闻是一个时段,然后民生新闻是一个时段。

嘉宾:我们所做的不同点就是把它分成中国新闻、国际新闻和本地新闻三个时段,就相当于是三语了。原因很简单,有些事情毕竟不是单单面向泰国人,而且还有中国观众,有些信息比如说大使馆或者是泰国政府发布的一些紧急信息,比如说哪里爆炸,如果这时候你只用纯泰语来讲,就算下面走中文字幕、英文字幕,都不如直接说出来给观众的影响力大、关注度高。我们把主要新闻线索全部都播完之后,一定会用中文精简地再说一遍,该注意的东西,用英文再说一遍。不是同样的新闻播三遍,是我们把主要的新闻内容全部用泰语讲完,厘清给观众传播之后,我们只用中文说其中一些最重要的内容,比如说中国大使馆近日发布了什么针对中国游客的紧急避难信息,希望中国游客注意一二三点,其实很快很短。包括英文也是这样。

采访:我觉得对主持人语言能力要求会比较高。咱们现在一共有几位中文主持人?

嘉宾:中文主持人现在很少了,因为我们现在基本不做中文节目,之前多的时候有四五位。

采访:咱们这泰国主播都是记者?

嘉宾:他们很多都是记者出身,因为泰国不像中国,泰国没有新闻播音,没有播音主持专业,它只有表演专业。表演专业里边,可能有人选修了主持,但是主持其实它只是表演下面的一个部分,它不像中国国内分得那么细。因为很多人会说"艺术就艺术,你干吗说我只能当主持人,我以后出去找不到主持人工作怎么办",大多数人还是要以生存为主。

采访：咱们除了新闻类的节目之外，还有一些什么样的节目？

嘉宾：访谈类的节目。我们的访谈类节目也跟其他电视台不一样，我们的访谈类节目是双语的。中泰，偶尔也有英文，原因很简单，我们要看受访的人是谁。如果是泰国人，我们就会有两三个在泰国最金牌的访谈类节目主持人，他们出去采访。为什么标准要那么高？因为我们采访的都是泰国顶尖的商界精英，必须是华裔，这些人基本上都会讲中文。这个节目的亮点就是我们抽丝剥茧地讲企业家在创业，或者他父辈在创业，讲他们从中国来到泰国创业的过程。为什么刚才要讲"华裔"这两个字？我为什么不采访一些泰国富豪、商业精英就完事了？因为华裔就是我们的核心，我们是中国文化，我们中国是核心。这些人在泰国，不管是他自己创业也好，父辈创业也好，他们一定会有一个中华文化的传承。不管是勤勉也好，吃苦耐劳也好，还是思想也好，这些点一定是助力他们成功的很大原因。

采访：咱们基本上都是定位在泰国的华裔？

嘉宾：对。新闻是直播，访谈节目就是录播。访谈节目我们会邀请两个华裔的泰国人，一起来讲他们奋斗的故事，比如说他们可能有互相合作过同一个项目，即便是不同公司，但是合作过同一个项目，他们一定有过交手。这时候他们就会说在交手的过程当中，他们父辈的一些文化或者他们自己是怎么看待自己的发展，或者是中国的一些元素，比如他们父辈所传承下来的东西。我们也会采访一些中国的精英，比如说像之前淘宝、京东，他们过来的时候，我们也会专门去采访他们。播出的时候就是完全中文，因为看这个节目的人，他们会有一定的中文基础、有一定的受教育程度，他们才会来看这个节目，因为他们想知道这些人是怎么富起来的、怎么创业的、怎么工作的。

采访：目前咱们播出的节目当中，有哪些栏目比较有影响力？

嘉宾：新闻类的。受众最多的还是新闻类的。我们台里面收视率最高的是新闻类、访谈类，然后是中国文化的美食节目、养生节目。虽然节目太正式了，是我们的一个弊端，但也是我们的特色。

采访：您刚才谈到的，我们以中国文化为核心，您觉得这么多年咱们做的节目，有没有起到一个传播中国文化的作用？

嘉宾：这个问题我也问过自己，我认为可以从宏观和微观两方面来看。我就从微观说，我觉得这个点你应该能够理解，一个中国人尤其像你这样专业的，去国外做主持人，如果让你用英文做一档节目，那种压力是你用纯中文做节目完全没有的。本来做节目就有压力，要保证节目的同时还要顾及语言，像我从小没有在泰国长大，你可能从小没有在英语国家长大，所以语言表达就会很难。但是我一个中国人的形象，我一个中国人在努力说泰语，努力用泰语来播报中国新闻的时候，一个小小的中国形象就在泰国人心里了，这就是我从个人出发的一个点。这个时候我所传达的可能不是新闻本身，不是中国多大的价值观，也不是中国多大的正能量，但至少让泰国人看到中国现在发生了这样的事情，在中国人眼中这件事是这个样子的。他们特别想知道中国如何解读当下正在发生的一些事情，而不是以一个外国人的眼光。所以这个时候我突然想到这一点，我觉得原来就跟我们台长说的一样，只要你坐在那个主播台，你就是一个中国的符号。这个符号可以是特别小的符号，有些观众，如果他对这个符号感触不深，可能对他没有丝毫影响；有些观众，可能我一句话不用说，我就站在那儿、坐在那儿，他就觉得这是一个中国的符号。程度先不说了，传播一定会有它的影响力。

采访：您在国内的时候肯定也看过中国的电视，主持人的风格肯定和泰国有特别大的不同，您能谈一下有什么不同吗？

嘉宾：这边是Freestyle。

采访：新闻类的节目也可以Freestyle？

嘉宾：完全放飞自我。当然着装、化妆都是很严谨的。刚才我跟你讲的泰国文化，它跟中国不一样，中国讲求从节目中得到一些知识、一些启发、一些什么东西。在泰国只有一样，他们想把东西都丢掉。中国人看电视想要吸收，泰国人看电视想把自己的一些负能量丢掉。这就是受众的差异性决定了主持人，或者是节目的表达风格。播时政类的新闻我可以很正式地播，但是播到生活类我都不用看稿子了，我提前看过要说什么内容了，我就直接跟旁边两个主持人聊天，就按我们自己的感觉走，这在国内肯定是不行的。不是说泰国人要求不高，而是说主持人会比较自由一些。

采访：我的下一个问题，当地的居民有没有通过看咱们电视节目，会更加地了解中国,然后对中国文化产生兴趣的情况?

嘉宾:对,最直观的两点就是中文和旅游。当一个人开始学中文,就说明他意识到了中国的强大,他意识到了中文的重要性。这个时候对于他来说,我觉得就是对中国的承认。我最佩服的是跟我说想去中国旅游的人,说句实话,说明我们的文化软实力的影响已经成功了。

附录10 中央广播电视总台中文国际频道主持人王世林采访实录(节选)

采访:王亚囡
嘉宾:中央广播电视总台中文国际频道主持人王世林先生
时间:2019 年 11 月
地点:北京,中央广播电视总台

采访:您曾经担任很多年《中国报道》的主持人,当时开办这个节目的主要目的是什么呢?

嘉宾:《中国报道》最初就是一个对外宣传的电视节目,它是 1991 年就开播的一档新闻杂志类的节目,时长 45 分钟,包括几个版块:第一个版块是"看中国",就是我们的记者出去看看中国的发展变化;第二个版块是人物;还有一个科技方面的版块。它就是个新闻杂志类的节目,里边的内容是由若干个小版块构成的。最开始还没有 4 套的时候,我们是在中央电视台 2 套晚上 10 点 45 分播出。大概一年之后 4 套开播了,开播了以后我们就一直在 4 套。

然后一直持续到 1997 年,45 分钟的周播节目改成日播节目,每天 15 分钟。1997 年到 1998 年 6 月 1 号之前,是每天 5 分钟的新闻专题加 10 分钟的访谈,这就是改版后的《中国报道》。1998 年 6 月 1 号以后,又把 15 分钟延长到 30 分钟,变成 5 分钟的新闻专题加 25 分钟的新闻访谈。2003 年 5 月 13 号,《中国报道》改成了《今日关注》,开始直播。在《今日关注》之前,《中国报道》全是录播的。

采访："向世界报道中国，以中国人的视点报道世界"，您能否结合这句话给我们讲一讲当时中国外宣的一个情形？

嘉宾：在《中国报道》正式开播前后，中央电视台的对外宣传已经开始在做了。那个时候我们有一个合作对象叫"熊猫电视台"，熊猫电视台它是美国的一个中文电视台，现在还有没有我不知道了，应该可能早就没了。我们怎么跟它合作？我们做节目，做一些反映中国经济发展、人文文化等方面的一些东西。怎么给它播呢？就是把带子寄过去。

采访：我也了解了一下，当时的《中国报道》不只是在中国有很大的影响力，实际上它在全球范围内都有比较大的影响力。那个时候网络没有现在这么发达，世界上很多国家和地区，包括咱们的港澳台地区，他们都会通过看《中国报道》来了解当时中国发展的一些情况。

嘉宾：从内容上来讲，我们首先是展示中国的发展变化，都是正面的，正能量的，这个是我们的一个原则和定位。展示的都是中国美好的一些东西，这个定位我们到现在也没改变过，因为我们不承担监督的任务。对于中国的发展变化方方面面都有，科技、文化、军事等各方面都有。反正从影响力上来讲，国外当时真的只能通过《中国报道》来认识中国。我们到国外，很多人都认识我们。

有一个例子，美国大使馆它有一个文化参赞，有一天突然给我们打电话说要到中央电视台来座谈。那是美国一个非常年轻的外交官，当时是2000年左右，才30多岁。他来跟我们座谈，他说什么呢？他说，"我每天都把你们的节目录下来，自动录，我第二天上班，一边放一边工作"，还说他们美国大使馆的人非常关注这个节目做什么了，这个节目关心什么，最近都谈什么了。

很多研究中国的外国学者专家，是通过《中国报道》节目来了解中国政府对一些问题的观点的。为什么他们看中我们这一档节目？我觉得跟节目的操作模式有关系。什么模式呢？第一是新闻性，这是我们的原则，一定要快、要有时效性。第二是权威性，对于国际问题我们都是请中国最顶尖的智库，或者是大学里面某一方面的专家来解读。这种权威性保证了我们对国际问题的看法,代表了一定的主流或者是政府的观点。

另外一个权威性体现在哪儿?就是我们当时谈国内问题,谈经济发展,谈地方发展,我们请的都是各个省的省长、书记。当时我们节目的权威性有一部分是靠我们的嘉宾给支撑起来的。

所以说新闻性加权威性,这是我们节目最鲜明的特色。再加上我们正面的原则。所以它成了很多外国人、外国专家,还有海外观众爱看的节目,成了高收入阶层、决策阶层、精英阶层非常喜欢的一档节目,在那个时候这个反馈特别明显。现在发生了一些变化,因为我们加入了军事内容以后,它的受众群体就急速扩大了。

采访: 在2001年的6月1号,《中国报道》开播10周年的特别节目当中,我看到节目组请来了很多外国嘉宾,大家说得最多的,是从《中国报道》当中,看到了中国一路的发展变迁。您觉得《中国报道》在对外宣传当中,起到了一个什么样的作用?

嘉宾: 其实刚才我前面也谈到了一些类似的作用,如果放在一个更长的视野里去看,它在历史上的作用我觉得应该已经奠定了。作为一档华语的对外宣传类节目,它针对的是海外的华侨华人。海外的华侨华人在那个时代,他们心中的爱国情怀、爱国情结非常浓厚。他们有一句话叫"欲知家乡事,就看中央四",一有大事我们就直播。像那时候的连战大陆行、宋楚瑜大陆行,我们都直播,让大家看到了跨越两岸的握手。就这种大事应该说在那个时代,满足了海外华侨华人的思乡之情,他们的这种渴望。那时候的也不能叫侨一代,就是说留学生的父母他们在那儿陪孩子,很寂寞,我们这个频道反倒成了陪伴他们最重要的一个伙伴了,离不开,对我们都是如数家珍。《中国报道》报道了中国的发展,也见证了中国的崛起。我们把这个过程,把整个内容传播出去,让海外的华侨华人一起见证,一起陪着祖国成长,增强了他们的民族自豪感,增强了他们对祖国发展的信心。更多的"海归"能够回到中国来,我觉得也跟我们节目的宣传有着密不可分的关系。

中央电视台4套是1992年开播的,2002年的时候我们做过一个开播10周年的晚会,那个时候从晚会上的嘉宾、参与的观众来讲,已经开始出现了外国人,这个节目在海外已经吸引了大批的学中文的年轻外国人,我觉得这

附录10 中央广播电视总台中文国际频道主持人王世林采访实录（节选）

是一个很重要的节点。也就是说,10年之前,这个节目开播的时候很可能是满足了老一代的华侨华人的收视需求,但随着中国的发展,像2002年开播10周年的时候,有很多的年轻海外观众已经开始喜欢这个节目了。到现在我觉得就更多了,这个没有具体数据的统计。我们中央电视台第4套节目,不光是宣传了中国的发展,更重要的是传播了中国的语言和文化。所以在2003年之后,我们逐渐有了一个清晰的定位,就是中央电视台4套是新闻加文化的一个频道。刚才咱们谈得更多的是新闻方面的,怎么样去报道中国、展示中国,2003年之后文化的力量越来越重,传播语言的力量越来越多,比如我们有一个叫《快乐汉语》,是教观众学汉语的。

采访:《中国报道》现在更名为《今日关注》,您能跟我们介绍一下《今日关注》和《中国报道》有什么不同吗？

嘉宾: 原来叫《中国报道》的时候是录播,《今日关注》是直播,这是最明显的播出模式上的一个变化。《今日关注》的定位改为"每天都有新闻事件发生,您所关心的,正是我们所关注的",从2003年就开始这么定位了。《中国报道》的时候是向世界报道中国,以中国人的视点报道世界。《今日关注》就更国际化了,它的视野更开阔了。2003年到2009年之前节目一直处于摸索阶段,大概2009年的时候差不多成型了,2010年的时候彻底成型了,节目涉猎的东西逐渐增多了,周边的外交、朝鲜半岛问题,然后南海,那时候南海是最热的,持续了很多年。其实都是围绕着什么？围绕着中国的崛起所形成的地缘政治。

采访: 刚才我们谈到《今日关注》它更多的是对国际事件的解读,但其实我们透过这个现象可以看到,我们中国对国际事件的参与度是在不断攀升的。

嘉宾: 对,这个结论是对的。因为你的体量大了以后,你的朋友觉得是好事,敌人觉得是威胁,弱小的那些人感觉有一种碾压感,所以他们就会站队。我们秉持着以邻为伴、以邻为善的外交政策,所以我们现在就想惠邻、安邻,使我们的周边能够安定下来,这样我们才有发展的环境。现在我们进入一个新时代、新阶段,我们更多地关注"一带一路"的发展,更多地关注新型大国关系,更多地关注怎么样来构建人类命运共同体,所以视角就更开阔。美俄之间的博弈、英国的脱欧、朝鲜半岛的走向、中东的乱局,这些都是我们所关注的。

采访:您也谈到了海外的华侨华人,虽然他们的文化跟咱们是同根同源,但是我想他们肯定还是会受所在国的影响。您作为主持人,在主持CCTV-4节目的时候,会和在其他频道主持的时候有什么不同吗?比如说立场、观点、语言表达,还有舆论的引领这些方面,我想尤其是舆论引领方面,可能会更注意一些?

嘉宾:是,你说的这个是一个非常重要的问题,其实不光是对国外文化背景的受众,对国内的受众来讲也是一样。节目定位已经是一个具有国际化的这种风格,必然要求内容更客观一些,语言更通俗一些,时效性方面更强一些。所有国际上流行的元素,受众都会对我们有这种需求。海外的受众,因为他们身处的是异域,他们在西方或者是其他国家的生活环境里面,在看我们节目的时候,我想他们是会比较的。他们可能看见过当地的电视台议论过这个事,当地的电视台是怎么议论的,我们是怎么议论的,他们是会有比较的。

作为我们来讲,可能不会想得那么细,但是我们更多的是要符合传播规律,符合我们新闻采访的规律。比如说我们经常强调播音员主持人不能有观点,我们更多的是要让嘉宾来展示他们的观点,这个我觉得所受影响就是来自国际传播的要求,海外的受众也会有这方面的要求,我们也会注意这方面的问题。

附录11　中央广播电视总台中文国际频道主持人王洲采访实录(节选)

采访:王亚囡
嘉宾:中央广播电视总台中文国际频道节目主持人王洲先生
时间:2019年12月
地点:北京,中央广播电视总台

采访:中文国际频道在海外的传播,发挥了一个什么样的作用？因为您是中文国际频道的主持人,您认为在这种跨文化的语境当中,主持人应该怎么样更好地发挥作用？

嘉宾:你提到了中文国际频道在海外的影响力,它其实跟我们的基本定位是有关系的,所谓的影响力其实还是跟海外的6000万华人息息相关的。因为它是一个中文国际频道,它传播的是中国传统文化,遵循服务全球华人这样一个基本的宗旨,所以所有的节目制作都是按照这个宗旨来做的。

在海外的很多华人,离开了祖国或者祖籍国之后发现,很多东西是印在脸上的,黄皮肤、黑头发,这种东西是改变不了的。他们想真正地融入域外的主流,还是相对很难的。做《华人世界》我有一个非常深的感受,在初期做节目时,我们介绍大多数华人在努力地融入这个社会,去站稳脚跟,但随着他们不断地努力,随着祖籍国的强大,他们不仅已经开始站稳了脚跟,而且开始主张他们的权利。主张权利的一种表现形式,就是开始参政议政,他们会去参与国家的治理,去为这个国家跟自己同宗同源的这些人争取权利,这是一个非常大的变化。而这个东西，一方面是跟他们在当地的这种努力奋斗有关，另一方面也是跟祖籍国的这种强大，有非常大的关系。

再回到我们中文国际频道这个问题上，我们其实是把中国语言和文化通过我们不同的节目，以不同的样态展示出来，而这些东西是海外华侨华人他们的需求，他们跟在国内的人的需求是完全不一样的。我们在国内可能更多想知道外面是个什么样的，他们在海外已经看到外面是什么样子了，他们就更关注家里边的事，哪怕是最基层、最偏远的乡村，也许就是他们的期待，我们就是提供这些产品的媒介。

我们把他们所关切的东西提供给他们，就是我们赢得收视率的一个关键。中央电视台4套的很多节目，《华人世界》《远方的家》，尤其是《乡愁》那个节目，真的就是当纪录片，当作精品在打造。

采访：您觉得在中文国际频道主持节目和在其他频道主持节目，有什么不同？这里面有没有一些跨文化的因素存在？比如说我们的观点立场、语言表达，还有舆论引导方面。

嘉宾：的确，我在新闻中心、科教中心、少儿中心，还有其他的一些频道也做过节目，最大的一个区别，就是我们承担着外宣的任务。我们报道的内容以正面的信息为主，基本上不包括负面报道、揭露报道这方面的内容，其实是希望能够呈现给世界一个繁荣发展、非常健康的中国形象，这个定位是没有问题的，这是一方面。

另外一方面，就是我们在做节目时应该没有太大的区别。我觉得这一点在国际频道或者在其他频道，都应该是差不多的，因为中央广播电视总台作为国家台，不存在"以上观点仅代表嘉宾或主持人个人"，所有从总台传出去的声音，代表的都是党和政府的声音，这一点来讲应该是没有什么区别的。

我觉得区别就在于刚才我跟你说的，还是我们这边以正面信息为主。你说这种引导，我们有很多新闻类的节目，新闻传播讲究一个客观事实。但是有可能会产生歧义，或者说会让受众产生不理解的地方，我们会有相应的比如《今日关注》《海峡两岸》这样访谈类的节目，请一些权威的专家来就相关问题进行解读。这样的话，它更接地气。

附录11　中央广播电视总台中文国际频道主持人王洲采访实录(节选)

引导一定是要引导,我们的新闻,我们的节目其实就是在引导或者说是影响。但现在随着传统媒体受新媒体的冲击,传统媒体的引导和影响功能在逐渐降低,这是一个很客观的问题,咱们也不回避。但是我们并不能因为传统媒体的引导功能在降低就不去做引导,我们仍然要引导大众什么是真善美,什么是我们该做的,什么是国家意志,这些都是我们要坚守的。

采访:从有声语言传播的角度看,您会不会觉得中文国际频道的主持人,在某种程度上代表了国家的语言形象,因为他是直接对外输出的。从业务层面来看,这种语言形象有一些什么样的特点?您觉得主持人怎样才能在跨文化的语境当中,更好地展现国家形象?我不知道咱们在播出前,会不会考虑到我们面向海外播出而在语言形象上特别注意些什么?

嘉宾:我们的语言一定是国家语言形象的一个代表,这点是毋庸置疑的。因为你是在国家级媒体平台,并且是以新闻主播的形式出现,那么一定代表的是国家语言形象。我们在一些语言的传播方面,有需要掌握的几个标准或者要求。

首先作为主持人,不管是对内还是对外都承担着普通话传播的一个责任,一定要说标准的普通话,咱们就不多说了。其次就是我们在对一些内容的选择和把握上,是有区别的。比如说从中央广播电视总台成立以来,我们增加了"央视快评"和"国际锐评"这两个新的表达方式。这个就跟新华社发表评论文章,包括《人民日报》评论员文章,都是一样的。它们其实是带有鲜明的党和政府的色彩,所以在说类似内容的时候,要有仪式感,要带有态度。但是你如果说一些其他的,包括民生类,或者说一些轻松的文体方面的新闻,你完全就可以放下来。放下来以后就用更加朴实的,或者接地气的一种方式,这个其实就是语言把握上的,可以说这是两个极端。中间还包括一些对客观事实的播报,你就正常地去播送,每个人可能都有他基本的一些特点,但都是在我们既有的、对外宣传这一个基本的标准之下。

采访:我还想问一下,现在随着网络的发展、技术的进步,5G时代和4K时代已经来临,CCTV-4会不会根据技术的进步,对节目进行一些调整?另外主持人会不会也根据技术的不同,相应地有一些调整?

嘉宾:这个是必然趋势,而且现在已经在做了,我们不是被动地在和新媒体进行融合,而是一直在强调媒体融合,强调如何在新媒体这一块发挥我们的作用。现实越来越残酷地告诉我们,现在通过大屏能够影响到和引导到的受众越来越少,那么我们该怎么做呢?

我们不是跟它逆着来,而是如何去迎合它,甚至如何去兼并它,这是我们一直在做的事情。我们现在已经开始尝试和新媒体结合,开始大屏+小屏。大屏和小屏并不是播放载体的变化,它其实对主持人的风格、语言表达方式,都提出了非常大的挑战。主持人如果再正襟危坐,像播新闻那样出现在小屏上,依然没人看。主持人必须放下央视的架子,去说老百姓听得懂的、能够接受的,而且是喜闻乐见的东西,受众才会主动地把你选择为他小屏上的内容,这点是毋庸置疑的。我给你举个例子,前段时间北京的园艺博览会,在延庆开幕。开幕前7天我都在,我们就同时在做大屏和小屏。大屏是什么?我们在人家现场搭了一个360度旋转的演播室,我作为主播还请到一位嘉宾,每天我们记者都会探访,然后做一个直接的报道,会在我们早晚的整点新闻里面播出。除此之外我还会做小屏,小屏可能是我自己拿了一个手机,也可能是另外一个拿着手机的朋友,用横屏来拍我。我自己拿着手机,就这样说,"今天这是一个某某园艺博览会开幕的第一天,大家通过电视能够看到我们演播室背后是什么样的,但是演播室是什么样的你可能不知道,我带大家去看一下",我就这样做了一段一段的解释。这些素材给了我们新媒体组的同事,他们拿到这些素材后,因为我的素材很干净,他们就给里边增加一些效果,包括音效,包装完了以后他们给我看,效果真的很好,然后放在我们的网上去播出,这是我们的一个手段。

还有在上海的第二届进口博览会,当时我没去,我们前方的主持人,除了每天在演播室主持以外,还要在新媒体上做访谈,要跟大家进行互动,这些现在已经成了我们工作的一部分。也就是说,不光是满足我们现在正常电视的需求,新媒体方面的内容也要做。主持人在小屏上所呈现的并不是主播台上的形象。

采访:大屏时代的主播台,其实还是跟观众有很远的一个距离?

嘉宾:这个可能就是大屏小屏给你的一个规定情节,或者给你固有的一个样态。还有,我们现在每周日要做一个直播,叫《中国舆论场》。这个节目

附录11 中央广播电视总台中文国际频道主持人王洲采访实录（节选）

最后一句话就是"好,我们的节目到这里就结束了,但是我们的新媒体平台继续为大家开放",我们的嘉宾会在新媒体平台继续跟大家互动。这就是一个融媒体节目,它在观众和网友之间,观众、网友和我们之间架起了一个桥。我们希望通过这样一种网络互动方式,把大家的问题反馈给我们,我们反馈给嘉宾,让嘉宾来解读问题。观众不再是被动地接收信息,而是希望能够参与,主动地把信息提供给我们。当然我们也会选择信息,然后把这些问题再提供给嘉宾进行解读,就是这样的互动。

CCTV-4会邀请海外的热心观众家庭来参与每年的中秋晚会,参加我们的中秋晚会之前会到台里边进行一系列的参观,包括会跟频道的负责人、主要的主持人进行交流和沟通。通过这些海外的优秀家庭、热心家庭现场的信息反馈能感觉到,他们对我们的节目的确是在看,而且对我们的节目真的是很熟悉。比如说他们会罗列出一堆我们节目的名称来,每个主持人的名字也能叫出来,甚至有的节目他们都能说出来内容。至少在他们身上能够折射出很多海外华人家庭的情况,说明我们在海外还是有一定市场的。